精准锁定买卖点

看图实战学 K线炒股技法

郑　葭◎编著

中国铁道出版社有限公司
CHINA RAILWAY PUBLISHING HOUSE CO., LTD.

图书在版编目（CIP）数据

精准锁定买卖点：看图实战学K线炒股技法/郑葭
编著.—北京：中国铁道出版社有限公司，2023.5
ISBN 978-7-113-29845-6

Ⅰ.①精… Ⅱ.①郑… Ⅲ.①股票交易-基本知识
Ⅳ.①F830.91

中国版本图书馆CIP数据核字（2022）第215073号

书　　名：**精准锁定买卖点——看图实战学 K 线炒股技法**
　　　　　JINGZHUN SUODING MAI-MAIDIAN : KANTU SHIZHAN XUE K XIAN CHAOGU JIFA
作　者：郑　葭

责任编辑：张亚慧　张　明　**编辑部电话：**（010）51873035　**电子邮箱：**lampard@vip.163.com
封面设计：宿　萌
责任校对：刘　畅
责任印制：赵星辰

出版发行：中国铁道出版社有限公司（100054，北京市西城区右安门西街 8 号）
印　　刷：三河市宏盛印务有限公司
版　　次：2023 年 5 月第 1 版　2023 年 5 月第 1 次印刷
开　　本：710 mm×1 000 mm 1/16　印张：13.5　字数：187 千
书　　号：ISBN 978-7-113-29845-6
定　　价：69.00 元

作为一名股票投资者，要想在起伏不定的股市获得稳定收益，就一定要做到理性分析。而要做到理性分析，就必须借助技术分析手段来进行行情走势的研判。没有技术分析的支撑，一切理性皆为空谈。

K 线作为技术分析中重要的技术分析工具，它简洁、立体感强、携带的信息量大，而且通过 K 线图能够直观地反映盘面行情走势。因此，K 线图是每个股市投资者都必须要看懂的技术图。

此外，股市中关于 K 线的谚语也很多，如"K 线形态打天下，股海遨游我在行""K 线语言信号明，进出速度就它行"……

由此进一步说明了 K 线技术是炒股中必不可少的一个关注点。

为了让更多股票投资者了解 K 线的意义，切实掌握 K 线技术的实战应用技法，更好地看懂 K 线图，精准锁定买卖点，笔者编写了本书。

全书共七章，可划分为四部分：

◆ 第一部分为第 1 章，主要对 K 线入门知识进行讲解，具体包括认识 K 线的基本构成、了解 K 线的类型、K 线的基本作用、K 线分析应该注意的问题、炒股软件中的 K 线实操和 K 线的盘面解读等。读者通过对这部分内容的学习，可以为后面的深入学习奠定基础。

◆ 第二部分为第 2 ~ 4 章，主要对 K 线技术的实战用法进行讲解，具体包括解析双日 K 线组合的买卖点、瞄准多日 K 线组合买卖时机、看懂 K 线形态的买卖信号等。读者通过对这部分内容的学习，可以具体掌握 K 线的用法。

◆ 第三部分为第 5 ~ 6 章，主要对 K 线与其他技术的结合使用进行讲解，具体包括 K 线与成交量结合、K 线与均线指标结合、均线与 MACD 指标结合、K 线与 KDJ 指标结合等。读者通过对这部分内容的学习，可以提升 K 线综合应用技能。

◆ 第四部分为第 7 章，主要对 K 线陷阱进行讲解，具体包括单根 K 线的陷阱、K 线组合的陷阱。读者通过对这部分内容的学习，可以更好地在实战中识破 K 线陷阱，找准买卖点。

本书内容由浅入深、循序渐进，为了帮助读者更好地理解 K 线的各种实战应用技法，书中大量安排了各种典型的分析实例，通过对分析实例的解读和分析，让读者真实地感受 K 线在实战中的具体应用。

最后，希望所有读者都能从本书中学到想学的 K 线知识，并学会在实战中应用 K 线技术指导买卖操作。但仍然要提醒大家：任何投资都存在风险，入市一定要谨慎。

编　者

2023 年 2 月

目录

第1章 新手 K 线知识快速掌握

K 线是投资者进入股市最先接触到的图形，K 线技术也是通用的股票走势分析工具。通过 K 线，投资者可以直观地查看到当日的股价走势，预测行情的后市变化趋势，从而帮助投资者确定买卖点。

第 2 章 解析双日 K 线组合买卖点

第 1 章介绍了 K 线的基本知识，并且对常见的单根 K 线的形态及其作用有了一定了解。但是单根 K 线的实战指导意义不强，本章将从两根 K 线构成的双日 K 线组合这个角度，讲解一些可以预示买卖点的双日 K 线组合的应用。

第3章　瞄准多日K线组合买卖时机

在K线的实战应用中，除了使用双日K线组合分析买卖点，还可以使用多日K线组合来分析买卖时机。相对来说，多日K线组合发出的买卖信号比双日K线组合发出的买卖信号更可靠。

第 4 章　看懂 K 线形态的买卖信号

    股价在运行过程中会根据每个交易日的数据形成各种各样的 K 线，当这些 K 线连接起来，构成的较长时间的 K 线走势，在某些时候就会呈现出一些具有分析价值的组合形态。投资者通过对 K 线组合形态的分析，就可以对股价后市的走势作出一定预测，进而判断买卖点。

第 5 章　K 线与成交量的结合应用

　　成交量的波动会直接影响股价的波动，间接决定了未来市场可能的走势，大多数技术分析方法都要以成交量和股价的关系为依据。因此，投资者有必要对二者之间的关系进行深入学习。

第6章　K线与其他技术指标的配合

针对K线形成的技术分析方法非常多，除了对K线本身的分析之外，最常用到的就是K线结合技术指标的分析。

第 7 章　慧眼识破 K 线中的陷阱

在分析 K 线的过程中，投资者往往会有意识地寻找对自己有利的形态，希望借助这些形态传递的信息来帮助自己逃顶抄底。在这样的迫切心态下，投资者有时就会忽略掉一些细节问题，错把陷阱当信号，从而遭受损失。本章就将针对常见的 K 线陷阱进行讲解，帮助投资者区分。

第1章

新手K线知识快速掌握

K线是投资者进入股市最先接触到的图形，K线技术也是通用的股票走势分析工具。通过K线，投资者可以直观地查看到当日的股价走势，预测行情的后市变化趋势，从而帮助投资者确定买卖点。

1.1 初次接触 K 线必知

要想看懂 K 线图，首先要对 K 线的基础知识进行掌握，下面从 K 线的构成和类型进行了解。

1.1.1 认识 K 线的基本构成部分

K 线图原名蜡烛图，诞生于日本。当时被日本米市的商人用来记录米市的行情与价格波动，后因其细腻独到的标画方式而被引入股市及期货市场，用于研究股市走势。

（1）K 线的结构

K 线代表某只个股当日价格变动的情况，它包括开盘价、收盘价、最低价和最高价四个数据。根据这四个数据的关系可以将 K 线划分为阳线、阴线和十字线三种基本形态，其示意图如图 1-1 所示。

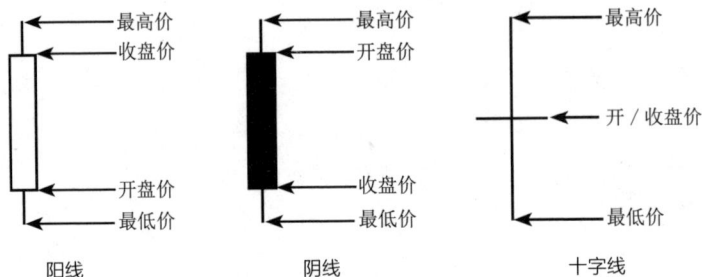

图 1-1　K 线的基本形态

三种形态的单根 K 线代表了不同的市场含义，具体见表 1-1。

表 1-1　三种 K 线的市场意义

类　型	含　义
阳线	股票当日收盘价高于开盘价，说明当天的价格先低后高，属于上涨，称之为阳线。其在 K 线上反映为收盘价在上，开盘价在下，实体常为红色实心或空心，说明股价走强

续表

类　型	含　义
阴线	股票当日收盘价低于开盘价，说明当天的价格先高后低，属于下跌，称之为阴线。其在 K 线上反映为开盘价在上，收盘价在下，实体常为绿色或黑色实心，说明股价走弱
十字线	股票当日的收盘价等于开盘价，称之为十字线，其在 K 线上反映为开盘价、收盘价和实体重合的"+"字形

图 1-2 为 K 线图中的 K 线基本形态实例。

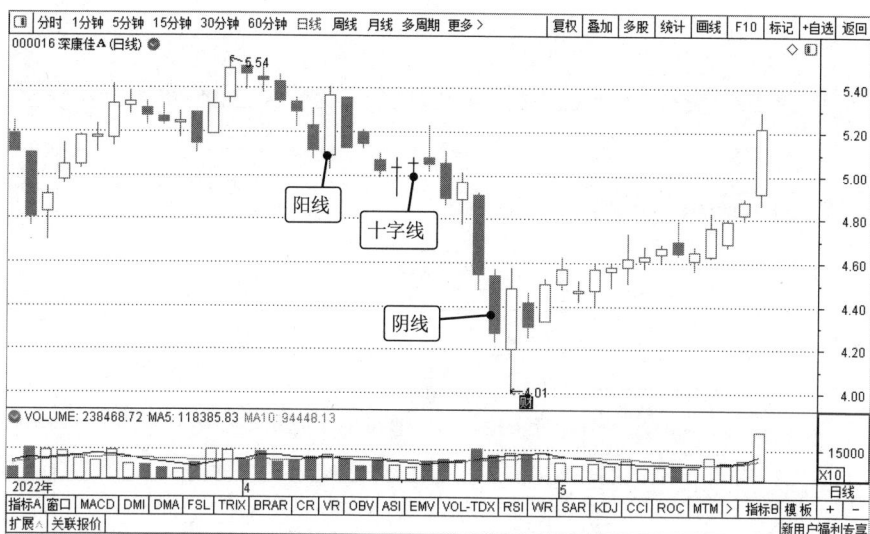

图 1-2　K 线图中的 K 线基本形态实例

（2）K 线的上、下影线

上影线指从实体向上延伸的细线，产生上影线的原因在于空方力量大于多方力量，个股开盘后，多方上攻无力，遭到空方打压，股价由高点回落，形成上影线。

下影线与上影线相对，指从实体向下延伸的细线，产生下影线的原因在于多方力量大于空方力量，个股开盘后，股价虽受到空方的打压而下跌，但由于多方力量强劲，使股价回升，收于低点之上，从而产生下影线。

需要特别注意的是，不是所有的 K 线都有影线。

◆ 当阳线的收盘价或阴线的开盘价就是当日的最高价时，K 线就没有上影线。

◆ 当阳线的开盘价或阴线的收盘价就是当日的最低价时，K 线就没有下影线。

◆ 当阳线的开盘价或阴线的收盘价就是当日的最低价，且阳线的收盘价或阴线的开盘价就是当日的最高价时，K 线就没有上下影线。

图 1-3 为 K 线图中显示的无上影线、无下影线和无上下影线的 K 线实例。

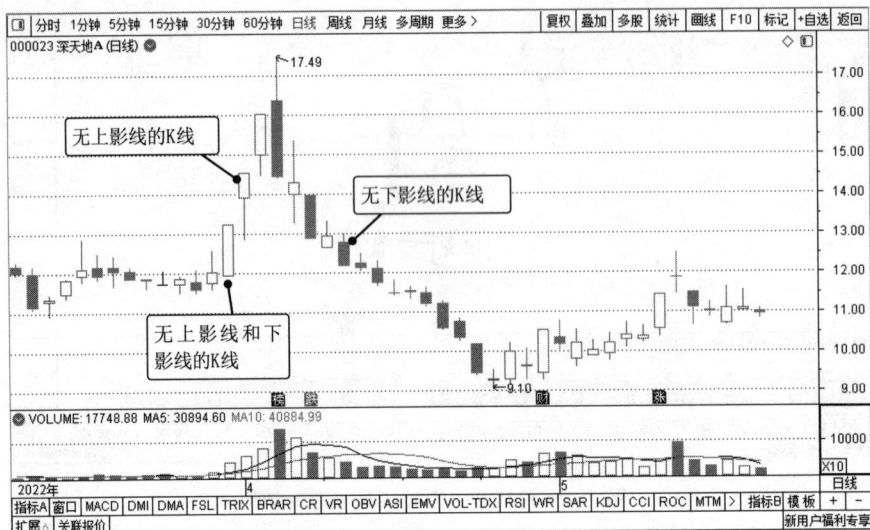

图 1-3 K 线图中无上影线、无下影线和无上下影线的 K 线实例

1.1.2 了解 K 线的类型

K 线的类型可以根据时间周期和实体大小进行不同的划分。

（1）根据时间周期划分 K 线类型

根据时间周期的不同可以将 K 线分为：5 分钟 K 线图、15 分钟 K 线图、

30 分钟 K 线图、60 分钟 K 线图、日 K 线图、周 K 线图、月 K 线图、季 K 线图以及年 K 线图，其中日 K 线图为默认周期的 K 线图。

不同时间的 K 线图其间隔时间不同，图 1-4 为中洲控股（000042）2021 年 7 月至 2022 年 5 月的周 K 线图，即单根 K 线间隔时间为一周（有关 K 线周期更换的具体实操将在本章后面进行介绍）。

图 1-4　周 K 线图实例

（2）根据实体大小划分 K 线类型

根据实体部分的大小来进行划分，可以将 K 线分为大阳线、中阳线、小阳线、小阳星、大阴线、中阴线、小阴线以及小阴星，如图 1-5 所示。

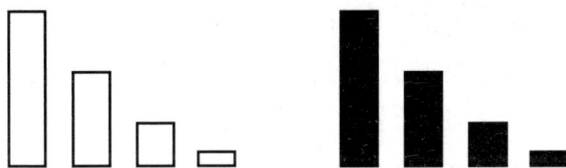

图 1-5　根据实体大小划分的 K 线类型示意图

◆　大阴线和大阳线的实体波动范围在 3.6% 以上。

◆ 中阴线和中阳线的实体波动范围一般在 1.6% ～ 3.5%。

◆ 小阴线和小阳线的实体波动范围一般在 0.6% ～ 1.5%。

◆ 小阴星和小阳星的实体波动范围在 0.5% 左右。

1.1.3　K 线的基本作用

从前面的内容我们可以知道，K 线的重要组成有两部分，一个是实体，另一个是影线，单根 K 线的具体作用也从这两方面来体现。但是，每个方面分析时都要注意阳线与阴线的区别。

对于实体的大小方面，实体越长，表示多空力量的分歧越大。

◆ **阳线实体**：当日收出阳线，说明在一天的较量中，多方力量占据优势，最终打败空方。阳线实体越长，说明多方力量胜过空方力量越多，后市看涨概率越大。

◆ **阴线实体**：当日收出阴线，说明在一天的较量中，空方力量占据优势，最终打败多方。阴线实体越长，说明空方力量胜过多方力量越多，后市看跌概率越大。

K 线中的影线通常代表的是转折信号，向一个方向的影线越长，越不利于股价向这个方向发展。

◆ **阳线上影线**：阳线带上影线，代表多方的胜利来之不易，虽然短暂获胜，但要继续上涨有一定难度，阳线上影线越长，表示此难度越大。

◆ **阳线下影线**：阳线带下影线，表示空方虽然想要努力压低，但最终以多方获胜，股价上涨可能性很大。

◆ **阴线上影线**：阴线带上影线，代表多方虽然想要向上拉高，但以失败告终，显示出空方力量强于多方力量。

◆ **阴线下影线**：阴线带下影线，表示空方在努力下压，但多方仍然有一战之力，虽然最终失败，但也成功消耗了很多空方力量。

1.1.4　K 线分析应该注意的问题

K 线中记录了个股历史的行情数据，通过对此数据分析，可以预测股价未来一段时间内的发展方向。但现在的技术分析方法都是根据以往的一些数据总结而来的，并没有严格的科学逻辑，因此它也不是绝对准确的。

市场行情瞬息万变，股票价格的走势会受多方面因素的影响，K 线分析只是为投资者的买卖操作提供一个参考，任何分析方法都不是绝对的，也不是万能的。我们在 K 线实战分析中，需要注意以下一些问题。

- ◆ K 线仅记录了证券的价格数据，而在实际使用中应配合成交量数据，才能更加准确地观察买卖双方的强势状况。

- ◆ 单日的价格变化易受主力操作，因此可以改变 K 线周期，以较长周期的数据来绘制 K 线，以求得更加准确的数据信息。

- ◆ K 线的形态反映的是证券的价格波动情况，而价格的波动是多空双方较量的结果，它在一定程度上反映了多空双方的心理变化过程，因此进行 K 线分析也要学会分析参与者的心理变化。

- ◆ 在 K 线分析中会出现很多组合形态，而很多形态在特征上都有一些相似之处，为了避免误识形态而造成判断错误，必须要掌握一些常见的经典形态的精髓。

- ◆ K 线中的一些组合形态都是前人经验总结得出的，如果在分析中一成不变地去寻找经典形态，很可能会一无所获。所以，在实战分析中需要根据实际情况，灵活应用组合形态。

1.2　单根 K 线的实战意义

虽然从表面上看，K 线图只包含开盘价、收盘价、最高价和最低价4 个方面的信息，但它蕴藏着极其丰富的信息，而且这四个方面的信息又能构成形态各异的 K 线图。对于新手投资者来说，首先必须搞清各种单根 K 线形态及其基本含义。

1.2.1 小阳星和小阴星形态解析

◆ **小阳星**：股价全天波动范围不大，开盘价与收盘价非常接近，但收盘价略高于开盘价，就会形成小阳星，如图1-6所示。小阳星表明当前行情处于不明阶段，后市的涨跌难以预料，需要根据前期K线组合的形状以及当前所处的价位区域综合判断。

图1-6 小阳星

◆ **小阴星**：小阴星的分时走势图与小阳星相似，不同的是收盘价略低于开盘价，如图1-7所示。小阴星与小阳星的含义大致相同，表明当前行情扑朔迷离，发展方向不明确。

图1-7 小阴星

1.2.2　小阳线和小阴线形态解析

◆ **小阳线**：全天股价波动范围较小，但与小阳星相比阳线实体增大，就形成了小阳线，如图 1-8 所示。小阳线形态表明多方势力稍占上风，但上攻乏力，后市行情发展仍扑朔迷离。

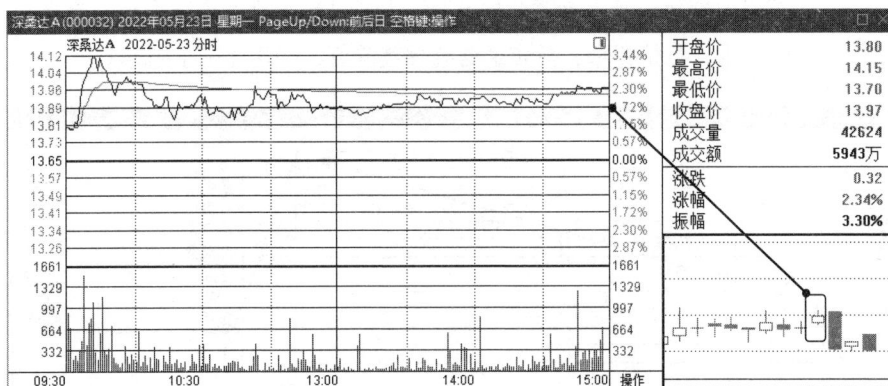

图 1-8　小阳线

◆ **小阴线**：小阴线与小阴星相比阴线实体有所增大，如图 1-9 所示。小阴线表示空方呈下压态势，但力度不大，略占上风，当前行情发展趋势不明。

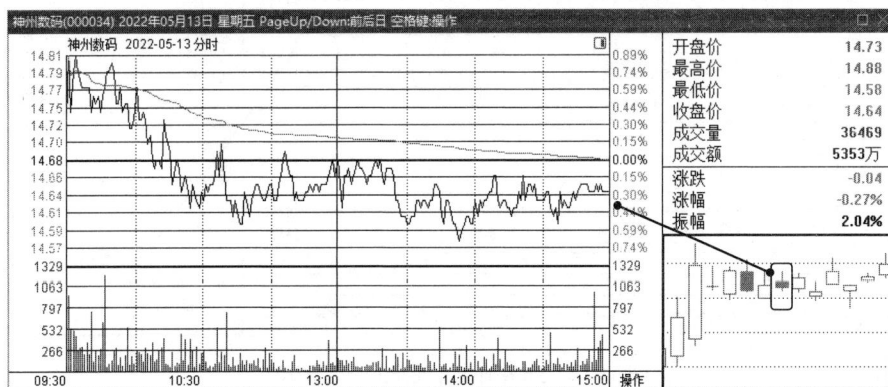

图 1-9　小阴线

1.2.3 光头阳线和光头阴线形态解析

◆ **光头阳线**：光头阳线是没有上影线的 K 线，即当天的收盘价就是当天
的最高价，实体部分远长于下影线。如果光头阳线出现在低价位区，
在分时走势图上表现为股价探底后逐浪走高且成交量同时放大，该形
态预示着新一轮上升行情的开始，如图 1-10 所示；如果光头阳线出
现在上升行情途中，后市通常会继续看好，如图 1-11 所示。

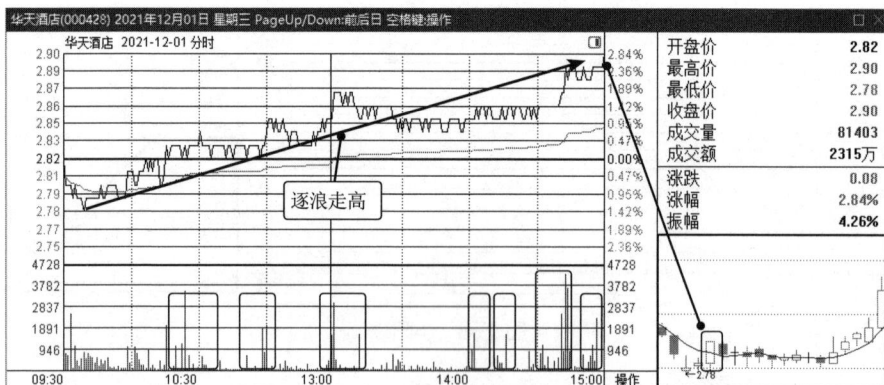

图 1-10 光头阳线出现在低价位区

图 1-11 光头阳线出现在上升行情途中

◆ **光头阴线**：光头阴线的开盘价为当天的最高价，随后股价一路下滑，
在低位又遇买盘涌入使股价略微回升，但低于开盘价。如果光头阴线

出现在低价位区，说明有抄底盘的介入使股价反弹，但力度不大，如图 1-12 所示；如果光头阴线出现在经过一段明显的上涨之后的高价位区，且下跌时放量，尾盘短时间内小幅拉升但成交量不大，如图 1-13 所示，则有可能是主力全天派货后，临近尾盘用少量资金快速拉高股价，为次日继续出货做准备。

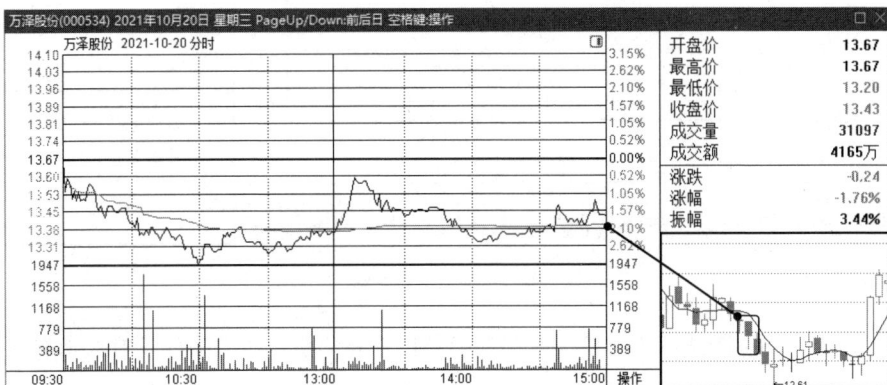

图 1-12　光头阴线出现在低价位区

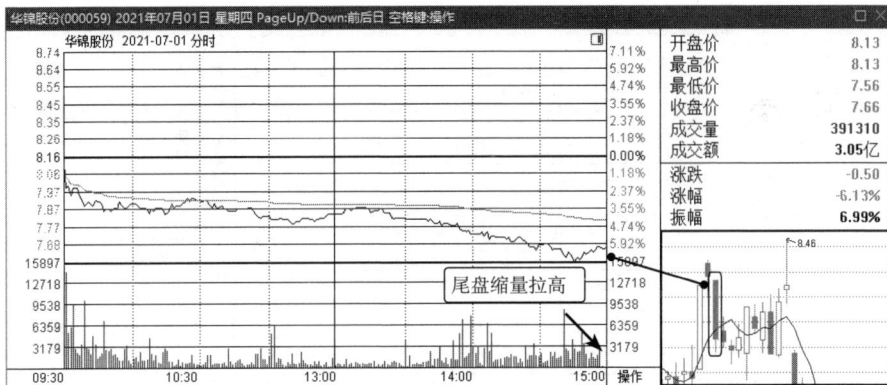

图 1-13　光头阴线出现在上涨高位

1.2.4　下影阳线和下影阴线形态解析

◆　**下影阳线**：下影阳线是指下影线比较长，上影线没有或者有一点点

（远小于下影线）的阳线，如图1-14所示。下影阳线表明多方的进攻沉稳有力，股价先跌后涨，股价有进一步上涨的潜力。

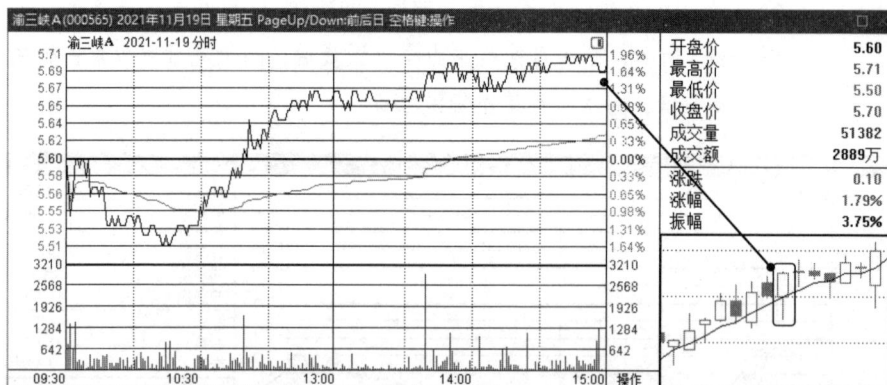

图1-14　下影阳线

◆ **下影阴线**：下影阴线是指下影线比较长的阴线，上影线没有或者有一点点（远小于下影线）的阴线，如图1-15所示。如果下影阴线出现在低价位区，说明下档承接力较强，股价有反弹的可能。

图1-15　下影阴线

1.2.5　上影阳线和上影阴线形态解析

◆ **上影阳线**：上影阳线是指上影线比较长，下影线没有或者有一点点

（远小于上影线）的阳线，如图 1-16 所示。上影阳线说明多方上攻时上方抛压沉重。在上涨初、中期，这种形态通常是主力的试盘动作，也说明浮动筹码较多，涨势不强，但也有可能是主力故意用冲高回落的方式清理浮筹，需根据其他情况来综合判断。

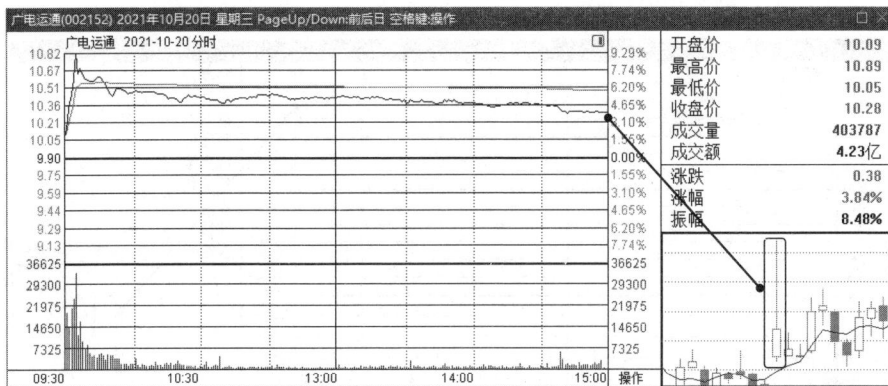

图 1-16　上影阳线

◆ **上影阴线：**上影阴线是指上影线比较长的阴线，下影线没有或者有一点点（远小于上影线）的阴线，如图 1-17 所示。如果上影阴线出现在高价位区，说明上方抛压沉重，行情疲软，股价有反转下跌的可能。如果这种形态出现在中价位区的上升途中，则表明后市仍有上升空间。

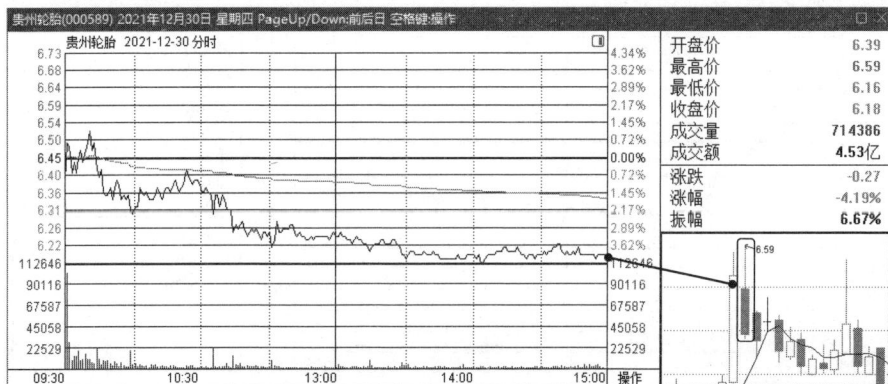

图 1-17　上影阴线

1.2.6　光脚阳线和光脚阴线形态解析

◆ **光脚阳线**：光脚阳线是指开盘价为当日最低价，带有上影线，但实体远大于上影线的K线，如图1-18所示。这种形态表示上升势头强劲，但在高价位处多空双方有所分歧。

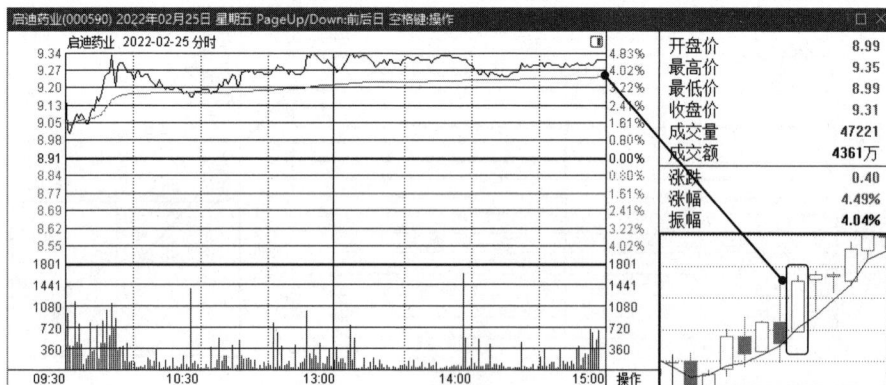

图1-18　光脚阳线

◆ **光脚阴线**：光脚阴线是指收盘价为当日最低价，带有上影线，但实体远大于上影线的K线，如图1-19所示。这种形态表示股价虽有反弹，但上档抛压沉重。如果该形态出现在下降趋势中，则次日还有下跌；如果该形态出现在上升途中，则可能是主力趋势下压清理浮筹。

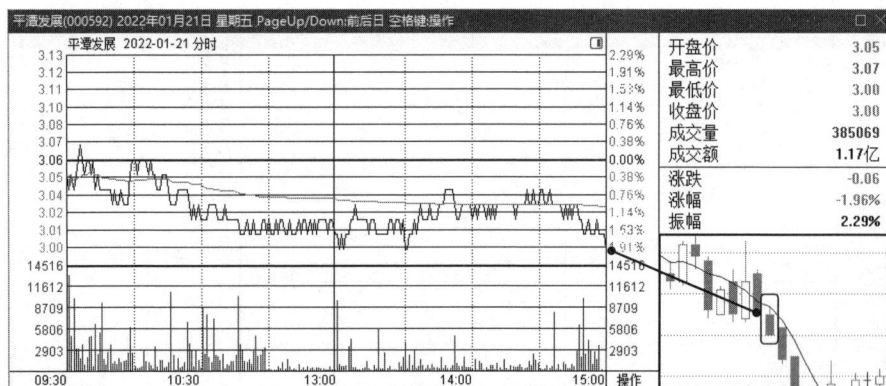

图1-19　光脚阴线

1.2.7　光头光脚阳线和光头光脚阴线形态解析

◆ **光头光脚阳线**：光头光脚阳线是开盘价为当日最低价，收盘价为当日最高价的阳线，如图 1-20 所示。这种形态表明多方已经牢固控制盘面，逐浪上攻，实体越长，表明涨势越强烈。

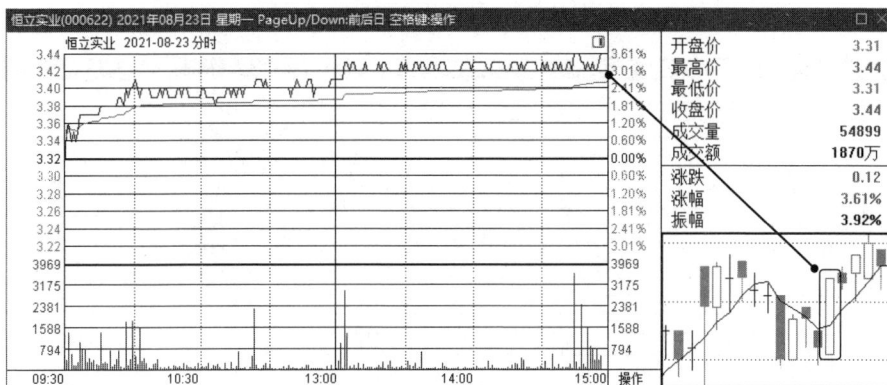

图 1-20　光头光脚阳线

◆ **光头光脚阴线**：光头光脚阴线是以当日最高价开盘，以最低价收盘形成的阴线，如果股价全天逐波下跌，说明空方力量强劲，后市继续看跌，如图 1-21 所示。如果股价全天大多数时间横盘或缓涨，尾盘突然放量下跌，表明空方在交战中最终占据了主导地位，次日低开的可能性很大。

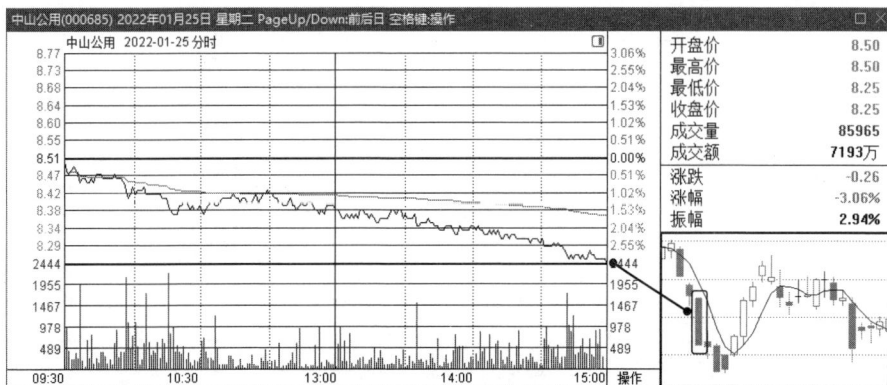

图 1-21　光头光脚阴线

1.2.8 T 字形和倒 T 字形形态解析

◆ **T 字形**：开盘价、最高价和收盘价相同，只有下影线的 K 线，就是 T 字形 K 线。这种 K 线形态出现在低价位区时，是股价见底信号；出现在上涨过程中是继续上涨信号，如图 1-22 所示；出现在大涨幅之后是见顶信号；出现在下跌过程中是继续下跌信号。

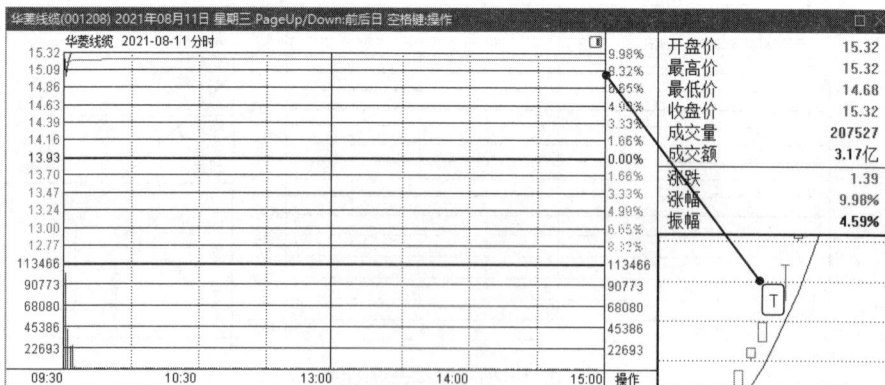

图 1-22　T 字形

◆ **倒 T 字形**：开盘价、最低价和收盘价相同，只有上影线的 K 线，就是倒 T 字形 K 线。这种 K 线形态出现在波段高位时，一般预示着股价波段见顶或即将见顶；在下跌末期出现是买入信号，如图 1-23 所示。

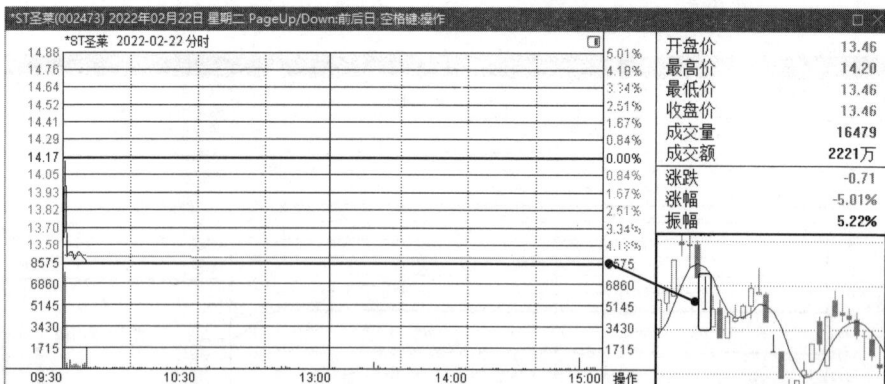

图 1-23　倒 T 字形

1.2.9　十字星和一字线形态解析

◆ **十字星**：十字星是指收盘价和开盘价在同一价位或者相近，没有实体或实体极小的 K 线，如图 1-24 所示。十字星通常是变盘信号，预示着股价即将改变原来的运行方向。但如果上下影线过短，则意义较弱，通常是原走势的延续。

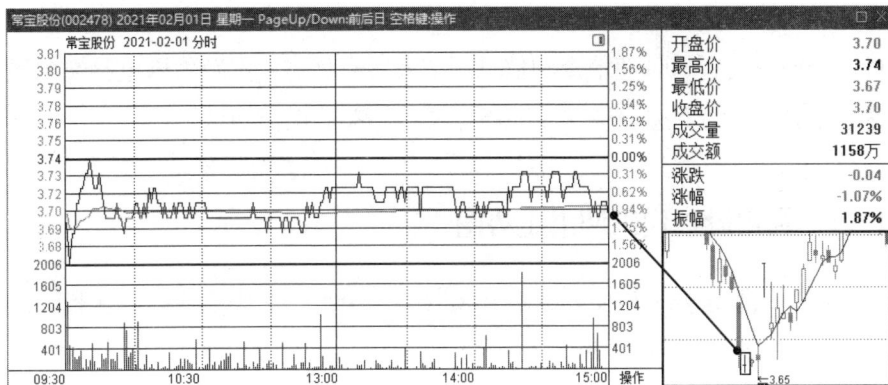

图 1-24　十字星

◆ **一字线**：开盘价、最高价、最低价和收盘价都相同的 K 线就是一字线 K 线。在涨跌停板的制度下，一字线是力量最强的表现。上涨初期收出一字线涨停板，说明多头力量极其强大，后市看涨；下跌初期收出一字线跌停板，说明空头力量极其强大，后市看跌，如图 1-25 所示。

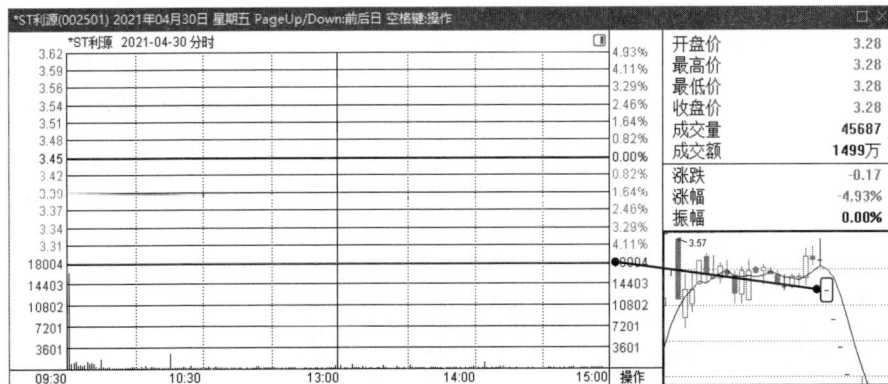

图 1-25　一字线

不同的走势形成的 K 线图远远不止前面介绍的这些，不过有些 K 线形态的意义不大，或者与上述某些形态意义相近，在此不再一一列举。

1.3　炒股软件中的 K 线实操

炒股软件是所有股票投资者必须了解的一个工具，它分为电脑端和手机端炒股软件，前者可以更全面、清楚地查看行情走势和盘面信息；后者可以方便投资者随时随地查阅信息。二者各有优劣，本节将以电脑端的通达信炒股软件为例进行操作，讲解与 K 线相关的操作知识。

1.3.1　利用股票代码调出走势图

每一只股票要上市交易，都必须获得一个唯一的股票代码。在我国证券市场中，股票代码是一组六位阿拉伯数字的组合，如"000001"代表的是"平安银行"。

若知道股票的代码，想要查看其 K 线图走势，只需要在软件主界面中直接利用数字键盘输入其代码后按【Enter】键即可，如图 1-26 所示。

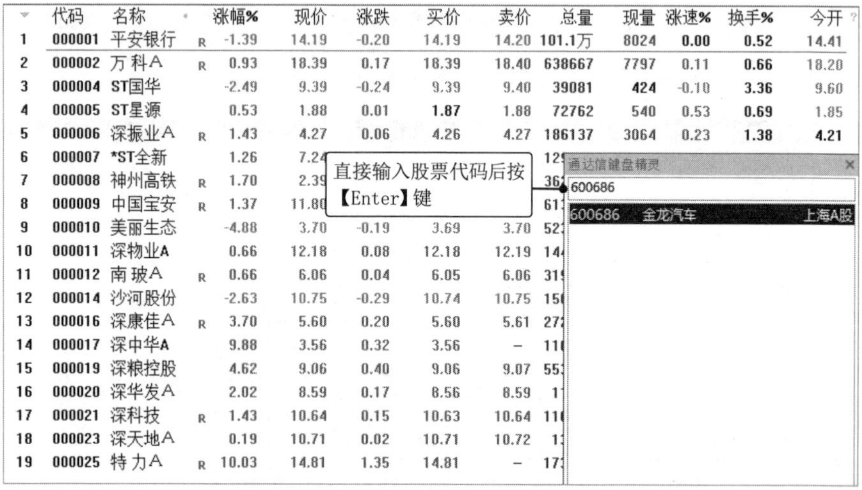

	代码	名称		涨幅%	现价	涨跌	买价	卖价	总量	现量	涨速%	换手%	今开
1	000001	平安银行	R	-1.39	14.19	-0.20	14.19	14.20	101.1万	8024	0.00	0.52	14.41
2	000002	万科A	R	0.93	18.39	0.17	18.39	18.40	638667	7797	0.11	0.66	18.20
3	000004	ST国华		-2.49	9.39	-0.24	9.39	9.40	39081	424	-0.10	3.36	9.60
4	000005	ST星源		0.53	1.88	0.01	1.87	1.88	72762	540	0.53	0.69	1.85
5	000006	深振业A	R	1.43	4.27	0.06	4.26	4.27	186137	3064	0.23	1.38	4.21
6	000007	*ST全新		1.26	7.24				125				
7	000008	神州高铁	R	1.70	2.39				101				
8	000009	中国宝安	R	1.37	11.80				611				
9	000010	美丽生态		-4.88	3.70	-0.19	3.69	3.70	523				
10	000011	深物业A		0.66	12.18	0.08	12.18	12.19	114				
11	000012	南玻A	R	0.66	6.06	0.04	6.05	6.06	319				
12	000014	沙河股份		-2.63	10.75	-0.29	10.74	10.75	150				
13	000016	深康佳A	R	3.70	5.60	0.20	5.60	5.61	272				
14	000017	深中华A		9.88	3.56	0.32	3.56	—	110				
15	000019	深粮控股		4.62	9.06	0.40	9.06	9.07	553				
16	000020	深华发A		2.02	8.59	0.17	8.56	8.59	1				
17	000021	深科技	R	1.43	10.64	0.15	10.63	10.64	116				
18	000023	深天地A		0.19	10.71	0.02	10.71	10.72	1				
19	000025	特力A	R	10.03	14.81	1.35	14.81	—	17				

直接输入股票代码后按【Enter】键

通达信键盘精灵
600686
600686　　金龙汽车　　　　　　　上海A股

图 1-26　利用股票代码调出走势图

1.3.2　利用股票缩写调出 K 线图

用一组单调的 6 位数字来记股票是一件非常困难的事，特别是在有很多操作对象的时候，记住每个操作对象的代码是非常让人头疼的。

而在大多数行情软件中都支持利用股票名称的缩写来查看其信息。例如要看"青山纸业"的信息，可直接在软件主界面输入"QSZY"股票名称缩写，然后按【Enter】键即可，如图 1-27 所示。

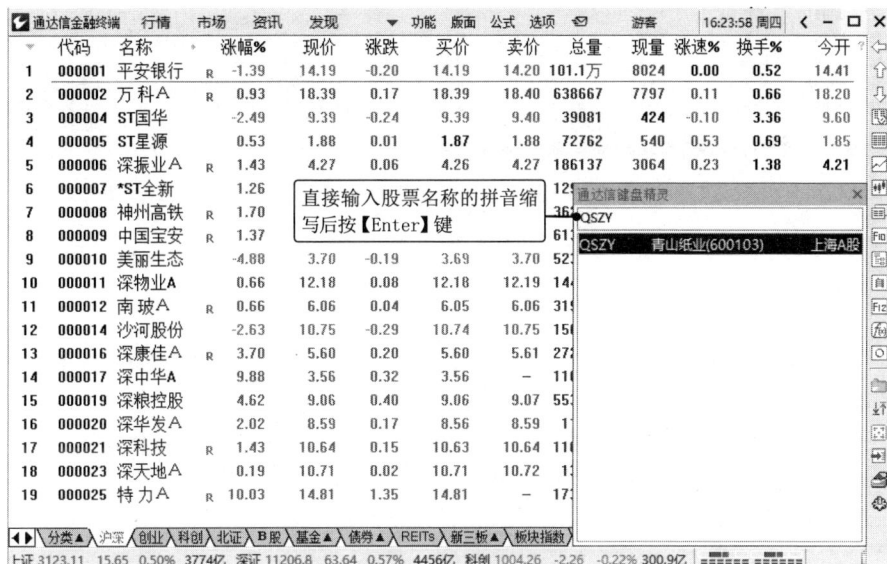

图 1-27　利用股票名称缩写调出走势图

当然，对于使用缩写查看行情的方法，每个缩写就不一定是对应唯一的股票了，如果出现缩写相同的情况，在输入缩写后，可按【↓】键选择要查看的股票，再按【Enter】键查看。

在软件主界面中输入"XYGF"字母缩写后，出现了锌业股份（000751）、锡业股份（000960）、西仪股份（002265）、星云股份（300648）、星宇股份（601799）等股票，如果要查看西仪股份的 K 线图，直接按两次【↓】键后再按【Enter】键即可，如图 1-28 所示。

图 1-28　缩写有重复时的选择

拓展贴士　*缩写的不完全输入*

在利用股票名称的缩写查看股票行情时，可以不用完全输入缩写字母，按顺序输入缩写字母时，软件会自动匹配符合当前缩写的股票，并将其列举出来。如果输入两个字母时，目标股票就已经出现在列表中，也可以直接选择股票查看。此方法也适用于股票名称不足四字的股票。

1.3.3　通过标签和快捷菜单切换周期

在证券交易所的电脑主机中，会记录每只股票每一笔交易的数据，而行情软件会根据这个数据来绘制 K 线图，而 K 线图的周期可以根据投资者分析的需要自行选择。

同一只股票在相同的时间段里，采用不同的周期绘制出来的 K 线图是完全不一样的，比如日 K 线中的一根单 K 线图，如果换为 10 分钟 K 线图，那么就会有 24 根单 K 线。

在通达信软件中，可以在 K 线图的上方单击相应的标签来切换周期，

图 1-29 为单击"月线"标签将 K 线图切换到月 K 线图。

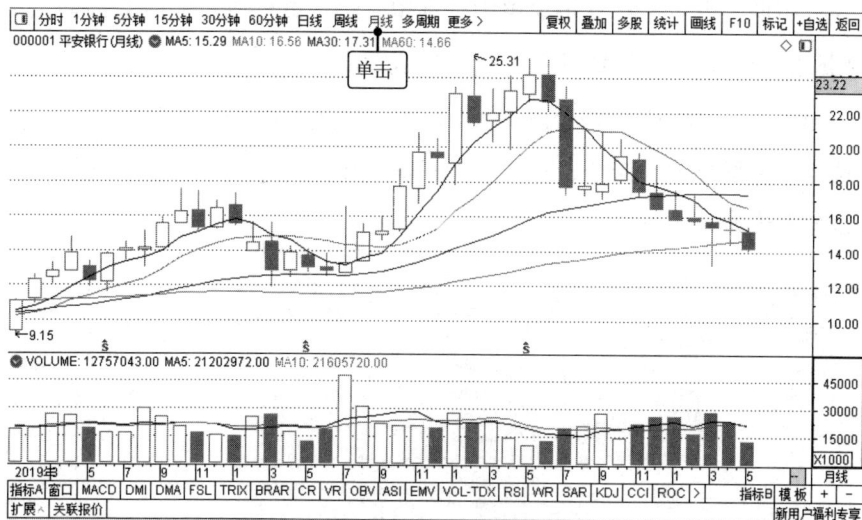

图 1-29　通过标签切换周期

　　如果标签中没有所需的周期，直接单击"更多"按钮，在弹出的下拉
菜单中会显示更多的周期，选择所需周期即可，如图 1-30 所示。

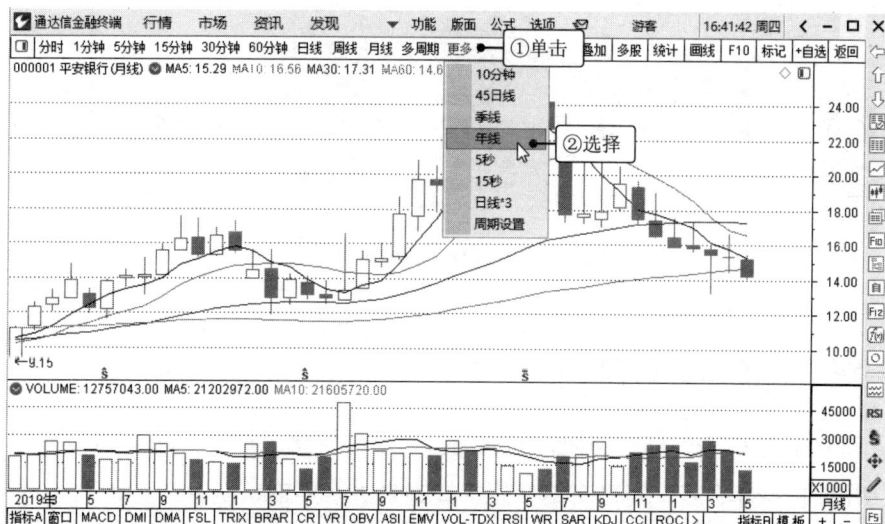

图 1-30　在"更多"下拉菜单中选择周期

除此之外，在任意 K 线图的空白区域右击，在弹出的快捷菜单中选择"分析周期"命令，在其子菜单中列举出了当前软件支持的所有周期，选择相应的选项即可切换到对应周期的 K 线图。

图 1-31 为在平安银行（000001）的日 K 线图中的空白位置右击，然后选择"分析周期"命令，在弹出的子菜单中选择"月线"命令即可将日 K 线图更改为月 K 线图。

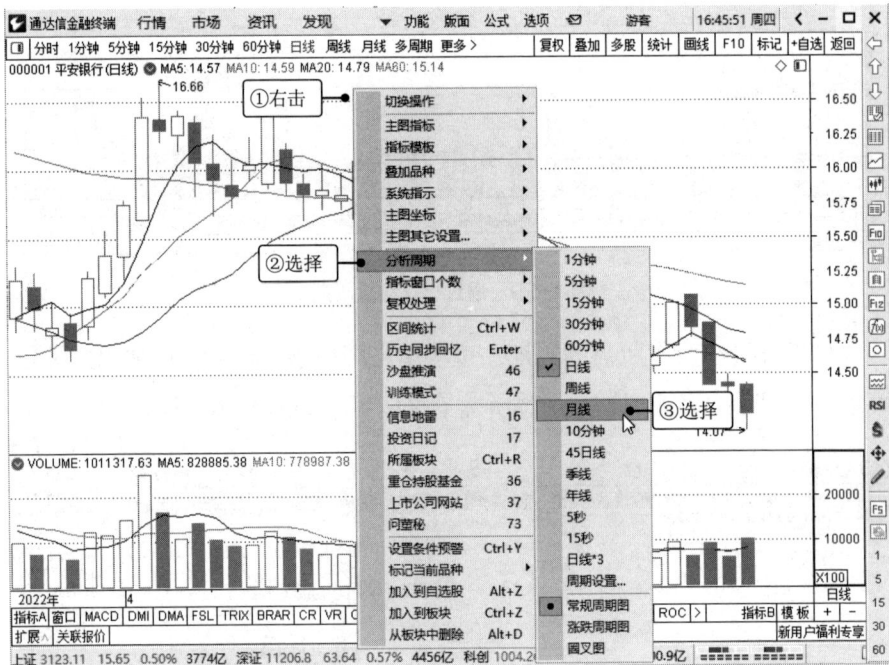

图 1-31　通过快捷菜单切换周期

1.3.4　通过快捷键切换 K 线周期

对于 K 线图周期的切换，通达信行情软件提供了很多方法，如果不想运用鼠标操作，我们可以直接使用快捷键来进行周期切换。

直接在平安银行（000001）的日 K 线图中输入数字"93"，按【Enter】键后即可将日 K 线图切换为 15 分钟 K 线图，如图 1-32 所示。

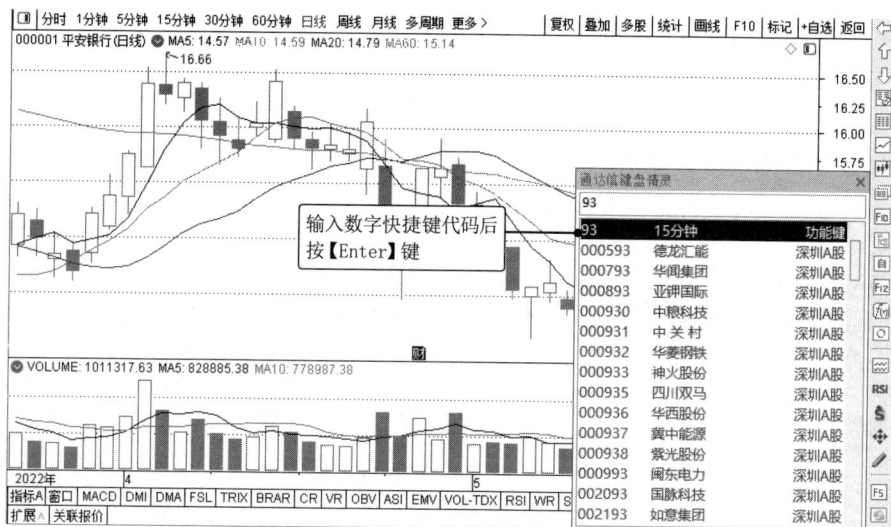

图 1-32　通过快捷键切换周期

除此之外，我们还可在 K 线图界面中通过按【F8】键，在软件支持的所有 K 线周期内循环切换。切换顺序和每个周期对应的快捷键，可以在 K 线图上方单击"更多"按钮，在弹出的子菜单中选择"周期设置"命令，在打开的"系统设置"对话框的"周期"选项卡中查看，如图 1-33 所示。

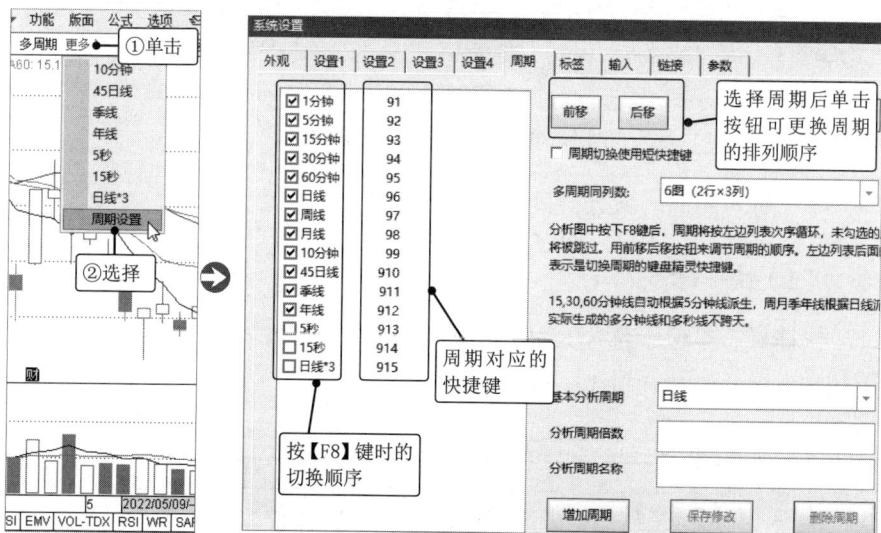

图 1-33　周期切换列表的顺序及对应的快捷键

1.3.5 K 线的盘面解读

前面已经讲解了这么多关于 K 线的内容，但在炒股软件中的 K 线图到底是什么样子却只字未提，这里就来看看通达信软件中的 K 线的盘面，简单了解各部分的功能，如图 1-34 所示。

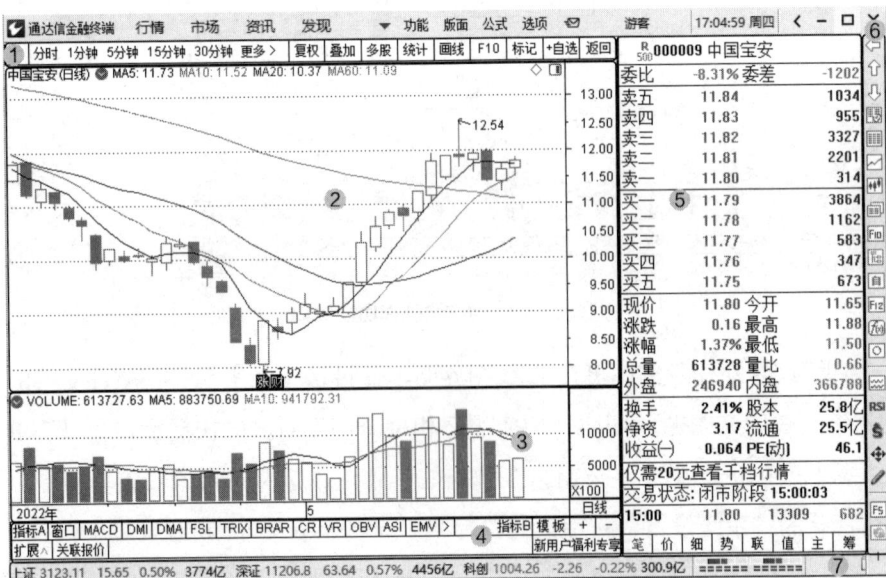

①快捷标签　　　　②主图区　　　　③副图区　　　　④指标和模块区

⑤盘口数据区　　　⑥工具栏　　　　⑦状态栏

图 1-34　通达信中的 K 线图界面

下面针对组成区域进行具体介绍。

（1）快捷标签

快捷标签是位于整个 K 线图主图区上方，由行情开关按钮、周期快捷键和功能标签三部分组成，如图 1-35 所示。

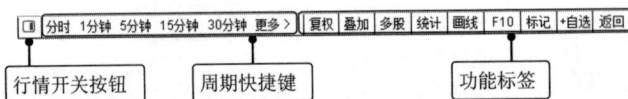

图 1-35　通达信软件中的快捷标签

　　"周期快捷键"组成部分在前面已经介绍了，这里主要对行情开关按钮和功能标签进行介绍。

◆ 行情开关按钮

　　通过行情开关按钮主要是在左侧打开一个行情窗格，在其中可以查看当前个股所在分类的行情数据，如图 1-36 所示。再次单击该按钮可以关闭左侧的行情窗格。

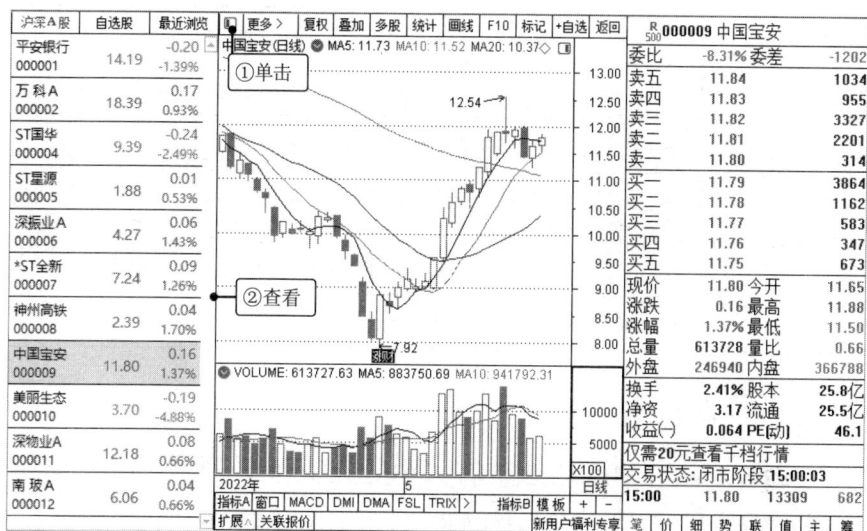

图 1-36　打开行情窗口

◆ 功能标签

　　功能标签是快捷标签的第三个组成部分，该组成部分中的各标签的具体功能见表 1-2。

表 1-2　各功能标签的具体功能

功能标签	含　义
复权	单击该标签可弹出相应的下拉菜单，其中显示了"前复权""后复权""不复权"和"定点复权"四个菜单选项，选择相应的选项可以进行对应的复权设置

续表

功能标签	含 义
叠加	用于在当前品种上叠加显示其他品种的数据，功能叠加显示五彩K线或专家系统指标
多股	单击该标签后可在炒股软件界面中同时查看多只股票的走势
统计	单击该标签打开"区间统计"对话框，设置起始日期和结束日期后，对选定的日期间的数据进行简单统计
画线	打开画线工具，用于在K线图中绘制各种辅助线
【F10】	当前品种的"基本信息"界面，功能与按键盘上的【F10】键相同
标记	用于在当前品种中添加和管理标记
自选	将当前品种添加到自选股或从自选股中删除（显示为"+自选"时，单击后添加到自选股，并且显示为"－自选"；显示为"－自选"时，单击后从自选股中删除当前品种，并显示为"+自选"）
返回	退出K线图界面，返回大盘报价页面

（2）主图区

主图区是K线图中最主要的展示区域，也是整个分析界面中占据面积最大的区域，用于显示当前品种的K线走势图。里面也可以显示一些技术指标，用于辅助分析，如图1-37所示。

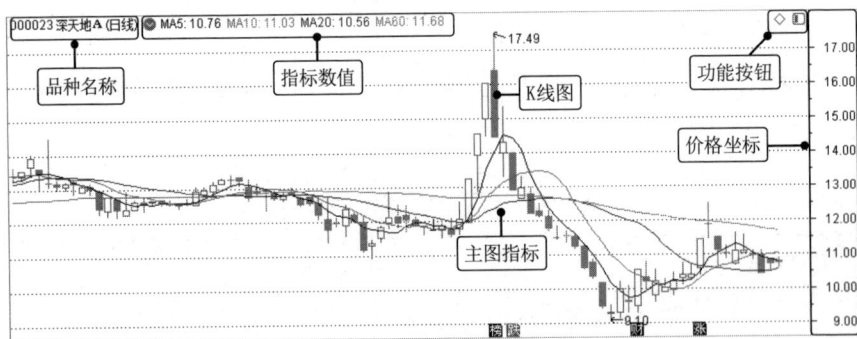

图1-37　K线分析界面中的主图区

各组成部分的具体作用如下。

◆ **品种名称：** 显示当前查看品种的名称、周期及复权类型。

◆ **指标数值：** 显示当前指示位置的指标数值（双击主图区或按左右方向键时会出现一个移动的坐标原点，移动鼠标时该指标数值会随着原点位置的变化而变化，实时显示所指位置的指标数值）。

◆ **功能按钮：** K 线图主图区右上角有两个功能按钮，单击 ◇ 按钮可打开"图形标识设置"对话框，对主图中要显示的图形标识进行设置；单击 ▢ 按钮可隐藏右侧的盘口信息栏，同时按钮变为 ▱ 形态，此时再单击此按钮，可重新显示盘口信息栏。

◆ **价格坐标：** 位于主图区最右侧，显示当前页面中的价格分类，随着 K 线图中的移动会不断变化。

◆ **主图指标：** 叠加显示在 K 线图上的技术指标，默认为四个不同周期的移动平均线。

（3）副图区

副图区位于主图区下方，用于展示当前品种的其他技术指标，如成交量、MACD、KDJ 等，副图指标窗格主要可以分为指标信息、指标图形、数值轴三部分，如图 1-38 所示。

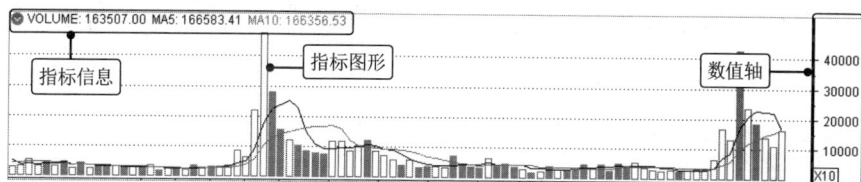

图 1-38　K 线分析界面中的副图区

各组成部分介绍如下。

◆ **指标信息：** 显示当前查看指标的名称、对应的数值或者构成部分的详细信息。

◆ **指标图形：** 显示当前查看指标的表现形态，如成交量以柱形图的形式显示。

◆ **数值轴**：用于刻画当前指标中图形大小的坐标轴。

副图区可以不显示，也可以显示多个窗格，图 1-39 显示了三个窗格，分别是成交量指标窗格、MACD 指标窗格和 KDJ 指标窗格。

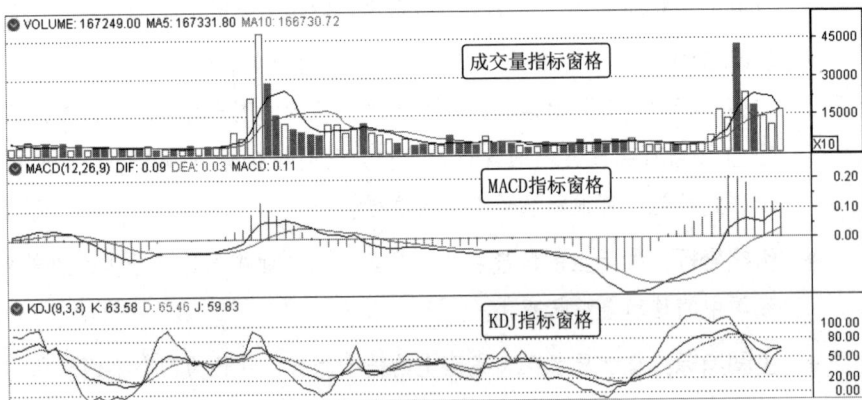

图 1-39　副图区中显示三个指标窗格

单击副图区中的某个窗格，直接在键盘上输入指标名称或其英文代码后按【Enter】键，可用新的指标替换当前窗口中的指标；或者在指标信息区域的左侧单击●标记，在弹出的下拉菜单中选择"选择副图指标"命令，如图 1-40 所示，通过该下拉菜单还可以对当前使用的指标进行操作，如查看指标的用法、调整指标的参数、修改指标的公式以及删除当前指标窗格等。

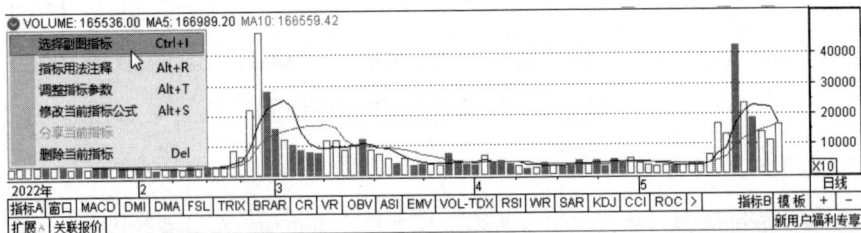

图 1-40　选择"选择副图指标"命令

在打开的"请选择副图指标"对话框中选择需要的指标选项，单击"确定"按钮即可将指标切换成其他指标，如图 1-41 所示。

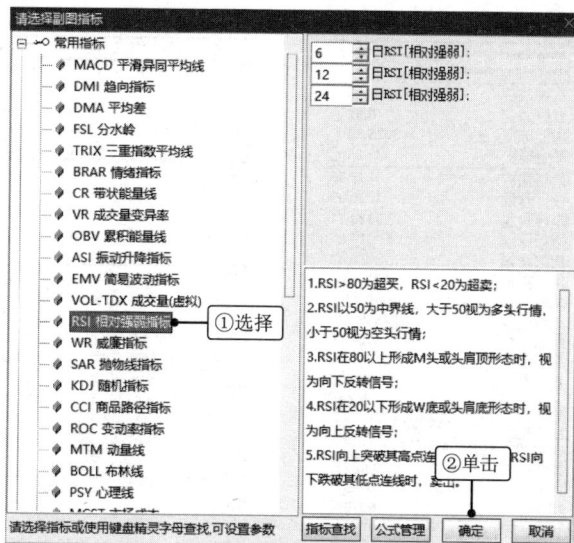

图 1-41　选择要切换的指标选项

（4）指标和模块区

指标和模块区位于副图的下方，可分为"指标""窗口"和"模板"三个部分，各部分作用如下。

◆ **指标**：默认显示的内容，单击该标签，可展开副图指标列表，单击列表中任意指标，可切换到该指标。

◆ **窗口**：单击该标签，可打开窗口列表，从中选择要显示的窗口数量（选择"1 个窗口"时，仅展示主图区；选择"2 个窗口"时，显示主图区和一个副图区，以此类推）。

◆ **模板**：单击该标签，展开与模板相关的选项，在其中可以选择使用已保存的分析模板，也可对模板进行管理。

（5）盘口数据区

实时展示当前品种的实时盘口数据，包含的内容非常广泛，指数和股票的盘口数据区不完全相同，如图 1-42 所示。

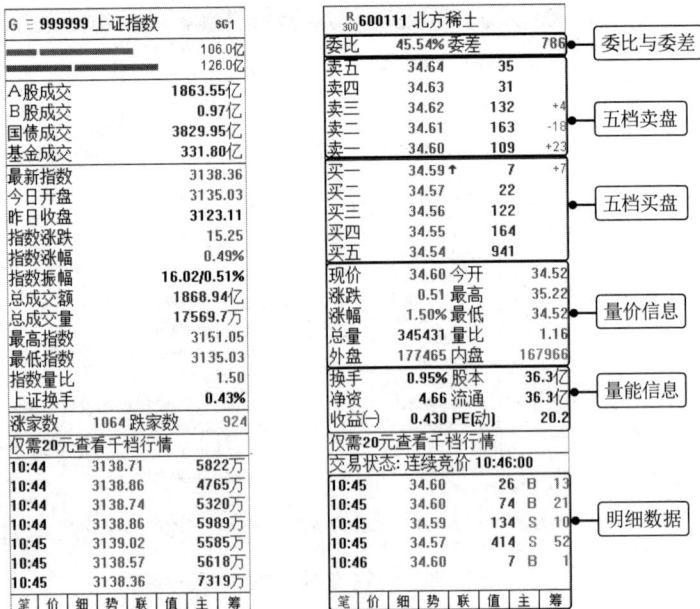

图 1-42　指数盘口（左）与个股盘口（右）

由于指数是收集构成指数的所有证券的交易信息汇聚而成，因此盘口数据相对而言要简单很多，这里主要以个股的盘口数据为例进行介绍，具体各组成部分如下。

◆ **委比与委差**：衡量买卖盘在某周期内相对强弱的指标。委买数与委卖数之差除以委买数与委卖数之和后得出的比值，再乘以 100% 即为委比。委比为正，表示买盘较为强烈；委比为负，表示卖盘较为强烈。而委差即是委买与委卖的差值。

拓展贴士　*委比可以反映涨跌停*

如果股票当日涨停或跌停，可直接从委比数据反映出来。个股当日涨停时，其涨停委比为 100%，委托盘全是买盘，如图 1-43（左）所示；个股当日跌停时，其跌停委比为 -100%，委托盘全是卖盘，如图 1-43（右）所示。

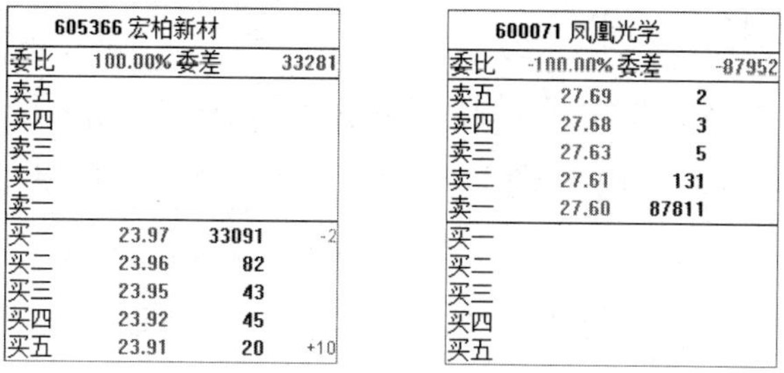
605366 宏柏新材
委比 100.00% 委差 33281
卖五
卖四
卖三
卖二
卖一
买一 23.97 33091 -2
买二 23.96 82
买三 23.95 43
买四 23.92 45
买五 23.91 20 +10
600071 凤凰光学
委比 -100.00% 委差 -87952
卖五 27.69 2
卖四 27.68 3
卖三 27.63 5
卖二 27.61 131
卖一 27.60 87811
买一
买二
买三
买四
买五

图 1-43　涨停板委托盘和跌停板委托盘

- **五档卖盘：**包括“卖一、卖二、卖三、卖四、卖五”五个委托卖出价格，以及每个价格对应的委托数量，如图 1-44（左）所示。其中卖一为当前的最低申卖价格。
- **五档买盘：**包括“买一、买二、买三、买四、买五”五个委托买入价格，如图 1-44（右）所示，其中买一为当前的最高申买价格。

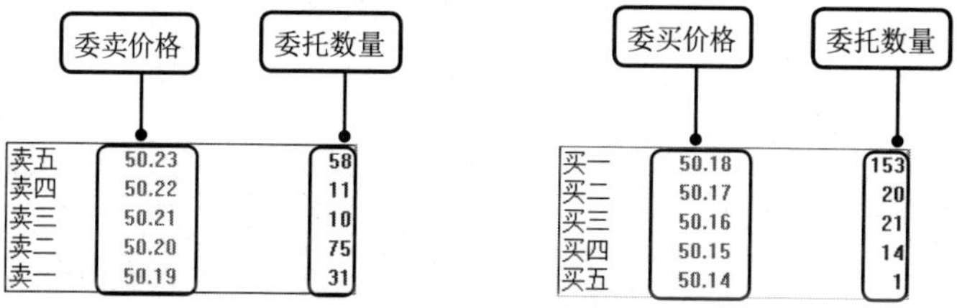
委卖价格
委托数量
卖五 50.23 58
卖四 50.22 11
卖三 50.21 10
卖二 50.20 75
卖一 50.19 31
委买价格
委托数量
买一 50.18 153
买二 50.17 20
买三 50.16 21
买四 50.15 14
买五 50.14 1

图 1-44　五档卖盘（左）和五档买盘（右）

- **量价信息：**显示该股当前成交量的价格与数据量的相关系统，包括现价（最新一笔成交价）、今开（当日开盘价）、涨跌（当日涨跌金额）、最高（截至当前时间的最高价）等。
- **量能信息：**展示该股一些基本能量信息，包括换手（交易量与总量的比值）、股本（公司发行股票的现有价值）、净资（公司报表中拥有的净资产）以及流通（当前股票在市面流通的股本）等。
- **明细数据：**显示当前股票指定类型的明细数据，默认显示的是每笔交易的相关信息，投资者可通过单击下方的“笔”“价”“细”等标签进行切换。

（6）工具栏

工具栏位于整个界面的右侧，其将投资者可能常用的工具全部以按钮的形式进行展示，如单击"返回"按钮、"向前翻页"按钮、"向后翻页"按钮等。不同界面下，工具栏中显示的工具按钮也不一样。如果在界面右侧没有显示工具栏，在通达信软件中可以单击"功能"下拉按钮，在弹出的下拉菜单中选择"工具栏"命令将其显示出来，如图 1-45 所示。

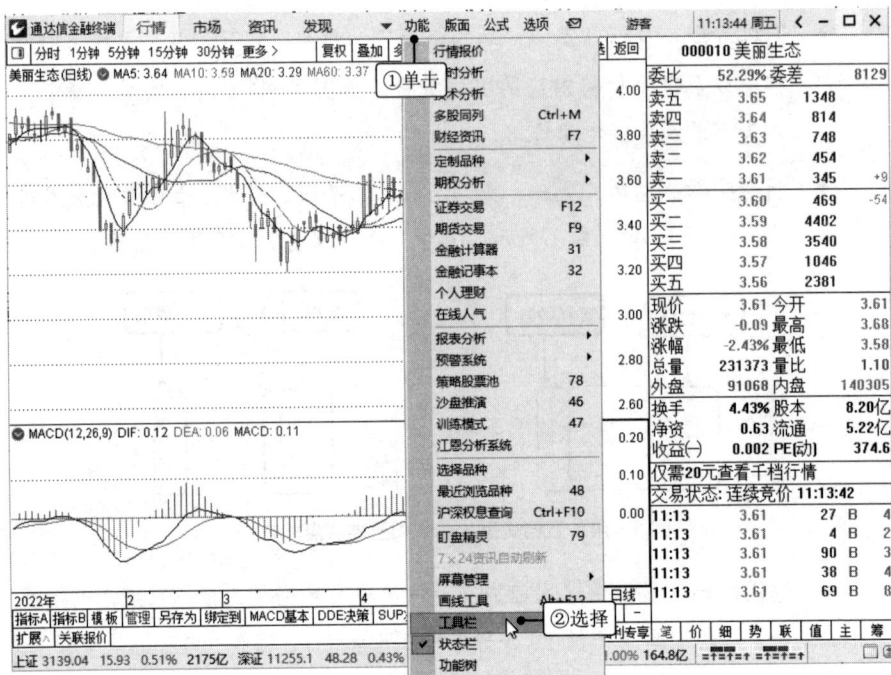

图 1-45 手动调出工具栏

（7）状态栏

状态栏位于界面的最下方，主要显示上证指数、深证成指和创业板指的当前指数、涨跌点数和涨跌幅度。

第2章

解析双日K线组合买卖点

第1章介绍了K线的基本知识，并且对常见的单根K线的形态及其作用有了一定了解。但是单根K线的实战指导意义不强，本章将从两根K线构成的双日K线组合这个角度，讲解一些可以预示买卖点的双日K线组合的应用。

2.1 双日 K 线买入组合

双日 K 线买入组合是指由两根 K 线构成的，可以发出买入信号的 K 线组合。这些 K 线组合出现在不同的位置，其发出买入信号的强弱不一样，下面介绍几个常见的双日 K 线买入组合及其具体的应用。

2.1.1 低位待入线

待入线是由前阴后阳两根 K 线组成的，第一根阴线为大阴线，第二根阳线为低开的小阳线，收盘价低于第一根大阴线收盘价，与大阴线实体有一段距离，形成"待入"状态，其示意图如图 2-1 所示。

图 2-1　待入线示意图

在股价的较低位置区域出现待入线 K 线组合，显示的是股价的见底信号。投资者可以根据这样的信号，抓住有利机会进行抄底。

拓展贴士　*待入线组合使用注意事项*

抓住低位待入线买入需要注意：待入线的两根 K 线之间存在缺口，这里的缺口指的是 K 线实体之间的缺口，K 线影线之间存不存在缺口就无关紧要了；但是如果 K 线之间存在缺口，则发出的买入信号更强。

下面来看一个具体的案例。

实例分析 ⇒
深中华 A（000017）低位待入线买入操作分析

图 2-2 为深中华 A 在 2020 年 12 月到 2021 年 2 月的 K 线图。

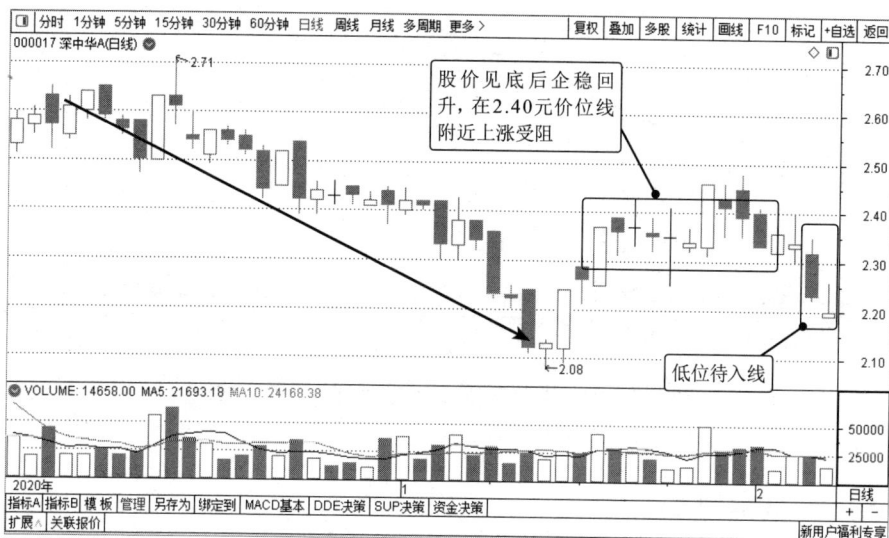

图 2-2　深中华 A 在 2020 年 12 月到 2021 年 2 月的 K 线图

从图 2-2 中可以看到，该股下跌到 2021 年 1 月中旬左右止跌，之后在 2021 年 1 月 14 日创出 2.08 元的最低价后止跌回升，但股价运行至 2.40 元价位线附近时上涨受阻下跌。

2021 年 2 月 4 日 K 线收出一根跌幅为 4.7% 的大阴线（由于当时该股为 *ST 股，这个跌幅已经接近跌停板了），紧跟着 2 月 5 日 K 线收出一根实体跳空的小阳线，这两日的 K 线形成低位待入线 K 线组合。这是后市股价上涨的信号，可在之后的低位区积极买入做多。

图 2-3 为深中华 A 在 2021 年 1 月到 7 月的 K 线图。

从图 2-3 中可以看到，在股价下跌之后的低位区域出现待入线 K 线组合后，股价连续多日收出阳线步步拉高股价脱离下跌行情，之后股价开始慢慢向上推高，涨势稳定，走出一波翻倍上涨行情。

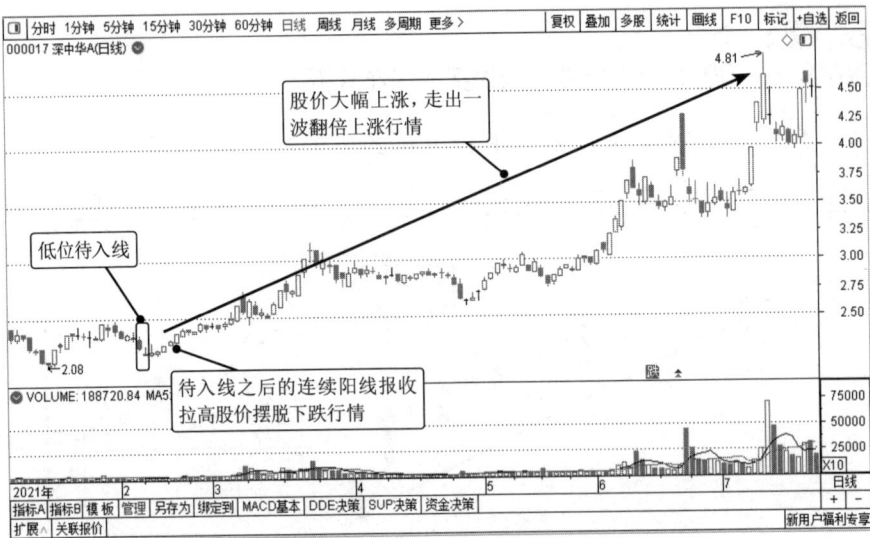

图 2-3　深中华 A 在 2021 年 1 月到 7 月的 K 线图

2.1.2　低位切入线

切入线与待入线相似，也是由前面一根阴线、后面一根阳线组成的 K 线组合，但是二者之间并没有缺口，而是小阳线实体略微进入大阴线的实体中，其示意图如图 2-4 所示。

图 2-4　切入线示意图

当切入线 K 线组合形态出现在股价的低位区域时，同样是一个行情见底信号。投资者可以根据这样的信号，在低位适当逢低吸纳、买入抄底。

下面来看一个具体的案例。

实例分析 ⇒

康强电子（002119）低位切入线买入操作分析

图2-5为康强电子2018年7月到12月的K线图。

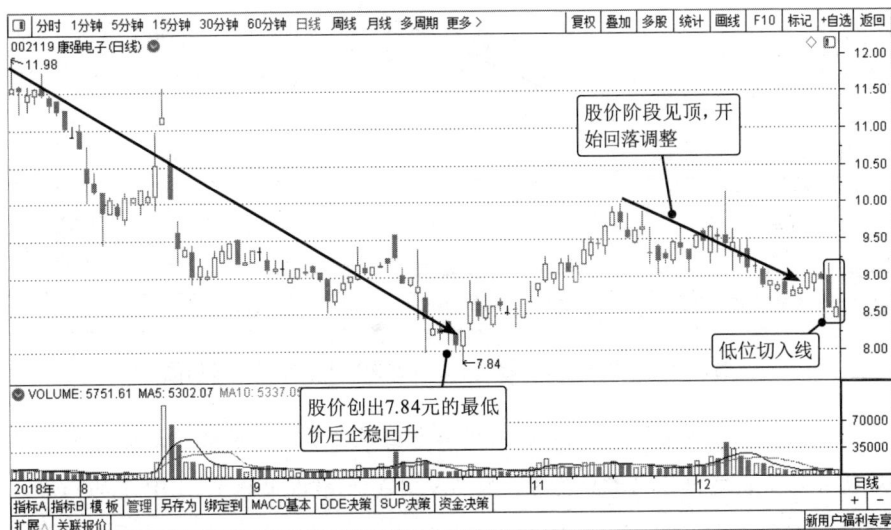

图2-5 康强电子2018年7月到12月的K线图

从图2-5中可以看到，该股下跌到2018年10月中旬左右创出7.84元的最低价，之后股价企稳回升，但是股价很快在10.00元价位线下方阶段见顶，之后股价一路震荡下跌到9.00元价位线附近企稳。

2018年12月27日，股价高开后短暂几分钟的冲高后快速回落，当日股价一路震荡大幅下跌，最终以8.55元的最低价收盘，当日K线收出4.36%跌幅的光脚大阴线。

次日，股价低开后快速冲高后一直在高位震荡，当日以8.57元的价格收盘，K线收出一根小阳线，小阳线的实体部分略微进入上个交易日的大阴线实体中，形成切入线。此时的切入线进一步说明股价已经运行到底部，后市股价可能触底回升。

图 2-6 为康强电子 2018 年 12 月到 2019 年 5 月的 K 线图。

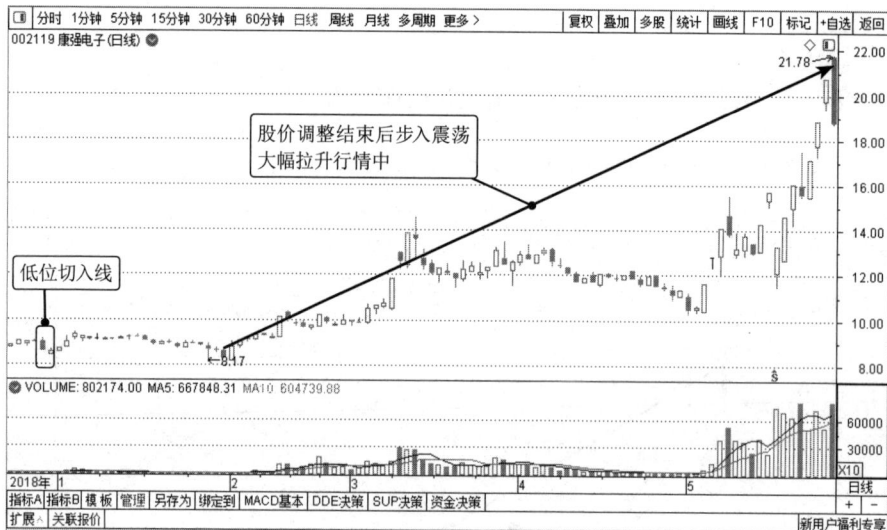

图 2-6　康强电子 2018 年 12 月到 2019 年 5 月的 K 线图

从图 2-6 中可以看到，在切入线形态出现之后，该股股价迅速见底，之后便开始了震荡拉升的上涨走势，股价从 8.20 元附近上涨至 21.78 元的高价，涨幅约 166%。

2.1.3　低位插入线

插入线是由前面一根阴线、后面一根阳线组成的 K 线组合，小阳线实体要深入大阴线实体之中，形成插入的形态特征，其示意图如图 2-7 所示。

图 2-7　插入线示意图

当插入线出现在股价运行低位的区域时，是股价的见底信号，因此投资者可以借助低位的插入线进行买入操作。

拓展贴士　*切入线和插入线的区别*

从前面介绍的切入线和插入线可知，二者极为相似，那么，其区别在哪里呢？仔细观察可以发现，切入线中的小阳线实体小幅度"切入"前面大阴线的实体，进入的距离相对较小，由此呈现出"切入"的形态；插入线中的小阳线实体较大幅度"插入"前面大阴线的实体，进入的距离相对较大，由此呈现出"插入"的形态。

下面来看一个具体的案例。

实例分析 ⇒

莱茵生物（002166）低位插入线买入操作分析

图 2-8 为莱茵生物 2018 年 4 月到 10 月的 K 线图。

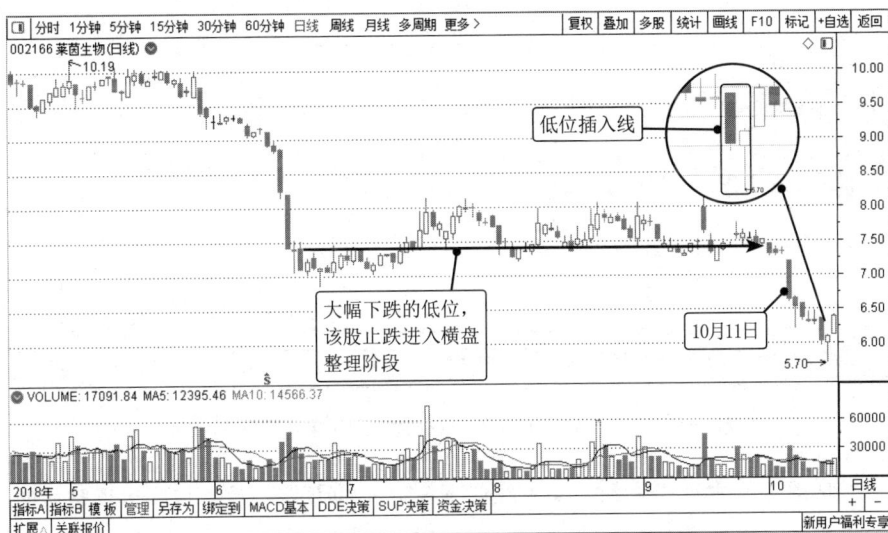

图 2-8　莱茵生物 2018 年 4 月到 10 月的 K 线图

从图 2-8 中可以看到，该股大幅下跌后在 2018 年 6 中旬左右下跌到 7.00 元价位线附近后止跌，之后该股进入了横盘整理阶段，整个横盘调整持续了三个多月的时间。

10 月 11 日，该股跳空低开，当日以 9.69% 的跌幅收出大阴线跌破盘整走势，之后该股快速下跌。

10 月 18 日，该股微微低开后快速回落，当日以 6.01 元的价格收出跌幅为 5.06% 的大阴线。

次日，该股以 6.00 元价格微微低开，并以 6.10 元的价格收出涨幅为 1.50% 的小阳线，形成典型的低位插入线 K 线组合，这是股价见底的信号，投资者可以在此少量建仓。

图 2-9 为莱茵生物 2018 年 10 月到 2019 年 4 月的 K 线图。

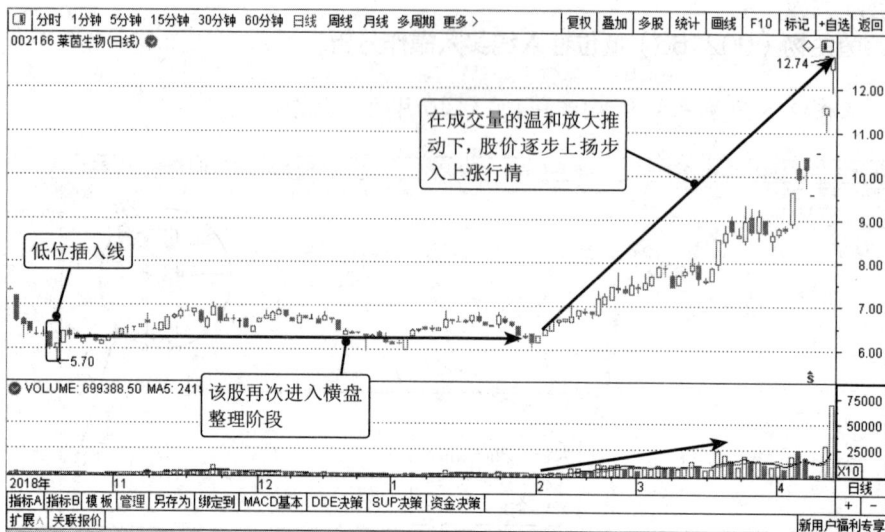

图 2-9　莱茵生物 2018 年 10 月到 2019 年 4 月的 K 线图

从图 2-9 中可以看到，插入线创下 5.70 元的新低之后，该股出现明显的止跌企稳走势，之后该股又经历了一段时间的底部横盘走势，在 2019 年 2 月，逐步放量拉升股价向上运行，行情正式步入上涨。

2.1.4　阳包阴线

阳包阴线是指第二根阳 K 线将第一根阴 K 线从头到脚全部包在里面了，也被称为底部的穿头破脚组合，有行情将要转向的意味，其示意图如图 2-10 所示。

图 2-10　阳包阴线示意图

阳包阴线发出买入信号的研判要点。

- ◆ 在大幅下跌的底部行情中出现。
- ◆ 第二根 K 线（即阳线）的长度必须足以吃掉第一根 K 线（即阴线）的全部（上下影线不算）。
- ◆ 两根 K 线的长度越悬殊，转势的力度就越强。
- ◆ 第二根阳 K 线的成交量要明显放大。

当阳包阴线出现在行情的低价位区后，对于稳健型的投资者，可于形态完成的次日逢低介入；对于激进型的投资者，可于形态出现当日的尾盘果断跟进，持股待涨。

下面来看一个具体的案例。

实例分析　⇒
特发信息（000070）阳包阴线买入操作分析

图 2-11 为特发信息 2021 年 12 月到 2022 年 4 月的 K 线图。

从图 2-11 中可以看到，该股股价表现出震荡下跌的走势，股价在下跌到 2022 年 3 月上旬左右出现止跌，股价在 5.50 元的价位线附近窄幅横盘波动。

4 月初，连续 3 日阴线报收拉低股价，之后股价连续下跌，最终在 4.50 元价位线附近止跌。

4 月 26 日，股价开盘后始终围绕上个交易日的收盘价附近横盘震荡，在下午开盘后，股价出现快速下跌的走势，当日最终以 4.69% 的跌幅收出带上下影线的阴线。

次日，股价开盘后一路放量震荡上涨，当日以 8.2% 的涨幅收出大阳线创出 4.13 元的最低价，且大阳线的实体将 4 月 26 日的阴线全部覆盖，形成典型的阳包阴线 K 线组合形态。

阳包阴线出现在股价的低价位区时，在创下 4.13 元新低的同时也构筑了股价此轮下跌的底部，并发出了强烈的见底信号，后市股价看涨。

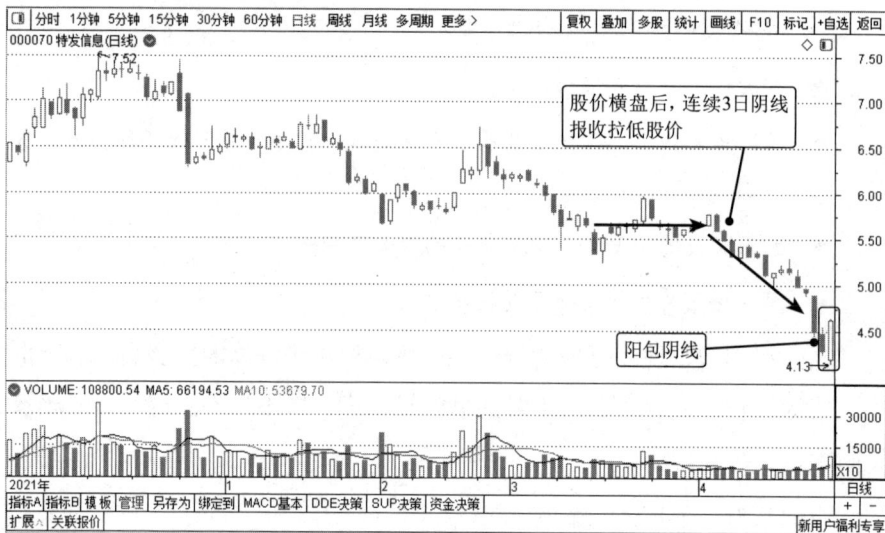

图 2-11　特发信息 2021 年 12 月到 2022 年 4 月的 K 线图

图 2-12 为特发信息 2021 年 12 月到 2022 年 5 月的 K 线图。

从图 2-12 中可以看到，阳包阴线成功显示出了股价的底部，随后股价表现上升行情，短短一个月左右的时间，股价从 4.50 元附近上升至 6.00 元，涨幅达到 33% 左右，还是不错的。

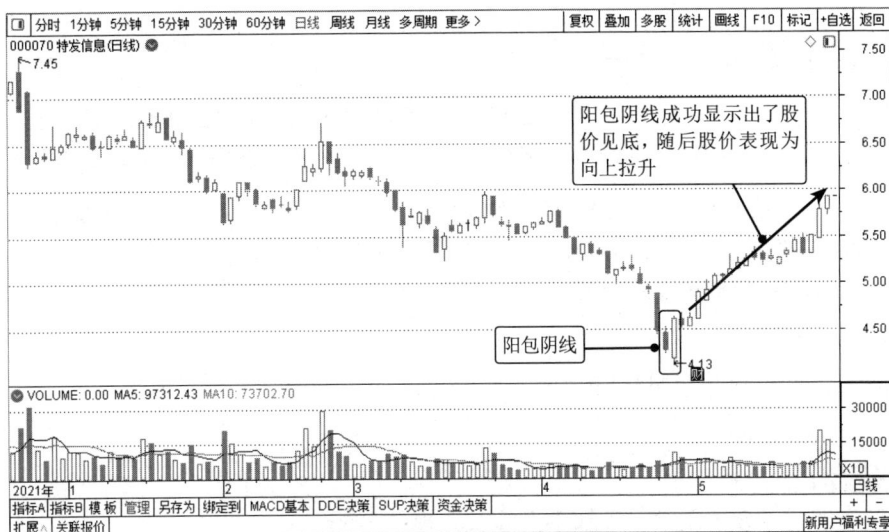

图 2-12　特发信息 2021 年 12 月到 2022 年 5 月的 K 线图

2.1.5　底部平底线

底部平底线中的两根 K 线不分阴阳，可同为阳，可同为阴线，也可同为星线，亦可一阴一阳，而且两根 K 线也不一定都带有下影线，只需要 K 线最低价相同或者相差很小即可，其示意图如图 2-13 所示。

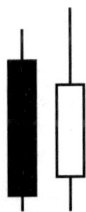

图 2-13　底部平底线示意图

当平底线出现在股价下跌之后的低价位区域时，发出股价的见底信号，由此投资者可以根据这样的信号进行买入操作。若两根 K 线都带有下影线，则下影线越长，越具有可信的价值。

拓展贴士 *上升平底线用法*

　　顾名思义，上升平底线即是处于股价上涨阶段中的平底线，它和底部平底线一样，K 线不分阴阳，只需要最低价同值。处于上升阶段的平底线是股价的高位整理。

　　上升阶段出现的平底线，依旧发出的是买入信号。当股价经过小幅度的横盘整理或者是市场主力清理浮筹结束之后，股价会继续看涨，因此投资者应该抓住横盘机会，果断进行买入操作。

　　下面来看一个具体的案例。

实例分析 ⇒

新奥股份（600803）底部平底线买入操作分析

　　图 2-14 为新奥股份 2019 年 9 月到 2020 年 3 月的 K 线图。

图 2-14　新奥股份 2019 年 9 月到 2020 年 3 月的 K 线图

　　从图 2-14 中可以看到，该股一直处于震荡下跌走势之中，股价经过下跌已经处于相对较低位置区域。在 2020 年 2 月经过一波反弹后，最终股价在 10.50 元价位线受阻后于 3 月出现一波继续下跌行情。

　　3 月 23 日，股价大幅低开后在低位震荡整理，当日创出 7.99 元的最低价，最终以 3.47% 的跌幅收出带上下影线的小阴线。

次日,股价大幅高开后持续震荡下跌,在 7.99 元的最低价触底后短暂横盘后一路震荡拉高股价,当日以 1.61% 的涨幅收出带长下影线的 K 线。这两个交易日的最低价都是 7.99 元,是典型的底部平底线。

此时出现平底线,说明股价底部形成,后市股价止跌向上,并且平底线出现之后的跳空阳线将股价向上拉升,也肯定了这样的判断。

图 2-15 为新奥股份 2020 年 3 月到 8 月的 K 线图。

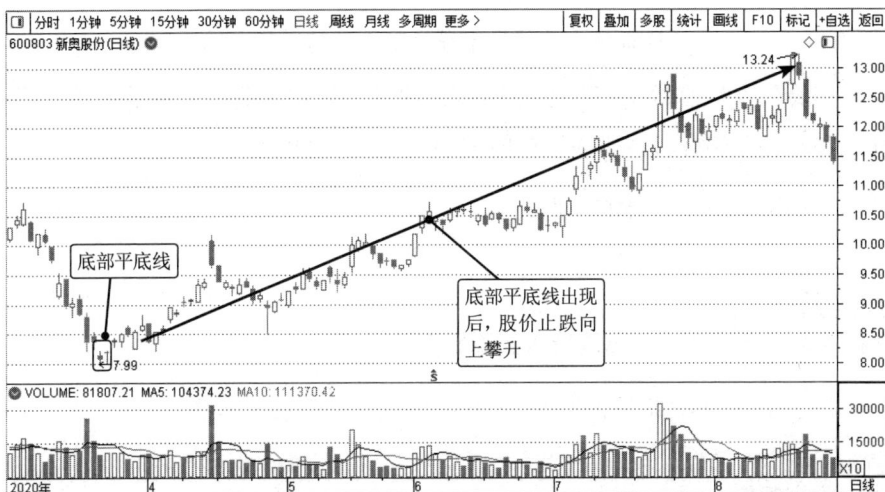

图 2-15　新奥股份 2020 年 3 月到 8 月的 K 线图

从图 2-15 中可以看到,底部平底线出现后,股价止跌向上攀升,从 8.00 元左右上升至 13.24 元附近,涨幅达到 66% 左右,涨幅较大。

2.2　双日 K 线卖出组合

与双日 K 线买入组合对应,双日 K 线卖出组合是指由两根 K 线构成的,可以发出卖出信号的 K 线组合。对于前面讲的双日 K 线买入组合中的组合形态,在不同的位置,也可能发出卖出信号。下面介绍几个常见的双日 K

线卖出组合及其具体的应用。

2.2.1 高位待入线

高位待入线指的就是处于股价运行高位的待入线。高位待入线发出卖出信号应具备以下三个条件。

◆ 必须为标准的待入线，这是判断的基础。

◆ 待入线必须处于股价的较高运行区域。

◆ K 线之间的缺口越大，越显示股价下跌的动力。

当股价在较高的运行区域出现待入线时，显示了股价上涨的结束，下跌已经开始，因此投资者应该及时卖出手中持有的股票。

下面来看一个具体的案例。

实例分析 ⇒

中航高科（600862）高位待入线看跌卖出分析

图 2-16 为中航高科 2020 年 11 月到 2021 年 1 月的 K 线图。

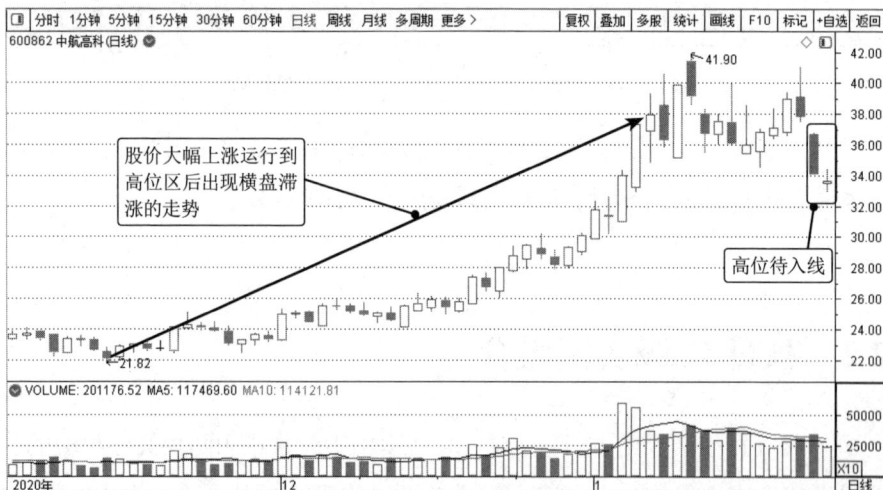

图 2-16　中航高科 2020 年 11 月到 2021 年 1 月的 K 线图

从图 2-16 中可以看到，股价大幅上涨到 40.00 元价位线附近后滞涨，之后股价始终在 36.00 元至 40.00 元的价格区间横向波动。

2021 年 1 月 26 日，股价跳空低开后快速打到跌停板，当日以 34.03 元的跌停价收出大阴线，跌破 36.00 元的支撑价位。

次日，股价继续低开，当日股价大幅震荡变化，最终以 33.63 元的价格收出跌幅为 1.18% 的小阳线。

两根 K 线实体之间的缺口为 0.53 元，形成了典型的高位待入线 K 线组合形态，由此可知股价上涨乏力，后市看跌。

图 2-17 为中航高科 2021 年 1 月到 3 月的 K 线图。

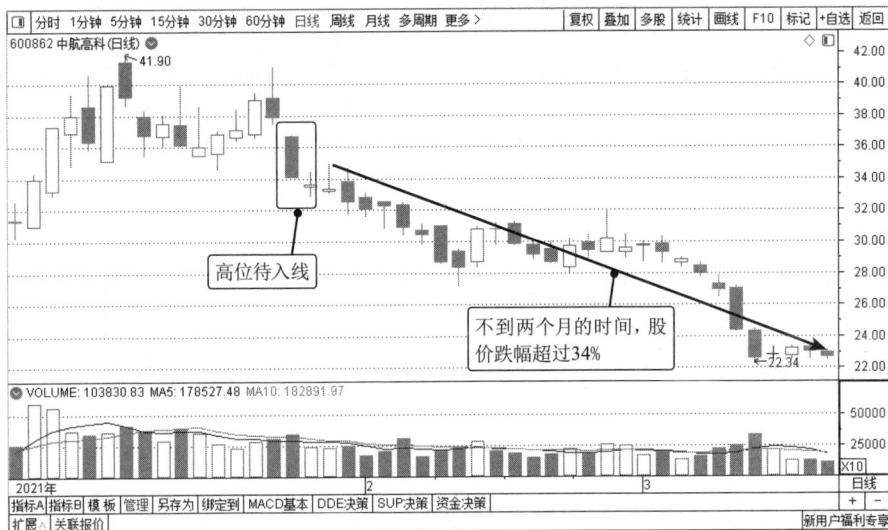

图 2-17　中航高科 2021 年 1 月到 3 月的 K 线图

从图 2-17 中可以看到，在高位待入线出现之后，高位横盘整理形态被打破，之后股价一路震荡下跌，不到两个月的时间，股价就从 34.00 元附近下跌到 22.34 元，跌幅超过 34%。

因此，在高位出现待入线 K 线组合后，投资者在此千万不能进行盲目的买入操作。

2.2.2 高位切入线

从名称上便知，高位切入线是出现在股价运行高位区间的切入线。此处的切入线发出的是股价下跌的信号，而且是比较准确的卖出信号。因此，当股价经过一定幅度的上涨后，出现高位切入线时，投资者就应该果断卖出股票。

下面来看一个具体的案例。

实例分析 ⇒

航天发展（000547）高位切入线看跌卖出分析

图 2-18 为航天发展 2020 年 7 月到 2021 年 1 月的 K 线图。

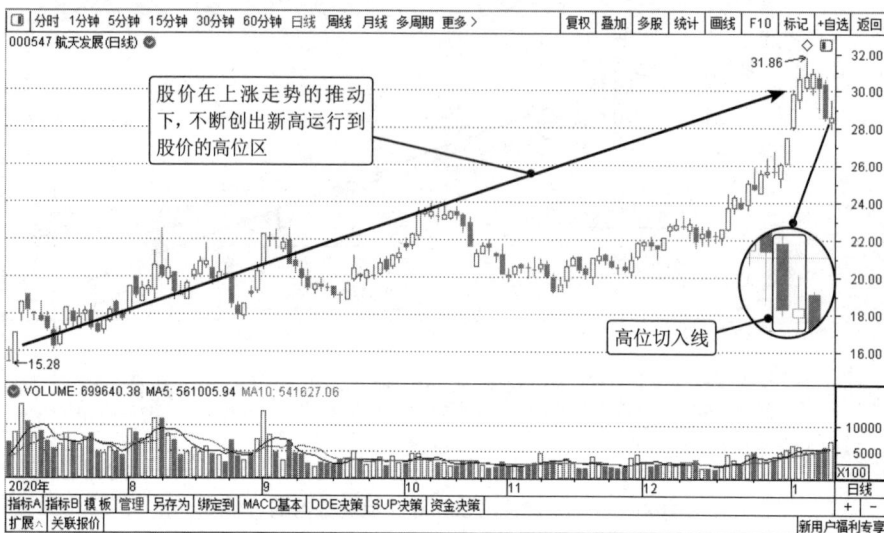

图 2-18　航天发展 2020 年 7 月到 2021 年 1 月的 K 线图

从图 2-18 中可以看到，该股股价大幅上涨到 30.00 元的价位线后滞涨，并在该价位线附近短暂横盘，创出 31.86 元的最高价。

2021 年 1 月 11 日，股价微微高开后快速回落到均价线附近，之后围绕均价线展开横向震荡变化，在 11:15 左右，股价跌破均价线后一路下跌，当日以

28.56 元的价格收出跌幅 5.27% 的大阴线。

　　次日，股价以 28.36 元的价格低开，之后全天大幅震荡变化，当日以 28.62 元的价格收出涨幅为 0.21% 的小阳线，当日阳线微微切入上个交易日的阴线实体内，这两个交易日呈现出明显的高位切入线 K 线组合，发出卖出信号，预示行情即将反转。

　　图 2-19 为航天发展 2020 年 12 月到 2021 年 3 月的 K 线图。

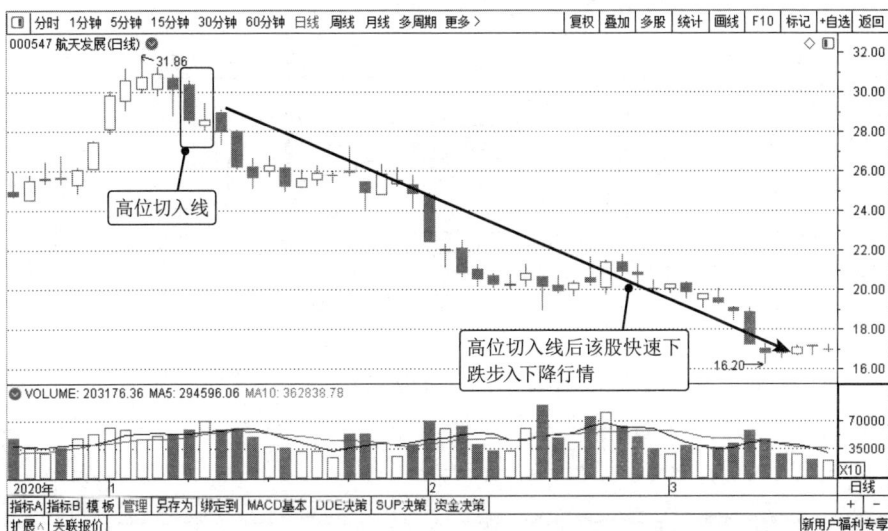

图 2-19　航天发展 2020 年 12 月到 2021 年 3 月的 K 线图

　　从图 2-19 中可以看到，股价在 31.86 元见顶后出现的高位切入线发出了可靠的卖出信号，之后 K 线出现一波大幅下跌走势，约两个月的时间，股价从 28.00 元附近下跌到 16.20 元附近，跌幅超过 42%。

　　由此可见，当股价在高位运行时出现标准的切入线，则预示股价已经见顶，后市以下跌为主，投资者要果断抛售出局，规避后市的下跌风险。

2.2.3　高位插入线

　　高位插入线指的是出现在股价运行高位区域的插入线。它是一个看跌股价的信号，一般出现在股价见顶之后的下跌初期。因此当股价在高位区域出现插入线时，投资者应该果断卖出手中的股票。

下面来看一个具体的案例。

实例分析 ⇒
亚泰集团（600881）高位插入线看跌卖出分析

图2-20为亚泰集团2021年1月到10月的K线图。

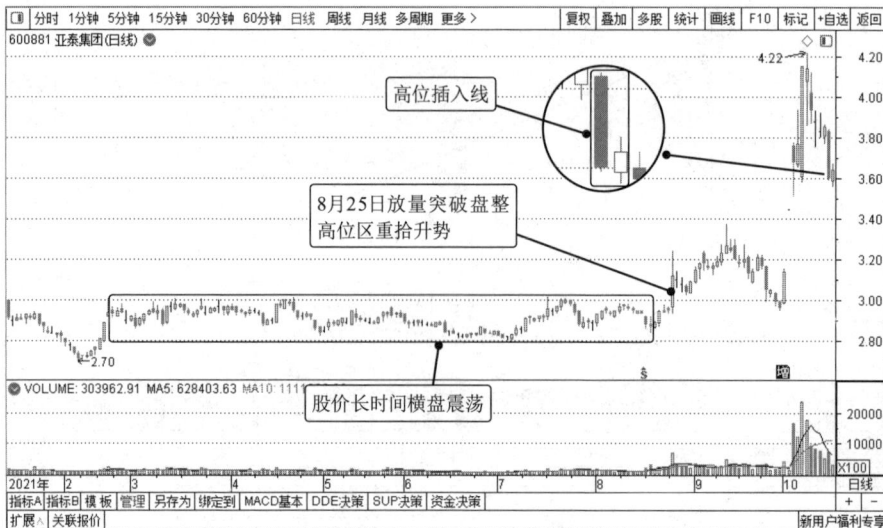

图2-20　亚泰集团2021年1月到10月的K线图

从图2-20中可以看到，该股在2.70元见底后经过一波短暂的快速拉升行情，在触及3.00元价位线后滞涨，之后股价在2.80元至3.00元的价格区间横盘波动了很长一段时间。

在2021年8月25日，该股放量突破3.00元价位线的压制后开启上涨，在上涨到3.20元附近出现滞涨后阶段见顶回落，最终在3.00元价位线获得支撑止跌。

之后，该股连续放量快速拉升股价上涨，短短几个交易日，股价就从3.00元的价格最高上涨到4.22元，该股从最低的2.70元上涨到4.22元，涨幅已经超过 56%。

之后股价回落到 3.80 元附近企稳。在 10 月 22 日，该股低开后一路下跌，当日以 3.60 元的价格收出跌幅为 6.49% 的大阴线。

次日，该股低开后快速冲高回落震荡，当日以 3.64 元的价格收出涨幅为 1.11% 的小阳线，且小阳线的 K 线实体呈明显的插入上个交易日大阴线的实体内，形成典型的高位插入线，由此可判断该股后市以下跌为主，投资者应该尽快卖出股票。

图 2-21 为亚泰集团 2021 年 10 月到 2022 年 5 月的 K 线图。

图 2-21　亚泰集团 2021 年 10 月到 2022 年 5 月的 K 线图

从图 2-21 中可以看到，该股在高位区域出现插入线后，该股步入了长时间的大幅震荡下跌行情，且震荡反弹高点逐步降低。如果投资者在高位插入线出现后未及时抛售，将被套牢。

2.2.4　乌云盖顶

乌云盖顶为股价见顶信号，它由两根 K 线组合而成，第一根 K 线为大阳线，继续前期的上涨行情，第二根 K 线为高开的大阴线，收盘价深入第一根大阳线实体超过一半，形成乌云盖顶之势。其中阳线实体被阴线覆盖得越多，说明多方的力量越弱，空方的力量越强。图 2-22 为乌云盖顶示意图。

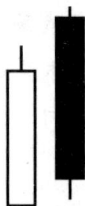

图 2-22 乌云盖顶示意图

当在股价的高位区出现乌云盖顶形态后，投资者不能买入股票，应该迅速出逃。

下面来看一个具体的案例。

实例分析 ⇒
海马汽车（000572）乌云盖顶看跌卖出分析

图 2-23 为海马汽车 2021 年 3 月到 8 月的 K 线图。

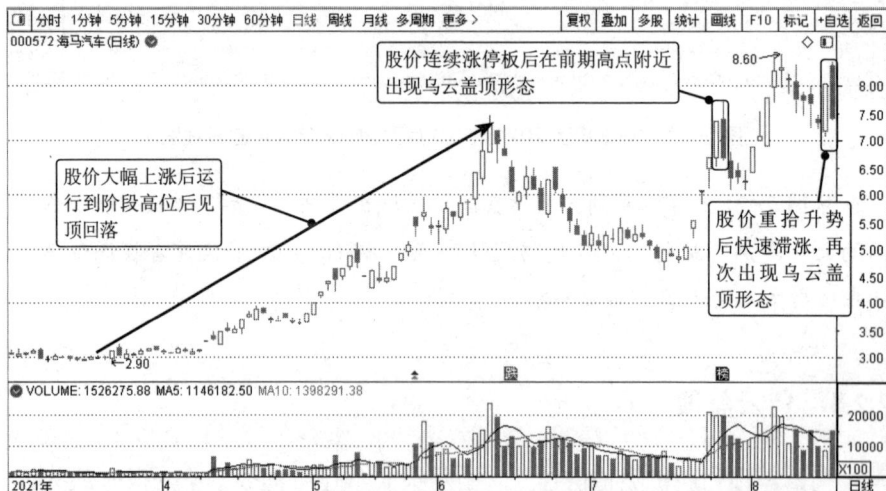

图 2-23 海马汽车 2021 年 3 月到 8 月的 K 线图

从图 2-23 中可以看到，该股在 2.90 元的价位线止跌后一路震荡上涨，在股价上涨突破 7.00 元价位线后运行到阶段的顶部，随后股价出现快速回落的走势，最终在回落到 5.00 元价位线时止跌进入整理阶段。

在 7 月中旬，连续出现四个涨停板将股价再次拉高站在 7.00 元的价位线上，7 月 27 日，股价继续高开，但是当日却以 9.37% 的跌幅收出大阴线，且阴线实体几乎将上个交易日的涨停大阳线的实体完全覆盖，形成典型的乌云盖顶 K 线组合形态。

此时股价在前期顶部位置出现乌云盖顶形态，更加说明了该价位线是一个明显的阻力位，乌云盖顶形态出现后，稳健的投资者要减仓或者清仓。

很快股价在 6.00 元上方止跌，重拾升势，但是这轮升势也并没有维持多久便在 8.00 元位置滞涨横盘，并且在横盘期间再次出现了一个标准的乌云盖顶 K 线组合，再次发出行情见顶的信号。

如果在第一个乌云盖顶形态出现时没有操作的投资者，此时要果断卖出股票，规避行情下跌风险。

图 2-24 为海马汽车 2021 年 7 月到 2022 年 3 月的 K 线图。

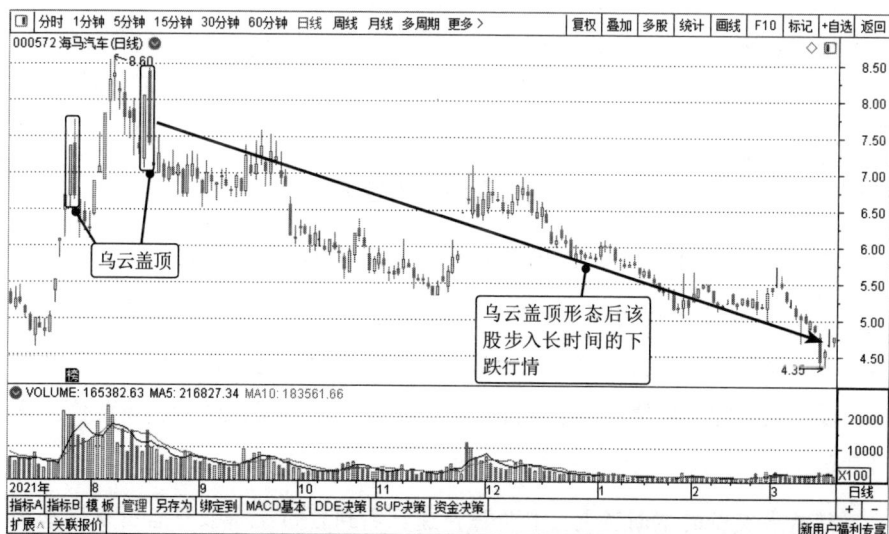

图 2-24　海马汽车 2021 年 7 月到 2022 年 3 月的 K 线图

从图 2-24 中可以看到，在第二个乌云盖顶 K 线组合形态之后，股价快速见顶回落步入漫长的下跌行情，如果投资者在分析出乌云盖顶形态后没有及时出局，将遭受巨大的损失。

2.2.5 顶部平顶线

顶部平顶线中的两根 K 线不分阴阳，可同为阳线，可同为阴线，也可同为星线，亦可一阴一阳，而且两根 K 线也不一定都带有上影线，只需要两根 K 线最高价相同或者相差很小即可，其示意图如图 2-25 所示。

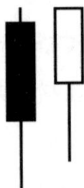

图 2-25 顶部平顶线示意图

当平顶线出现在股价大幅上涨的高位或者顶部时，发出了股价的见顶信号，此时投资者要积极逢高抛售，落袋为安。

下面来看一个具体的案例。

实例分析 ⇒

京东方 A（000725）顶部平顶线看跌卖出分析

图 2-26 为京东方 A 在 2016 年 6 月到 2017 年 11 月的 K 线图。

从图 2-26 中可以看到，该股在 2016 年 6 月底创出 2.26 元的最低价后一路震荡上涨到 4.00 元价位线附近后滞涨，之后股价在这一价位线附近横盘整理，整个横盘时间持续了五个多月，最终在 2017 年 9 月底放量拉高股价突破前期盘整高位，使得股价重拾升势。

随着成交量的不断放大，股价被快速拉高到 6.50 元价位线后出现横盘滞涨走势，从最低的 2.26 元上涨到最高的 6.77 元，涨幅约为 200%，可谓巨大的涨幅，也说明此时行情已经运行到高价位区。

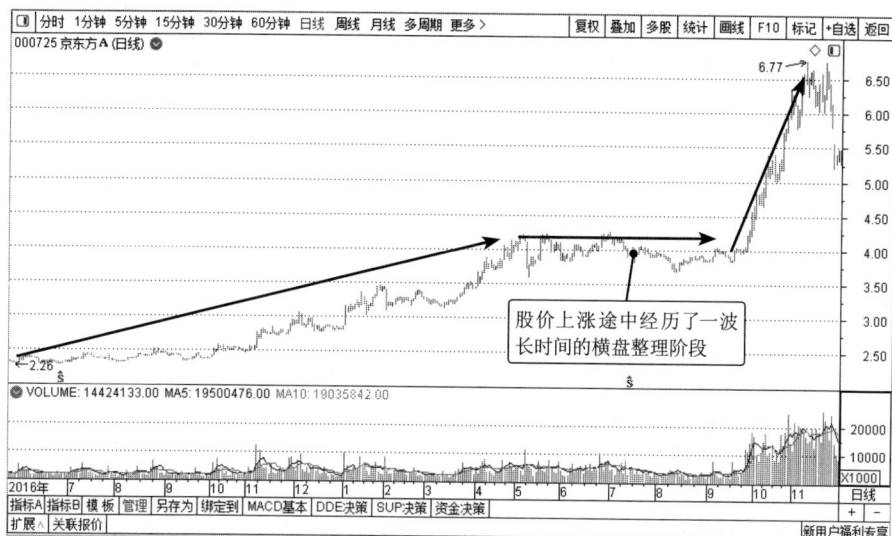

图 2-26　京东方 A 在 2016 年 6 月到 2017 年 11 月的 K 线图

图 2-27 为京东方 A 在 2017 年 8 月到 2018 年 2 月的 K 线图。

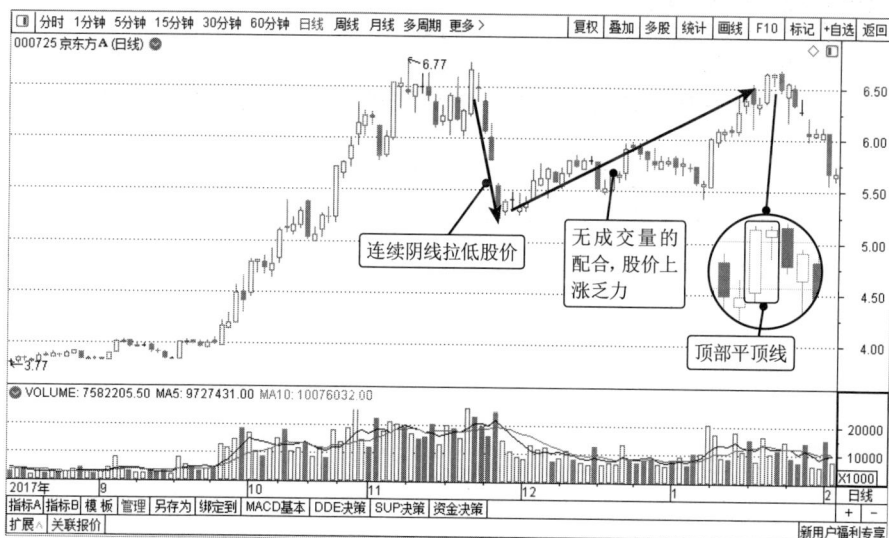

图 2-27　京东方 A 在 2017 年 8 月到 2018 年 2 月的 K 线图

从图 2-27 中可以看到，该股在 6.50 元价位线短暂横盘后在连续阴线的作用下出现快速下跌，并在 5.50 元价位线附近止跌。之后股价再次震荡上涨，但是此时的量能明显不足，最终股价再次上涨到前期的高点位置时滞涨横盘，并在横盘期间出现了平顶线，这更进一步说明此时的股价已经见顶，后市看跌。

图 2-28 为京东方 A 在 2017 年 11 月到 2019 年 1 月的 K 线图。

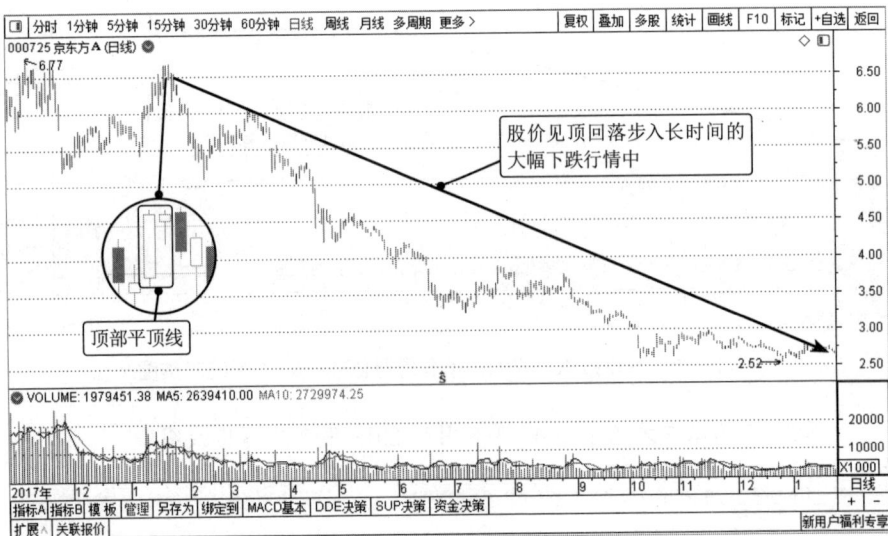

图 2-28　京东方 A 在 2017 年 11 月到 2019 年 1 月的 K 线图

从图 2-28 中可以看到，平顶线成为股价的顶部，随后股价掉头向下运行，开启一轮长时间的震荡下跌行情，股价从 6.50 元价位线附近跌至 2.52 元左右，跌幅达到 61%，如果投资者在顶部平顶线出现后没有及时抛售，将遭受巨大的损失。

第3章

瞄准多日K线组合买卖时机

在K线的实战应用中，除了使用双日K线组合分析买卖点，还可以使用多日K线组合来分析买卖时机。相对来说，多日K线组合发出的买卖信号比双日K线组合发出的买卖信号更可靠。

3.1 关键见底多日 K 线组合

投资股市，大多数人都希望买在最低位，摊低持股成本。下面将介绍几种见底的多日 K 线组合供投资者学习使用。

3.1.1 启明星线

启明星线又称为早晨之星、希望之星，是由三根 K 线组成，第一根 K 线为下跌的中阴线或大阴线，第二根 K 线为小阳线或小阴线，第三根 K 线为上涨的中阳线或者是大阳线。第二根 K 线必须低开，且其与第一根 K 线的实体形成一个明显的缺口，示意图如图 3-1 所示。

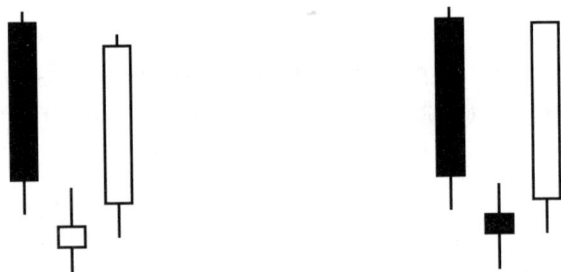

图 3-1　低位启明星线示意图

启明星线出现在股市下跌行情中，发出的是股价的见底信号，投资者可以根据这一可靠的信号进行抄底操作。

在启明星线中，如果第二根 K 线为向下跳空的小阳线、小阴线或十字线，即与第一根大阴线之间出现缺口，而不是实体缺口，此时启明星线发出的股价见底信号更强。

需要特别说明的是，启明星线发出的见底信号通常是一个中、长期的底部，尽管股价后市整体看涨，但是为了避免不必要的回调下跌，投资者还是应该采取中、长线建仓买入的策略，在股价的低位区域不断加仓买入。

下面来看一个具体的案例。

实例分析 ⇒

鹏都农牧（002505）启明星线见底信号分析

图 3-2 为鹏都农牧 2018 年 3 月到 11 月的 K 线图。

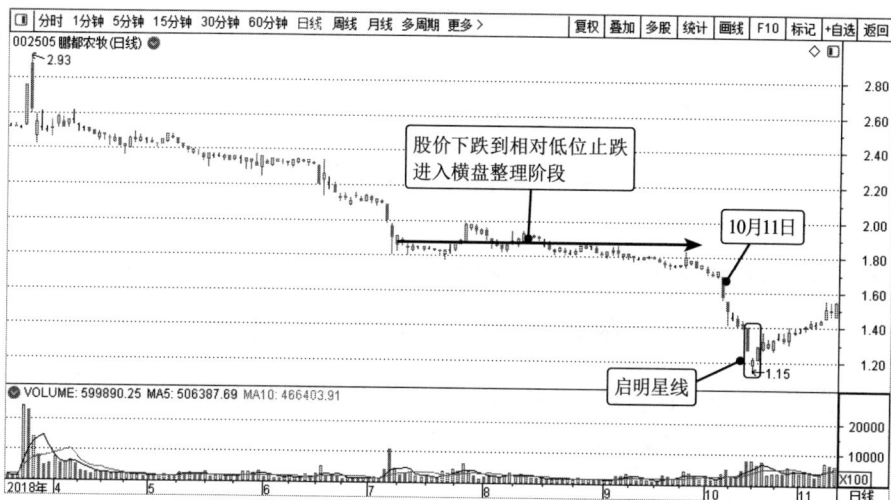

图 3-2　鹏都农牧 2018 年 3 月到 11 月的 K 线图

从图 3-2 中可以看到，该股处于缓慢下跌的行情中，下跌走势明显。在股价下跌到 7 月初时，在 1.80 元价位线受到明显的支撑止跌，之后该股进入了近三个月的横盘整理走势中。

9 月底，该股跌破 1.80 元价位线，并在 10 月 11 日收出 8.72% 的大阴线大幅压低股价，之后股价持续下跌。

10 月 18 日，股价继续下跌，成交量放大，K 线收出一根跌幅为 9.93% 的大阴线。第二天，股价跳空低开，K 线收出一根带长下影线的小阳线，与第一根大阴线之间形成明显的缺口形态。第三天，股价上涨，K 线收出涨幅为 5.74% 的带量大阳线。

这三天的 K 线形成早晨之星形态，预示股价见底，后市股价将反转上涨。此时，投资者可以抄底买进，等待后市上涨。

图 3-3 为鹏都农牧 2018 年 9 月到 2019 年 4 月的 K 线图。

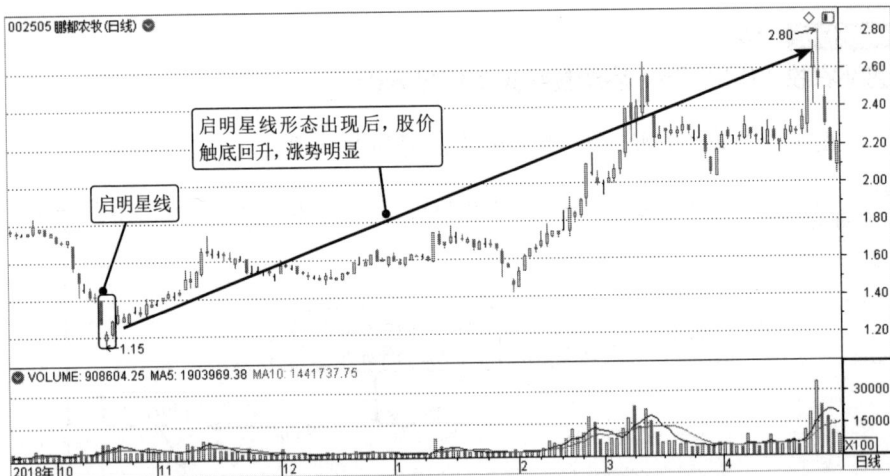

图3-3 鹏都农牧2018年9月到2019年4月的K线图

从图3-3中可以看到,该股在股价下跌的低位区域出现启明星线后,股价触底回升,从最低的1.15元上涨至最高的2.80元。

拓展贴士 **早晨十字星的使用说明**

早晨十字星与启明星相似,也是在下跌行情中出现的,它也是由三根K线组成,第一根为阴线,第二根为十字线,第三根为阳线,如图3-4所示。在下跌行情中出现该形态后,说明后市将出现较明显的回升状态,投资者可考虑买进。

图3-4 早晨十字星示意图

3.1.2 多方炮线

多方炮线又称为两阳夹一阴线,它由三根K线组合而成,中间一根是阴线，两边的 K 线是阳线。

标准的多方炮线的三根 K 线实体并排分布；若组合向下倾斜，则为弱势多方炮；若组合向上倾斜，则为强势多方炮，各示意图如图 3-5 所示。

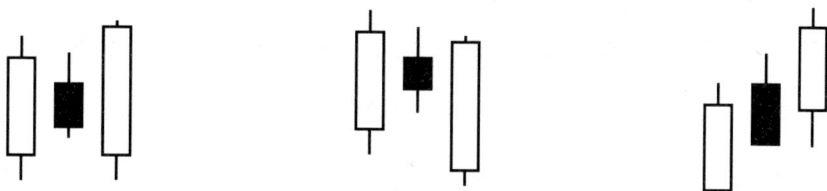

图 3-5　多方炮线示意图

多方炮线出现在股价的底部区域，发出股价见底的信号，投资者可以根据信号进行买入操作。多方炮线的两根阳线中间夹一根阴线，后一根阳线实体越大越好。

下面来看一个具体的案例。

实例分析　⇒

ST 八菱（002592）多方炮线看涨信号分析

图 3-6 为 ST 八菱 2020 年 11 月到 2021 年 2 月的 K 线图。

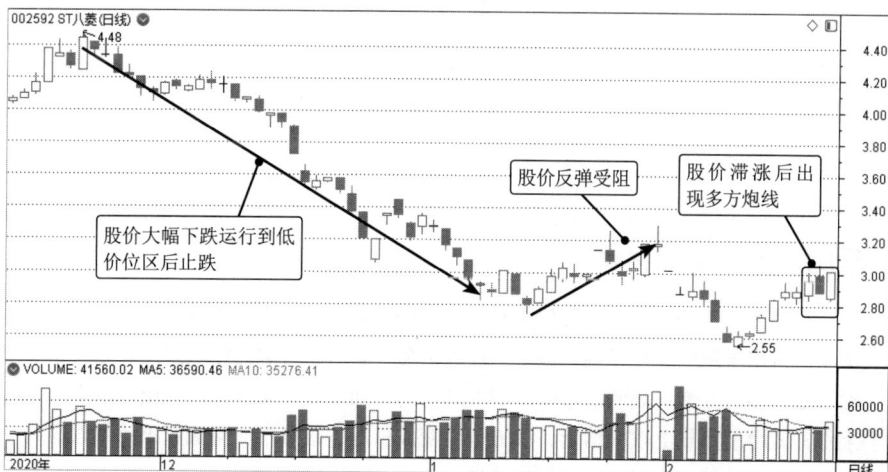

图 3-6　ST 八菱 2020 年 11 月到 2021 年 2 月的 K 线图

从图 3-6 中可以看到，该股表现为下跌行情，股价在 2021 年 1 月初下跌到 2.80 元价位线后止跌，之后经历了一波短暂反弹，但是在 3.20 元附近受阻回落，最终在 2021 年 2 月创出 2.55 元的最低价后企稳回升。

股价在连续阳线的拉升作用下上涨到 2.80 元价格上方后滞涨横盘，之后出现多方炮线，说明股价的下跌已经结束，上涨行情已经来临，后市看涨。

图 3-7 为 ST 八菱 2021 年 2 月到 7 月的 K 线图。

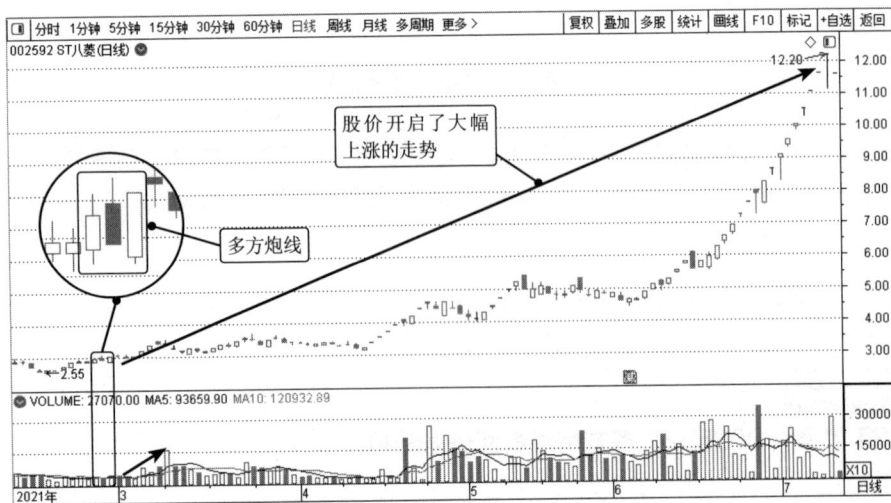

图 3-7　ST 八菱 2021 年 2 月到 7 月的 K 线图

从图 3-7 中可以看到，多方炮线出现后，持续放量拉升股价一改之前的沉闷走势，股价开启了大幅震荡上涨的走势，从 3.00 元附近上涨至 12.20 元附近，涨幅超过 300%，说明多方炮线为有效的看涨信号。

拓展贴士　*哑炮与多方炮*

当多方炮形态出现后，股价未必一定上涨，接下来的走势十分关键：如果接下来股价出现跳空上行或继续放量上攻的情形，表明多方炮的技术意义有效，这时称之为多方开炮，表明后市股价有上升空间。如果接下来股价没有出现跳空向上涨升或继续放量上攻的情形，多方炮将变成哑炮，股价将回落到原来的整理区间继续盘整，甚至出现向下破位的情形。

3.1.3 底部红三兵线

红三兵线是由三根连续上升的阳线组合而成，每根阳线的收盘价一日比一日高，每根阳线的开盘价低于前一天的收盘价，即每天的开盘在前一天的实体之内，其示意图如图 3-8 所示。

图 3-8 红三兵线示意图

红三兵线是股市稳定上涨的标志，预示股市下跌行情的结束或上涨行情的继续。红三兵线如果出现在下跌行情的末期，为股价见底信号，投资者可以果断买进，等待后市上涨。

下面来看一个具体的案例。

实例分析 ⇒

兴业科技（002674）底部红三兵线见底信号分析

图 3-9 为兴业科技 2018 年 6 月到 11 月的 K 线图。

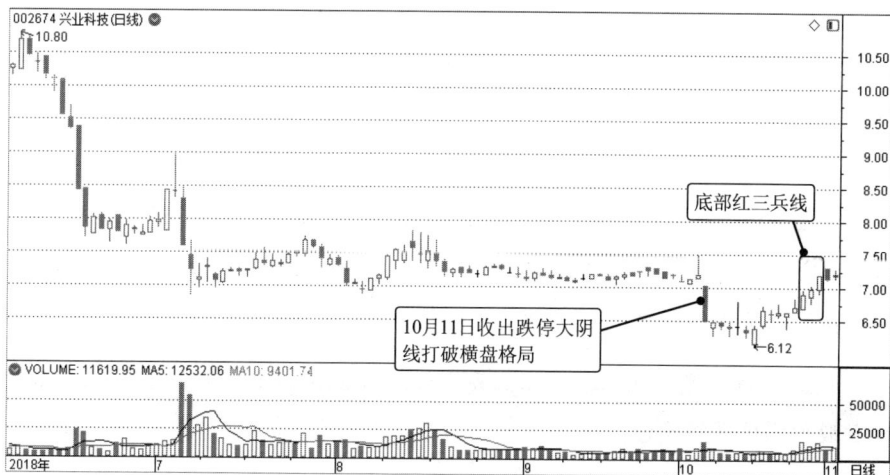

图 3-9 兴业科技 2018 年 6 月到 11 月的 K 线图

从图 3-9 中可以看到，该股处于下跌行情中，股价下跌到 2018 年 7 月初止跌，随后该股进入长达三个多月的横盘阶段。

10 月 11 日，该股跳空低开后一路震荡下跌，当日以跌停大阴线报收，打破了盘整格局。

在连续下跌几个交易日后该股创出 6.12 元的最低价后止跌。之后股价逐步拉升，连续收出三根实体部分基本相同的上涨阳线，每一根阳线的收盘价逐步抬升，开盘价都插入上个交易日的实体内，形成典型的底部红三兵线，这是强烈的底部买入信号，说明后市看涨。

图 3-10 为兴业科技 2018 年 10 月到 2019 年 4 月的 K 线图。

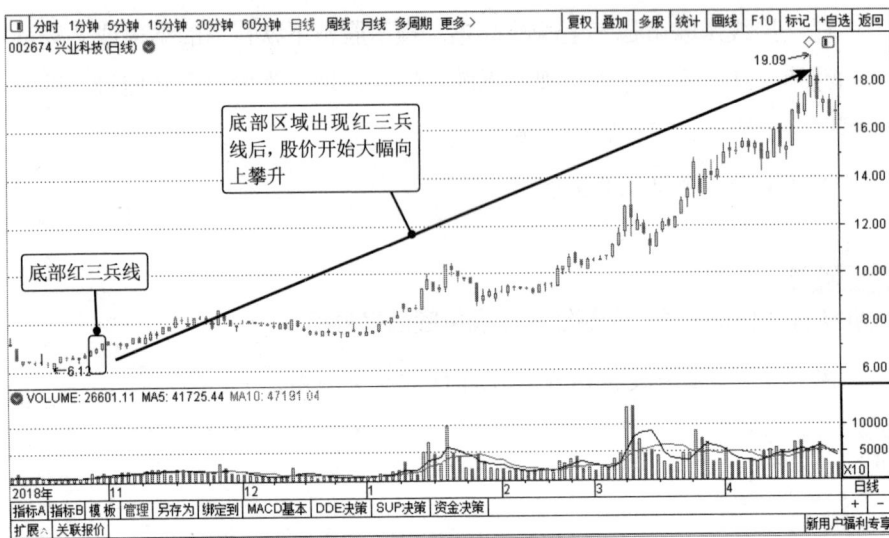

图 3-10　兴业科技 2018 年 10 月到 2019 年 4 月的 K 线图

从图 3-10 中可以看到，底部区域出现红三兵线后，股价开始大幅向上攀升，从 7.00 元附近攀升至 19.09 元左右，涨幅约为 173%。而前期的红三兵线很好地起到了支撑作用。

因此，当发现底部区域的红三兵线时，投资者应该果断行动起来，积极抓住股价低位区间建仓。

上升途中的红三兵线

　　上升途中的红三兵线是一个积极的看涨信号，在上升途中出现这样的红三兵线时，发出了股价后市继续上涨的信号，因此投资者可以借助这样的信号，抓住机会买入股票待涨。

3.1.4　低位上涨二星线

　　上涨二星线由三根 K 线组成，第一根是上涨的大阳线或中阳线，后面两根是振幅较小的小 K 线。第一根阳线的实体大小决定后市上涨的强度，后面两根小 K 线振幅越小，后市股价上涨的动力越充足，其示意图如图 3-11 所示。

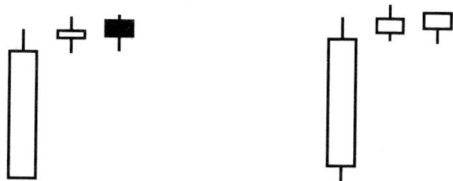

图 3-11　上涨二星线示意图

　　在股价运行的低位区域，K 线走势上出现上涨二星线时，发出了较好的买入信号，投资者可以积极逢低吸纳建仓。

何为上涨二星中的"星"

　　上涨二星线中的"星"怎么解释呢？"星"其实本来指的是十字星线，但是在这里的"星"不仅仅指十字星线，凡是实体较短的 K 线均可称之为上涨二星线中的"星"线，而且阴线阳线均可。

　　下面来看一个具体的案例。

实例分析 ⇒

泸州老窖（000568）低位上涨二星线见底信号分析

图 3-12 为泸州老窖 2018 年 7 月到 2019 年 2 月的 K 线图。

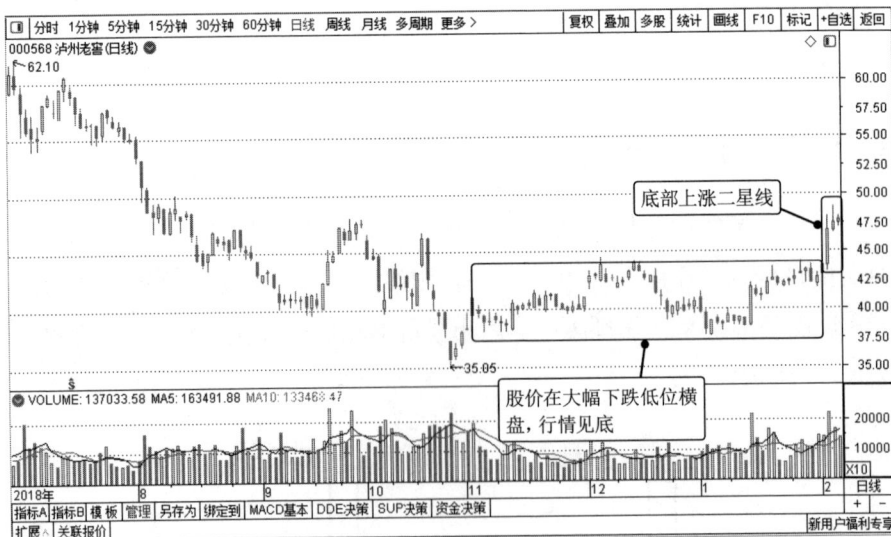

图 3-12　泸州老窖 2018 年 7 月到 2019 年 2 月的 K 线图

从图 3-12 中可以看到，该股前期表现下跌走势，股价从 60.00 元价位线上方开始下跌，随着股价的一路震荡下跌，最终在 2018 年 10 月底创出 35.05 元的最低价。

之后股价小幅反弹至 40.00 元价位线后便在该价位线上下震荡横盘，说明该股此轮下跌的动能已经衰竭，股价已经见底，此时投资者可以密切关注该股，一旦出现看涨信号就可以积极买入。

2019 年 2 月 11 日，该股平开后一路震荡上扬，当日以 6.99% 的涨幅收出一根上涨的大阳线站在 45.00 元价位线上。随后该股在该大阳线上方连续收出两根上涨的小阳线，形成上涨二星线，进一步证实了股价见底的信号。投资者可以在该位置附近买进，等待后市上涨。

图 3-13 为泸州老窖 2018 年 12 月到 2019 年 9 月的 K 线图。

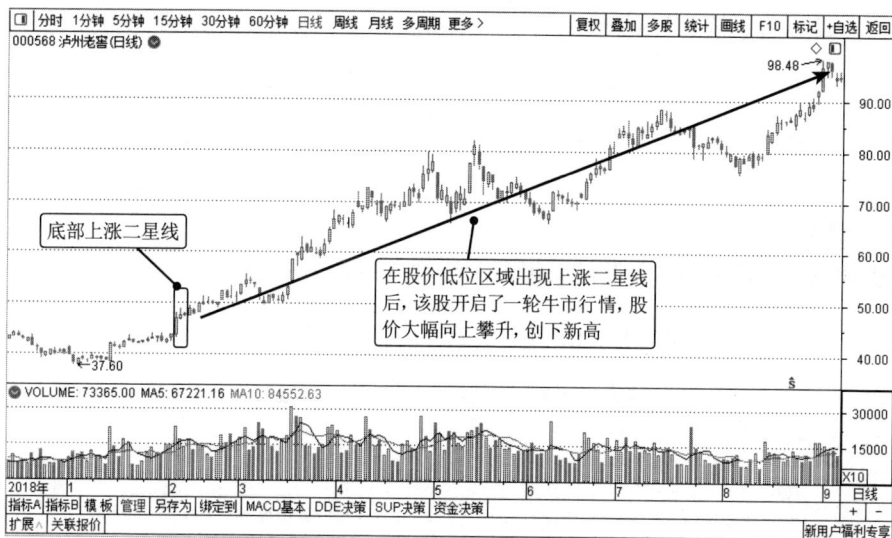

图 3-13　泸州老窖 2018 年 12 月到 2019 年 9 月的 K 线图

从图 3-13 中可以看到，在股价低位区域出现上涨二星线后，该股开启了一轮牛市行情，股价大幅向上攀升，创下新高。股价从 45.00 元附近，上涨至 98.48 元左右，涨幅巨大，如果投资者在底部的上涨二星线出现后及时买进，可以得到不错的收益回报。

3.1.5　低位连续五阳线

低位连续五阳线指的是在股价运行的低位区域，K 线走势上连续收出五根阳线，并且每一根阳线一般为实体较小的小阳线，显示买方实力正在聚集，其示意图如图 3-14 所示。

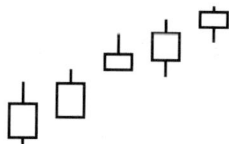

图 3-14　连续五阳线示意图

低位连续五阳线是一个比较可信的见底信号，在股价下跌结束阶段连续出现这样的五根阳线时，显示了股价的见底，投资者可以抓住机会进行抄底买入。

下面来看一个具体的案例。

实例分析 ⇒

贵州轮胎（000589）低位连续五阳线买入操作分析

图3-15为贵州轮胎2018年2月到11月的K线图。

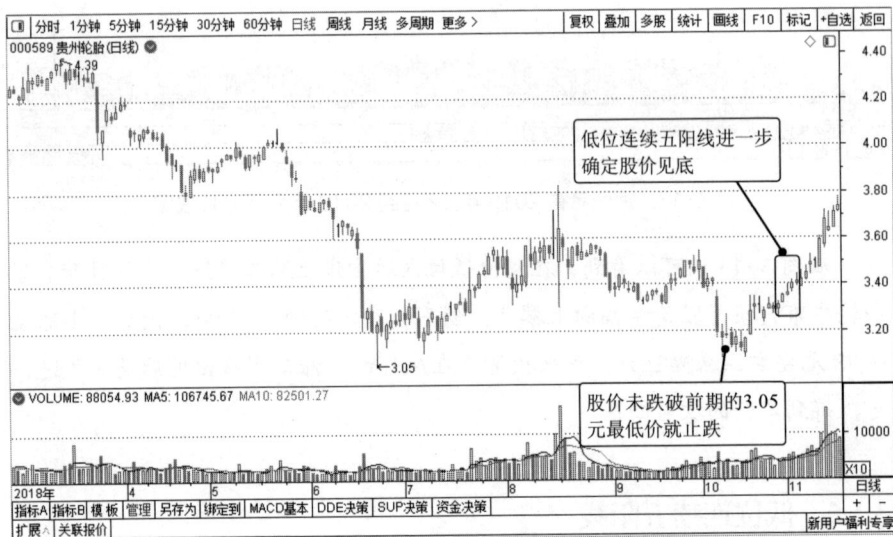

图3-15　贵州轮胎2018年2月到11月的K线图

从图3-15中可以看到，该股表现下跌走势，股价大幅下跌运行到3.20元的价位线后止跌横盘，期间该股创出3.05元的最低价。整个横盘持续了半个月左右，之后成交量温和放大，股价反弹上涨至3.60元价位线后受阻下跌。但股价跌至3.20元后止跌，股价未跌破之前3.05元的最低价，说明股价的下跌动力已经衰竭，股价见底。

随后在拉升的过程中，K线连续收出五根小阳线，呈现稳定的上涨趋势，说明该股的上涨行情来临，后市大涨，投资者应该在低位连续五阳线出现后积极买入。

图 3-16 为贵州轮胎 2018 年 10 月到 2019 年 5 月的 K 线图。

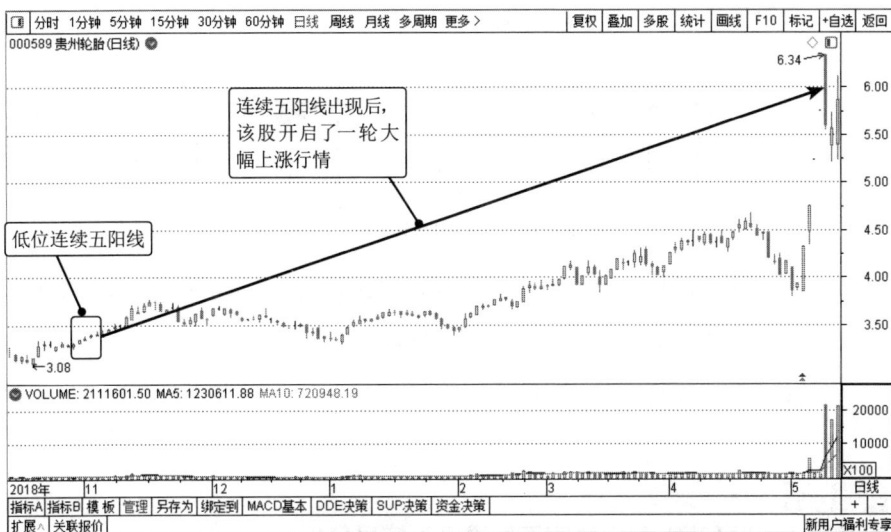

图 3-16 贵州轮胎 2018 年 10 月到 2019 年 5 月的 K 线图

从图 3-16 中可以看到，连续五阳线出现后，该股开启了一轮大幅上涨行情，股价从 3.20 元附近开始向上攀升，最高升至 6.34 元，涨幅巨大。

低位五阳线出现形成的底部一般为中期底部，投资者在这样的五阳线出现后，可以进行中期建仓操作。

3.1.6 三次触底不破线

三次触底不破线是由三根带有下影线的 K 线组成的 K 线组合。该组合的主要特征有如下三点。

◆ 三根带下影线的 K 线组合而成，下影线的三个低点可以是同值，或者相差不大，如果第三根 K 线的下影线低点略高则更佳。并且，三根带下影线的 K 线的下影线越长越具有实际意义。

◆ 三根 K 线不分阴阳，也不要求连续出现，但是相隔不能太远，不超过 2～3 个交易日最好。

◆ 三次触底不破线出现在股价下跌的底部区域。

三次触底不破线的示意图如图 3-17 所示。

图 3-17 三次触底不破线示意图

三次触底不破线是一个比较可信的见底信号，当股价经过一定幅度的下跌后出现这样的 K 线组合时，投资者可以积极介入建仓。

下面来看一个具体的案例。

实例分析 ⇒

奥赛康（002755）三次触底不破线见底信号分析

图 3-18 为奥赛康 2019 年 4 月到 8 月的 K 线图。

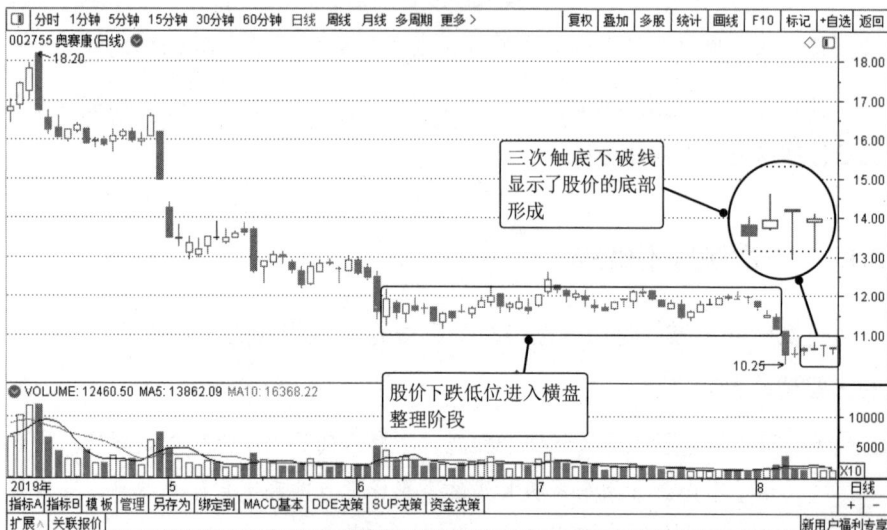

图 3-18 奥赛康 2019 年 4 月到 8 月的 K 线图

从图 3-18 中可以看到，该股表现下跌走势，股价从 18.00 元的高位区开始下跌，跌至 2019 年 6 月后企稳，之后股价始终在 11.00 元到 12.00 元价位线之间横盘。

2019 年 8 月 6 日，该股低开低走，当日以 5.76% 的跌幅收出大阴线，创出 10.25 元的最低价。之后该股企稳，K 线收出三根带长下影线的 K 线，但都没有跌破 10.25 元的最低价，形成三次触底不破线，说明股价下跌的动力已经衰竭，后市看涨。

图 3-19 为奥赛康 2019 年 8 月到 2020 年 8 月的 K 线图。

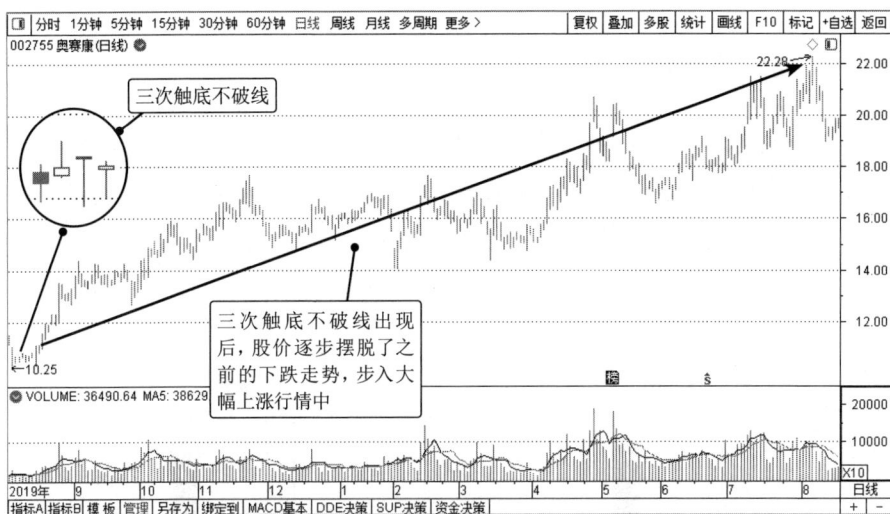

图 3-19　奥赛康 2019 年 8 月到 2020 年 8 月的 K 线图

从图 3-19 中可以看到，该股的确见底于 10.25 元处，之后股价表现上涨行情，最高上涨到了 22.28 元，涨幅超过 117%。

在三次触底不破线见底信号的指引下，投资者就可在后市连续小阳线中进行分批建仓操作。

拓展贴士　*多次触底不破线*

这里讲到的是三次触底不破线，其是比较可信的见底信号。而多次触底不破线相对三次触底不破线而言，就是组成的 K 线条数增加了，同时伴随着触底线 K 线条数的增加，其发出的见底信号也就越来越强了。

3.2 关键见顶多日 K 线组合

一段上涨行情见顶后，随即就会进入下跌行情，因此，为了锁定投资收益，投资者最好在行情见顶时卖出，规避下跌风险。

下面介绍几种常见的见顶多日 K 线组合的实战应用，帮助投资者更好地判断行情顶部。

3.2.1 高位黄昏线

黄昏线的外在形态与启明星线的外在形态刚好相反，也是由三根 K 线组成，第一根 K 线为上涨的中阳线或大阳线，第二根 K 线为小阳线或小阴线，第三根 K 线为下跌的中阴线或者是大阴线。第二根 K 线必须高开，且其与第一根 K 线的实体形成一个明显的缺口，示意图如图 3-20 所示。

图 3-20 高位黄昏线示意图

高位黄昏线是一个可信的见顶信号，往往是股价牛市和熊市的分界点。在股价高位区域出现这样的 K 线组合时，投资者应该尽早卖出股票。

下面来看一个具体的案例。

实例分析 ⇒

英维克（002837）高位黄昏线见顶信号分析

图 3-21 为英维克 2021 年 2 月到 11 月的 K 线图。

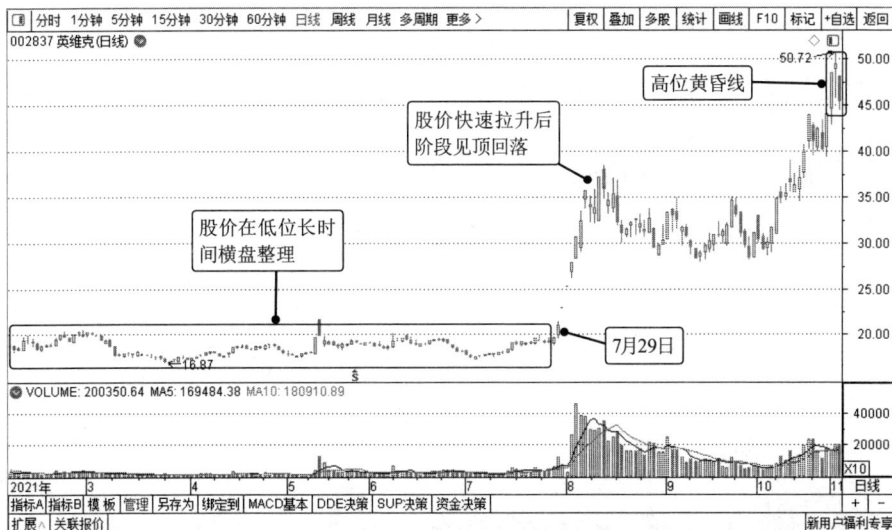

图 3-21　英维克 2021 年 2 月到 11 月的 K 线图

从图 3-21 中可以看到，该股在 2021 年 7 月底之前一直处于低位横盘整理阶段，股价始终在 17.00 元至 20.00 元的价格区间波动。

2021 年 7 月 29 日，股价开盘后一直保持在均价线附近横向运行，下午开盘后，在不断的巨大量能推动下，该股快速震荡拉高，当日以 6.41% 的涨幅站在 20.00 元价位线上，之后股价强势拉升使得股价脱离盘整期，进入上涨行情中。

这波上涨在运行到 38.00 元价位线后止涨回落，但是很快受到 30.00 元价位线的支撑止跌。10 月初，该股继续放量拉升股价，但是相对于前期的拉升而言，此时的拉升量能明显不足。

11 月 1 日，该股以涨停大阳线收盘。次日，该股高开后快速回落，当日 K 线收出小阳线，并创出 50.72 元的最高价。第三日股价低开低走，K 线收出大阴线，这三日的 K 线形成典型的黄昏线形态。

股价从拉升的 20.00 元附近上涨到最高的 50.72 元，涨幅超过 153%。在股价大幅上涨的高价位区出现了黄昏线 K 线组合，此时发出的是股价见顶的信号，后市走势看跌。此时投资者最好逢高卖出，减仓或者清仓，锁定既得收益。

图3-22为英维克2021年10月到2022年4月的K线图。

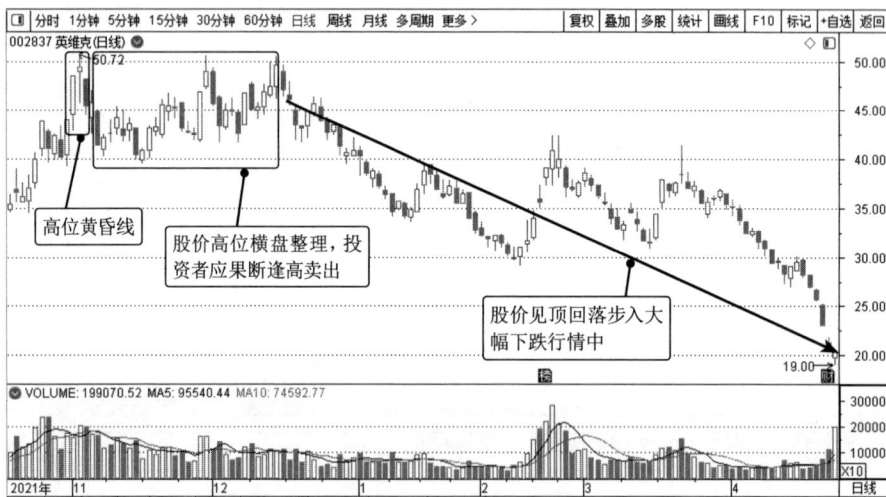

图3-22 英维克2021年10月到2022年4月的K线图

从图3-22中可以看到，在股价高位区域出现黄昏线形态之后，该股在高位横盘整理了一段时间，这是投资者出逃的最后机会。

之后股价快速震荡下跌，从最高价50.72元下跌至19.00元的低价，下跌幅度较大。如果投资者在高位黄昏线之后没有及时出逃，损失将非常大。

拓展贴士 *黄昏十字星的使用说明*

黄昏十字星与黄昏线相似，也是在上涨高位出现的，它也是由三根K线组成，第一根为阳线，第二根为十字线，第三根为阴线，如图3-23所示。在上涨高位出现该形态后，说明后市将出现较明显的下跌，投资者可考虑清仓。

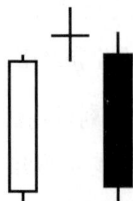

图3-23 黄昏十字星示意图

3.2.2　空方炮线

空方炮线又称为两阴夹一阳线，它由三根 K 线组合而成，中间一根是阳线，两边的 K 线是阴线。

标准的空方炮线的三根 K 线实体并排分布，若组合微微向下倾斜，则为弱势空方炮；若组合大幅向下倾斜，甚至出现跳空缺口向下，则为强势空方炮，各示意图如图 3-24 所示。

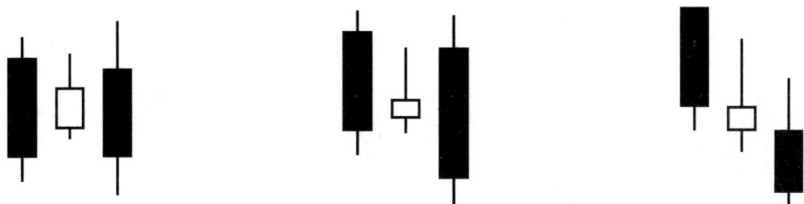

图 3-24　空方炮线示意图

空方炮线出现在股价的高位区域，发出股价见顶的信号，投资者可以根据信号进行卖出操作。

下面来看一个具体的案例。

实例分析 ⇒
奥士康（002913）空方炮线看跌信号分析

图 3-25 为奥士康 2021 年 1 月到 8 月的 K 线图。

从图 3-25 中可以看到，该股表现上升行情，在股价创出 51.50 元的底部价格后一路震荡上涨。在 2021 年 5 月底，股价上涨触及 80.00 元价位线后滞涨，之后股价在 80.00 元价位线下方窄幅横向整理，成交量不断缩小，这是主力拉升过程中的正常调整行为，目的是清理市场中的浮筹，减小后市的拉力。

从 2021 年 7 月 23 日开始，该股连续放量收出三根跳空的涨停大阳线，快速将股价从 80.00 元拉升突破 100.00 元价位线，将股价打到高位。

之后股价继续上涨，但是成交量呈现明显的缩量走势，在没有量能的支撑下，股价最终在 8 月 2 日以 5.71% 的涨幅收出大阳线，创出 114.45 元的最高价，之后股价滞涨，在 110.00 元价位线横盘。

在创出 114.45 元的最高价后的三个交易日，该股收出典型的空方炮线 K 线组合形态。股价从最低的 51.50 元上涨到最高的 114.45 元，涨幅超过 122%。

在如此巨大涨幅的高价位区，K 线组合出现空方炮线，说明了该股见顶，后市看跌，投资者应该赶紧出逃。

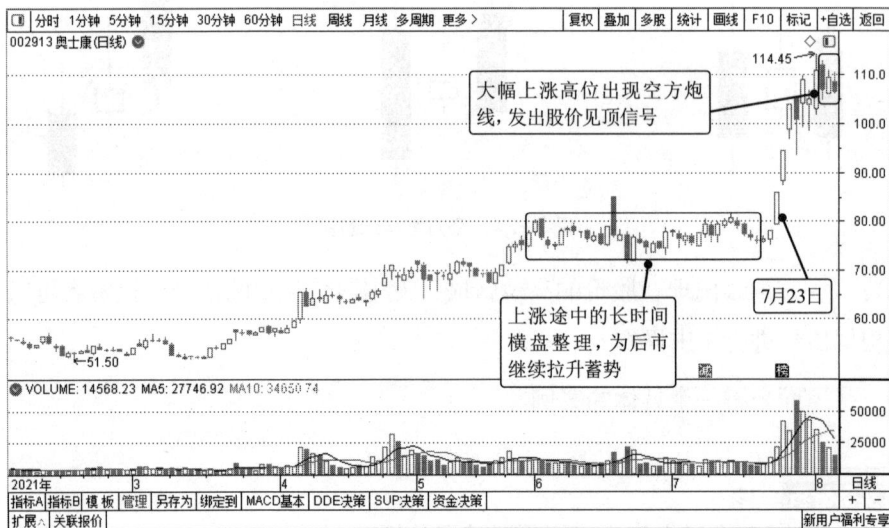

图 3-25　奥士康 2021 年 1 月到 8 月的 K 线图

图 3-26 为奥士康 2021 年 7 月到 2022 年 4 月的 K 线图。

从图 3-26 中可以看到，在空方炮线之后，该股接着连续收出四根阴线，将股价拉低，出现明显的行情下跌走势。

虽然股价在 90.00 元上方出现止跌反弹，但是由于没有成交量的支撑，此次反弹最终受到 110.00 元价位线的压制反弹结束，之后股价继续下跌。从 110.00 元附近下跌至 55.37 元，跌幅约 50%。

通过这个案例更加说明在股价的高位区域出现空方炮线后，投资者应该及时卖出股票，否则就会增加套牢的深度，造成巨大损失。

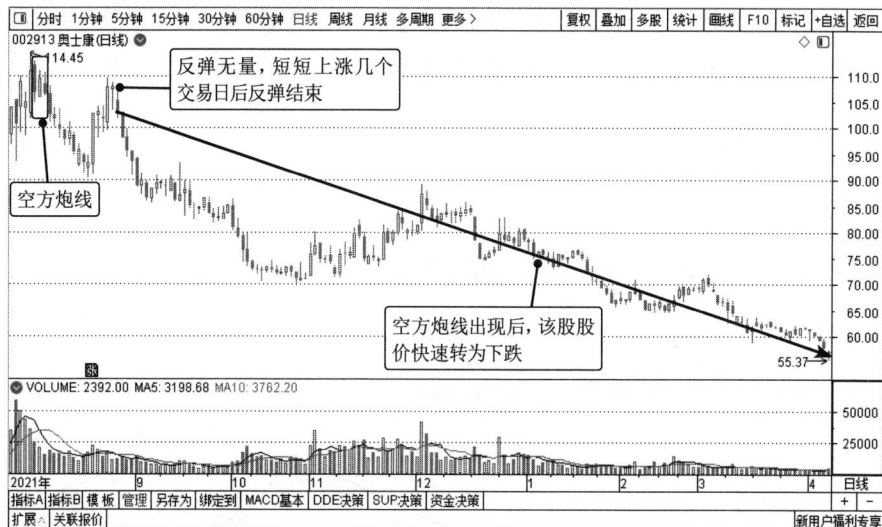

图 3-26　奥士康 2021 年 7 月到 2022 年 4 月的 K 线图

3.2.3　黑三鸦线

黑三鸦线也称三只乌鸦，由三根持续向下的阴线组成，且每根 K 线的实体较长，后市看跌的意味较重。黑三鸦线的每根阴线收盘价低于前一天的最低价，每天的开盘价在前一天的实体之内。

需要特别注意的是，黑三鸦线在顶部大部分情况下是主力出货所致，因此三根阴线的实体不会很长，一般以中阴线居多，其示意图如图 3-27 所示。

图 3-27　黑三鸦线示意图

　　黑三鸦线是一个看跌信号，当股价处于高位区域时，K 线走势出现黑三鸦线，预示着股价见顶，后市看跌，因此投资者要果断卖出股票。

　　下面来看一个具体的案例。

实例分析 ⇒
丰原药业（000153）黑三鸦线看跌信号分析

　　图 3-28 为丰原药业 2021 年 3 月到 12 月的 K 线图。

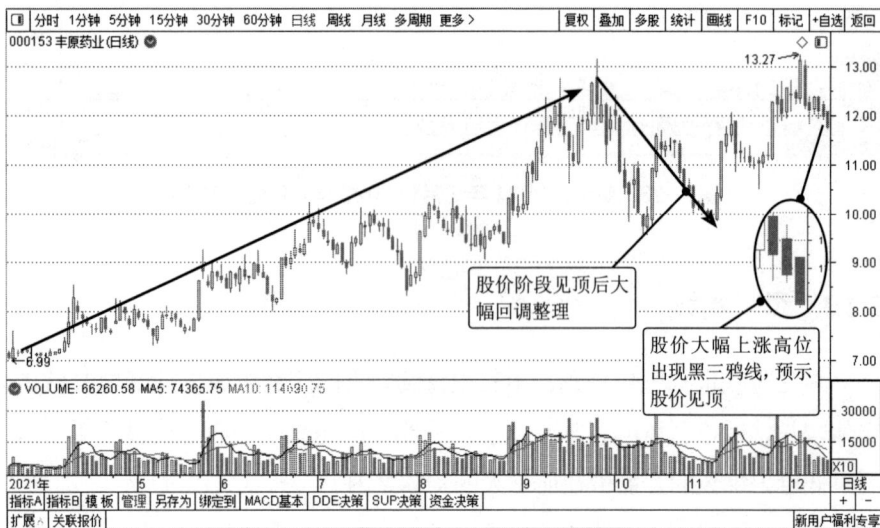

图 3-28　丰原药业 2021 年 3 月到 12 月的 K 线图

　　从图 3-28 中可以看到，该股处于上升行情，股价从 6.99 元的低位上涨到 12.00 元价位线后出现了一个明显的阶段顶部，之后股价出现了一波加大幅度的回调整理，最终在 10.00 元价位线获得明显的支撑后重拾升势。

　　但是这波走势在上涨到 12.00 元价位线时出现了明显的乏力现象，股价最终在 12 月 3 日以 6.31% 的涨幅收出大阳线，创出 13.27 元的最高价。

　　之后一根大阴线致使股价回落到 12.00 元附近后止跌，随即在该价位线连续出现了三根中阴线，每一根阴线的收盘价逐步走低，开盘价都在上个交易日的实体内，形成典型的黑三鸦线 K 线组合。

股价从 6.99 元附近上升至最高的 13.27 元，涨幅接近 90%，在股价的大幅上涨高位区域收出三根连续下跌的阴线，形成明显的黑三鸦线，这是股价下跌的信号，投资者发现该信号后应及时卖出。

图 3-29 为丰原药业 2021 年 11 月到 2022 年 4 月的 K 线图。

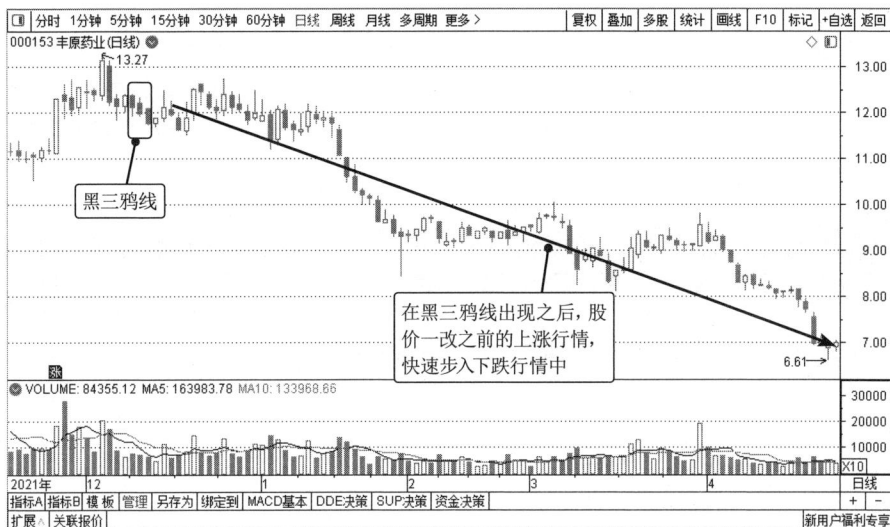

图 3-29　丰原药业 2021 年 11 月到 2022 年 4 月的 K 线图

从图 3-29 中可以看到，在黑三鸦线出现之后，股价一改之前的上涨行情，表现下跌走势，从 12.00 元左右下跌到 6.61 元的低位，跌幅约 45%。

因此，当股价在大幅上涨高位出现黑三鸦线时，投资者应该看跌后市，积极清仓出局，持币观望。

拓展贴士　*秃三鸦线的使用说明*

秃三鸦线同黑三鸦线形态相似，都是由连续下跌的三根阴线组成的，不同的是这三根阴线都是光头阴线。

秃三鸦线出现频率相对较低，一般而言，当三根阴线中有两根是光头阴线，就可以认为是秃三鸦线了。在秃三鸦线出现之后，股价会出现较大幅度的下跌走势，如图 3-30 所示。因此投资者要尽量回避这样的 K 线组合。

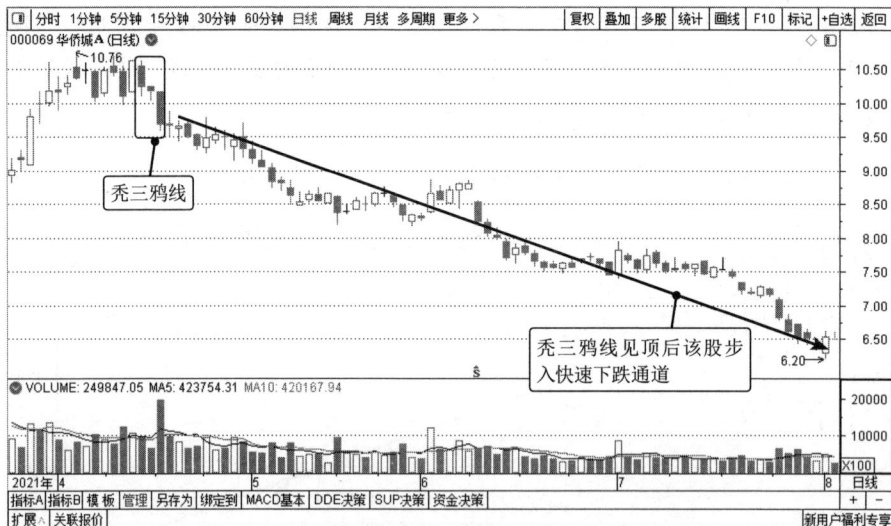

图 3-30　秃三鸦线实例

3.2.4　高位下降二星线

下降二星线由三根 K 线组成，第一根是下跌的大阴线或中阴线，后面两根是振幅较小的小 K 线，其示意图如图 3-31 所示。

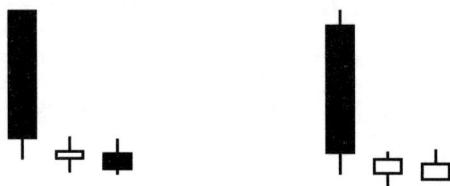

图 3-31　下降二星线示意图

高位下降二星线一般出现在股价上涨后的高位区域，特别是股价见顶之后下跌初期的高位区域，此时为一个可信的看跌信号，投资者应该赶紧清仓，避免之后的下跌走势。

下面来看一个具体的案例。

永太科技（002326）高位下降二星线卖出操作分析

图 3-32 为永太科技 2021 年 5 月到 11 月的 K 线图。

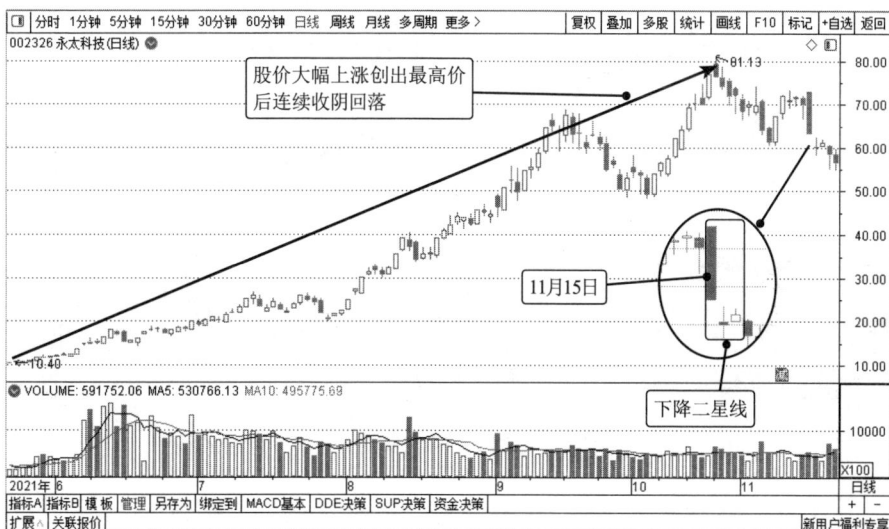

图 3-32　永太科技 2021 年 5 月到 11 月的 K 线图

从图 3-32 中可以看到，该股处于牛市行情中，股价从 10.00 元附近向上稳步攀升，最高上涨至 81.13 元，涨幅超过 711%。

在股价创出 81.13 元的最高价后，股价连续收阴回落到 60.00 元价位线止跌，在一根涨停阳线和涨幅为 6.98% 的大阳线推动下，该股重拾升势上穿 70.00 元价位线，但之后在该价位线横盘。

11 月 15 日，股价高开后快速被打到跌停板后封板，当日股价收出跌停光头光脚阴线；次日股价跳空低开收出一根带长上下影线的小阴线；第三日，股价继续收出光脚小阳线，看似这两个交易日的小 K 线在 60.00 元价位线受到支撑，但是这三个交易日的 K 线形成典型的高位下降二星线。

在如此强势上涨的高位出现该形态，预示该股股价后市必然下跌。此时投资者必须赶紧清仓，否则之后股价的大幅度下跌将带来损失。

图 3-33 为永太科技 2021 年 10 月到 2022 年 4 月的 K 线图。

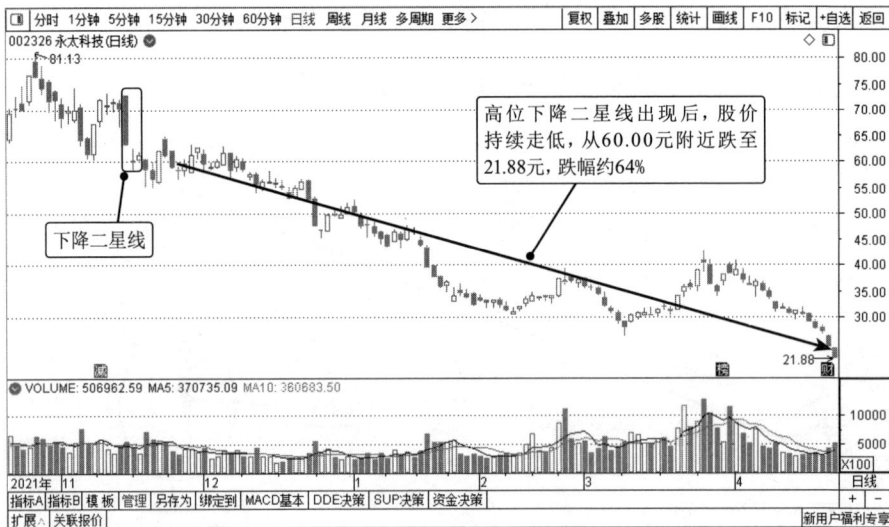

图 3-33　永太科技 2021 年 10 月到 2022 年 4 月的 K 线图

从图 3-33 中可以看到，高位下降二星线出现后，股价持续走低，从 60.00 元附近跌至 21.88 元的低位，跌幅约 64%。如果投资者没有及时卖出股票，则必然会遭受重大损失。

3.2.5　三次冲高不破线

三次冲高不破线与三次触底不破线是相对应的 K 线组合，该组合的主要特征有如下三点。

◆ 三次冲高不破线发生在股价大幅上涨的顶部区域，由三根带长上影线的 K 线组成。

◆ 三次冲高不破线的三根 K 线不分阴阳，且三根 K 线不要求连续出现，但不能相隔太远。

◆ 每一根 K 线都带有较长的上影线，且各自的最高价基本相当。

三次冲高不破线的示意图如图 3-34 所示。

图 3-34　三次冲高不破线示意图

三次冲高不破线一般是一个可信的见顶信号，在股价运行的高位区域出现这样的 K 线组合形态时，发出的是股价的见顶信号，因此投资者要赶紧卖出股票。

下面来看一个具体的案例。

实例分析 ⇒

云南锗业（002428）三次冲高不破线卖出信号分析

图 3-35 为云南锗业 2021 年 10 月到 2022 年 3 月的 K 线图。

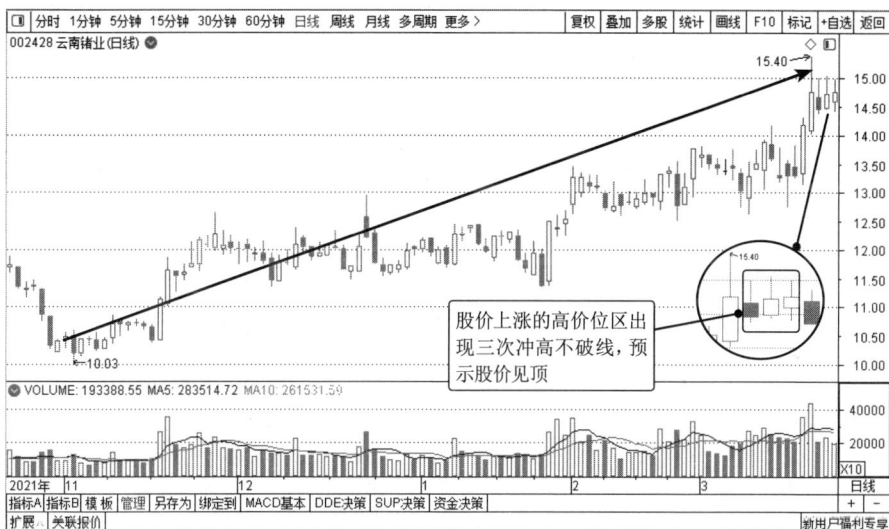

图 3-35　云南锗业 2021 年 10 月到 2022 年 3 月的 K 线图

从图 3-35 中可以看到，股价从 10.00 元附近上涨至 15.40 元，涨幅达 54%。随后在 15.00 元价位线的高位区域，K 线出现了三根带长上影线的 K 线，但都没有有效突破 15.40 元，形成三次冲高不破线。在上涨后的高价位区域，

K线出现了三次冲高不破线，由此可见该股顶部形成，后市看跌。

图3-36为云南锗业2022年3月到4月的K线图。

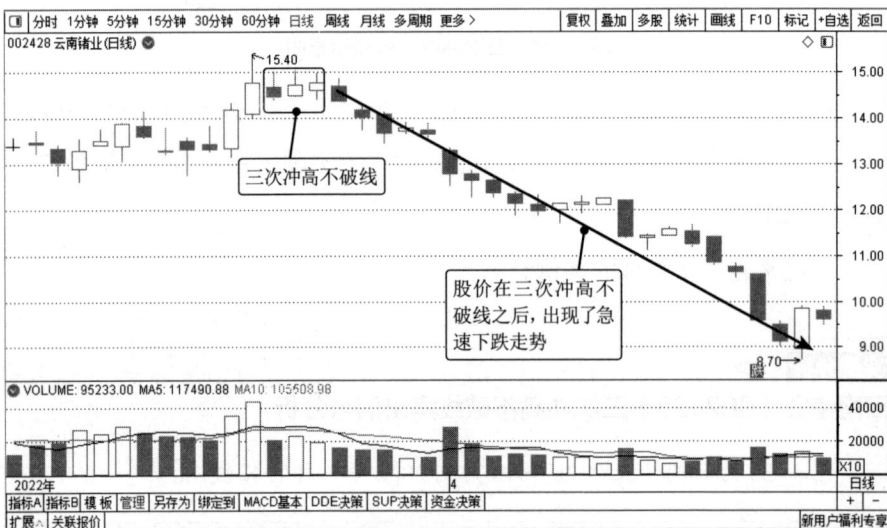

图3-36　云南锗业2022年3月到4月的K线图

从图3-36中可以看到，股价在三次冲高不破线之后，出现了快速下跌走势，一个多月的时间，股价从15.00元附近下跌到了8.70元左右，下跌幅度达到了42%。

由此可知，在股价上涨一定幅度后，K线走势上出现这样的三次冲高不破线时，预示着股价的上涨乏力，投资者应该果断卖出股票。

第4章

看懂K线形态的买卖信号

　　股价在运行过程中会根据每个交易日的数据形成各种各样的K线，当这些K线连接起来，构成的较长时间的K线走势，在某些时候就会呈现出一些具有分析价值的组合形态。投资者通过对K线组合形态的分析，就可以对股价后市的走势作出一定预测，进而判断买卖点。

4.1　通过 K 线整理形态决策买卖

股价在上升或下降的过程中，总会出现间断性的整理阶段，如横盘整理或震荡整理等，属于非常常见的现象。

有时候，在股价的整理阶段 K 线会呈现出某些具有代表含义的形态，包括三角形整理形态、矩形整理形态和楔形整理形态等。这些形态基本上都是对当前所处趋势的后续判断，是延续当前行情还是有所反转，都要视其所处位置以及整理末期出现的多空信号而定。

4.1.1　上升三角形形态看多

股价在反复震荡过程中，每次反弹的高点基本处于同一水平，但每次回调的低点却越来越高，将反弹的高点和回调的低点分别用直线连接起来就会形成一个向上倾斜的三角形，即上升三角形形态，其示意图如图 4-1（左）所示。

上升三角形各高点的连接线应尽量水平，可视为整理形态的阻力线，各低点连接线倾斜向上，可视为整理形态的支撑线。股价突破整理形态时，应有成交量放量的配合。

有时候股价突破阻力线后会有一个回抽确认的过程，即股价突破阻力线后再次回落，但在阻力线附近受到支撑而未跌破阻力线就再次向上，这种情况也是很完美的，如图 4-1（右）所示。但如果股价回抽时跌破了阻力线，则形态失败。

上升三角形很多时候都是主力清理浮筹的结果，它的出现说明多方力量在不断加强，而空方意志在不断被瓦解，预示着股价可能进入多头行情。在实际操作过程中，需把握如图 4-2 所示的操作要点。

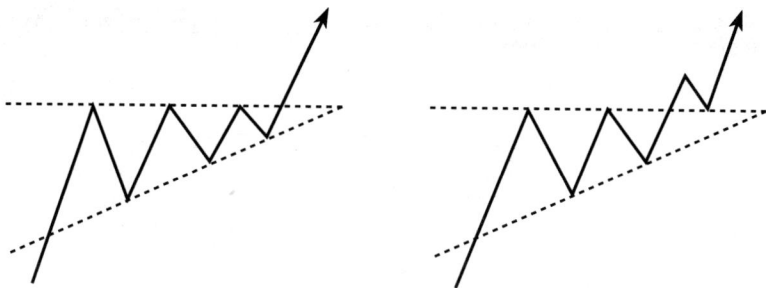

图 4-1 上升三角形形态示意图

① 上升三角形出现在股价上涨的途中,视为行情中继信号,一旦股价放量突破三角形的上边线,就应及时跟进。而此时的阻力线就会转换为支撑线,也应是投资者设置的止损线

② 如果股价突破上升三角形的上边线后有回抽确认的过程,那么一旦确认成功,开始反弹的时候就是最佳的跟进时机

③ 通常情况下,在上升三角形形成的过程中,成交量会不断萎缩,但突破时必然会放量,如果突破时没有成交量的配合,那么投资者应以观望态度为主,已持股者可采取减仓操作

④ 上升三角形的形成过程持续时间不宜过长,一般不超过三个月,如果持续时间过长,就可能演变成 M 顶或三重顶

⑤ 上升三角形绝大多数情况下是向上突破阻力线的,但有时候也可能突破失败。如果股价向下跌破支撑线,那么形态就失败了,持币的投资者宜继续观望,而持股者宜减仓离场

图 4-2 上升三角形的操作要点

下面来看一个具体的案例。

实例分析 ⇒
普洛药业(000739)上涨行情中的上升三角形形态买进

图 4-3 为普洛药业 2021 年 1 月到 9 月的 K 线图。

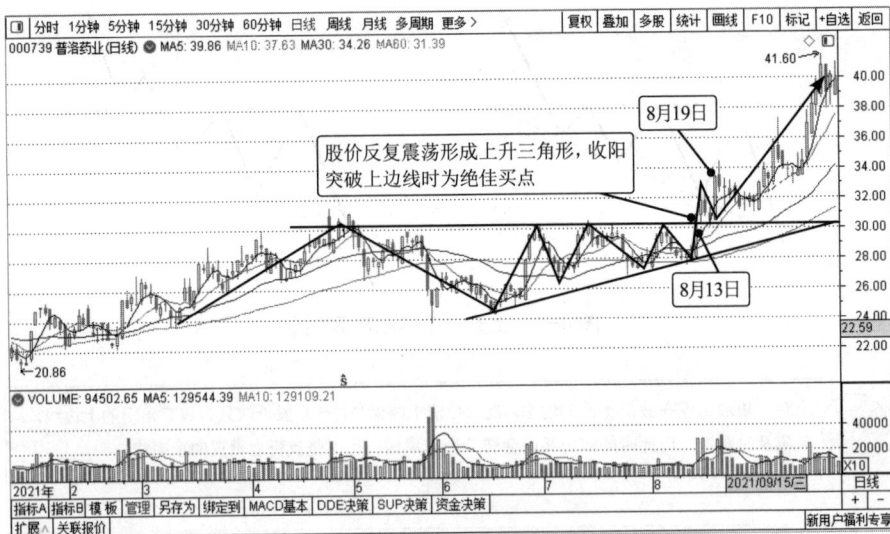

图4-3　普洛药业2021年1月到9月的K线图

从图4-3中可以看出，普洛药业4月底上涨到30.00元价位线时受到压制回落，于6月中旬在24.00元价位线附近得到支撑后开始回升。

6月底的时候，股价达到30.00元附近，随后开始回调，在30日均线附近受到支撑开始反弹，到30.00元附近时再次回调，又在27.00元附近得到支撑，如此反复。将这段时间的高点和低点分别用直线连接起来，就形成了一个上边水平、下边倾斜向上的上升三角形。

8月13日，股价低开后持续高走，盘中成交量放大，推动股价直冲涨停板，当日以一根光头的大阳线报收。股价借此一举突破了三角形的上边线，这说明股价后续仍有上涨空间，此时投资者可追涨买入。

股价经历了两天上涨后开始回抽，但在到达上升三角形的上边线时受到有力支撑而再次向上。这是上升三角形的回抽确定，更进一步完善了此三角形形态，使其中继形态显得更加可靠。

8月19日股价回抽达到上升三角形上边线，而后再次强势收出涨停大阳线，此时就是投资者绝佳的追涨机会。

4.1.2　下降三角形形态看跌

股价在下跌途中反复震荡前行，每次下跌的低点几乎处于同一水平位置，但每次反弹的高点却不断走低，将反弹的高点和回调的低点分别用直线连接起来，就会形成一个向下倾斜的三角形，即下降三角形形态，其示意图如图 4-4 所示。

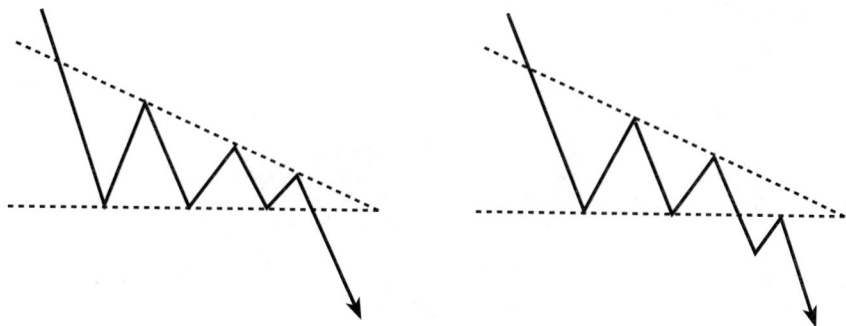

图 4-4　下降三角形形态示意图

与上升三角形相似，下降三角形的底边可视为支撑线，而顶点连线则视为压力线，当股价向下跌破支撑线时，下降三角形正式形成。

下降三角形的出现说明空方力量在不断加强，而多方不断受到打压，预示着股价可能进入空头行情。在实际操作过程中，需把握以下要点。

◆　下降三角形如果出现在股价下跌途中，一旦股价跌破支撑线，投资者就应及时出逃，即使亏损也在所不惜。

◆　股价跌破下边线后若有回抽确认，在达到下边线时为最后出逃时机。

◆　下降三角形的形成过程持续时间不宜过长，一般不超过三个月，如果持续时间过长，就可能演变成 W 底或三重底，从而变为反转形态。

◆　下降三角形绝大多数情况下是向下跌破支撑线的，但有时候也可能向上突破阻力线。此时投资者不宜再盲目看空，需要结合其他技术指标判断股价是否已真的开始反转，进而确认是观望还是入场。

下面来看一个具体的案例。

实例分析 ⇒
大叶股份（300879）下跌行情中的下降三角形形态卖出

图 4-5 为大叶股份 2021 年 6 月到 10 月的 K 线图。

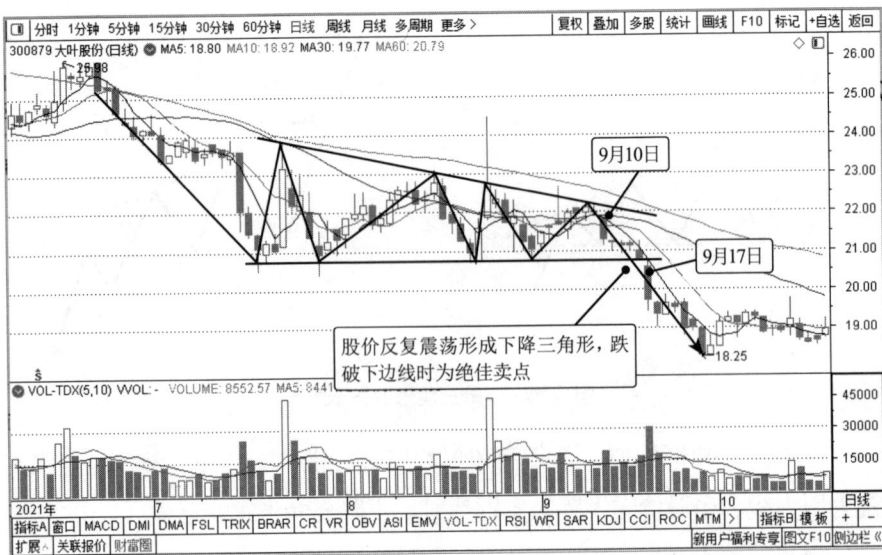

图 4-5　大叶股份 2021 年 6 月到 10 月的 K 线图

从 K 线图中均线的状态可以看出，在 6 月期间，大叶股份在经历了一段时间的反弹后，创出 25.98 元的阶段新高，随后开始快速下滑。

直到 7 月中旬，股价在 21.00 元价位线附近受到支撑后回升，随后在 30 日均线上受阻下跌，再次回到 21.00 元价位线附近，随后股价又一次回升，在 23.00 元价位线附近受压下跌，这样的走势反复进行。

在此期间，股价每次回调的低点基本处于同一水平位置，即 21.00 元价位线附近，但反弹的高点不断走低。将反弹高点与回调低点分别用直线连接起来，就形成了一个下降三角形整理形态。

据此预判，一旦股价跌破三角形整理的下边线，就很有可能将继续回到下跌行情。从后续的发展来看，确实与投资者的预判相差无几。

从 9 月 10 日开始，股价有跌破三角形下边线的趋势，但一直未能实现有效跌破。直到 9 月 17 日，股价低开后持续低走，收出一根跌幅超过 5% 的阴线，成功击穿下降三角形的下边线，完成了整理形态的构筑。

在此之后，股价开始了一波快速下跌，投资者需要尽早离场。如果能在形态下边线被击穿时出局是最好的，错过这个机会，就只能借助后续的小幅反弹忍痛离场了。

4.1.3　矩形整理等待突破

股价在一段时间内的波动中，每次上冲的高点几乎处于相同的水平位置，而每次下跌的低点也几乎处于同一水平位置，将高点和低点分别用直线连接起来，可形成一个类似矩形的形状，即为矩形整理形态，其示意图如图 4-6 所示。

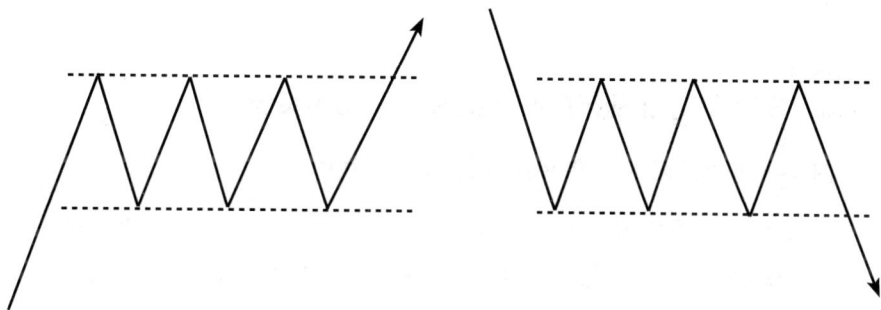

图 4-6　矩形整理形态示意图

矩形整理形态可以出现在任何行情中，是一种极为常见的整理形态，持续的时间短则几天，长则几个月。一般情况下，只要满足一段时间内股价的最高价和最低价分别处于一个水平位置，即可形成矩形整理形态。

矩形整理是一种冲突均衡的整理形态，显示出多空双方的力量相互制衡，都没有很明显的优势，投资者在操作中可以注意如图 4-7 所示的操作要点。

1	绝大多数情况下，矩形整理完成后股价会沿着原来的方向继续发展，但如果出现在历史的高位或低位，则很可能成为反转形态
2	如果矩形整理上下边线的距离较大，投资者可以在整理过程中采取高抛低吸的操作手法，上边线附近为阻力位，也就是卖点；下边线为支撑位，也就是买点。如果矩形整理上下边线的距离较小，投资者宜持币观望
3	在经历一段时间的矩形整理后，股价向上有效突破整理区域，为买入时机；股价向下跌破整理区域，宜清仓出局
4	股价有效突破整理区域的标准是股价突破后的涨幅或跌幅不小于 3%，或者突破后三个交易日内没有重新回到矩形区域内

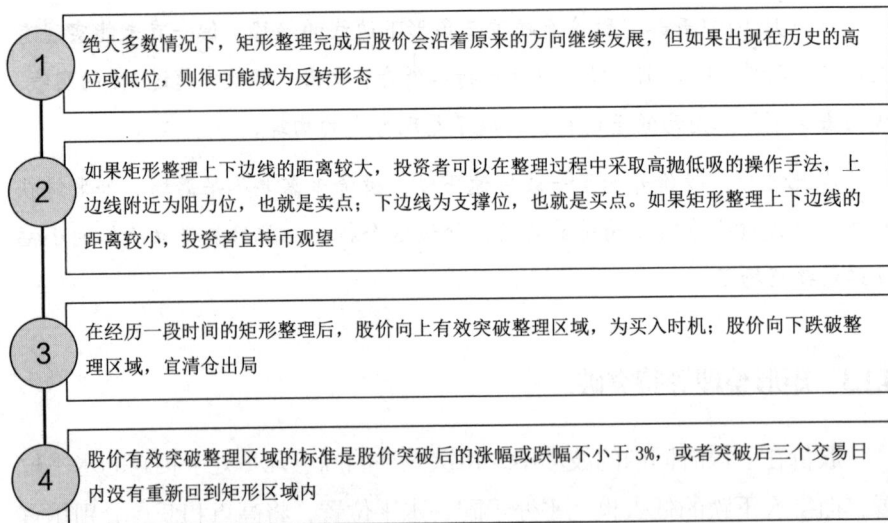

图 4-7 矩形整理形态的操作要点

下面来看一个具体的案例。

实例分析 ⇒

景嘉微（300474）上涨行情中矩形整理形态等待突破

图 4-8 为景嘉微 2019 年 8 月到 12 月的 K 线图。

从 K 线图中均线的状态可以看出，景嘉微正处于上涨行情中。在 8 月期间，股价都在积极地上涨，但在进入 9 月后，股价在 50.00 元价位线附近滞涨并横盘了一段时间，直到 9 月中旬才回到上涨趋势。

此次上涨在 62.00 元附近受阻，随后回落到 54.00 元附近，在此之后，股价就开始了横向的震荡。从 9 月中旬开始一直到 11 月底，股价一直被限制在54.00 元到 62.00 元的价格区间内小幅度波动，形成了一个典型的矩形区间，整理时间持续两个多月，并且这段时间内成交量有所缩减。

12 月 2 日，股价高开高走，收出一根涨停的大阳线，次日平开高走再次收阳，一举突破了 62.00 元的价位线压制，也突破了长达两个月的矩形整理。

随后的几个交易日，股价小幅走高，虽然没有再次出现涨停的强势走势，但也没有再次回到 62.00 元以下。这说明本次突破属于有效突破，投资者可以在突破的同时伺机买入。

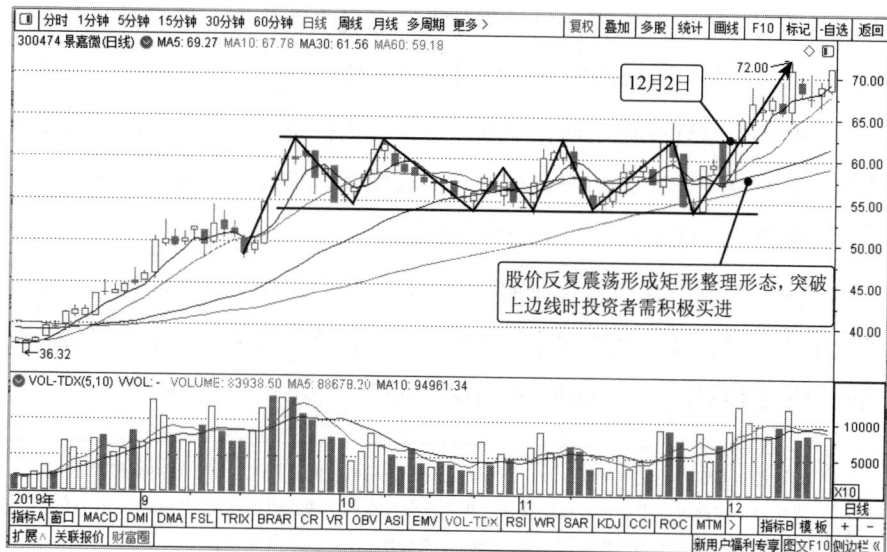

图 4-8　景嘉微 2019 年 8 月到 12 月的 K 线图

4.1.4　楔形整理保持观望

股价在下跌（或上涨）的过程中，出现一轮震荡的反弹（或回调），将反弹（或回调）的高点和低点分别用直线连接起来，两条直线方向相同且呈现收敛状态形成楔形整理形态，其示意图如图 4-9 所示。

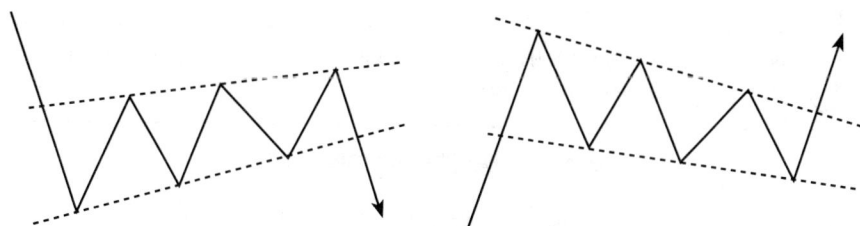

图 4-9　楔形整理形态示意图

出现在下跌途中的向上收敛的楔形称为上升楔形，而出现在上涨途中的向下收敛的楔形称为下降楔形。

楔形整理与三角形整理有些类似，不同的是，楔形整理连接高点与低点的两条直线的方向相同。虽然两条直线呈现收敛状态，但短时间内不会相交，而三角形整理的两条直线有相交的情况。

上升楔形整理一般出现在下跌途中，多为投资者低位补仓或短线操作所致。有时候主力也会利用这种形态完成出货，形成一种多头陷阱，一般不会影响整个下跌走势，属于一种中继信号。

与之对应的下降楔形整理则一般出现在上升途中，很多时候会成为主力的空头陷阱，以达到清理浮筹的目的，同样不会影响整个上升走势。在实际使用过程中，可注意如图 4-10 所示的操作要点。

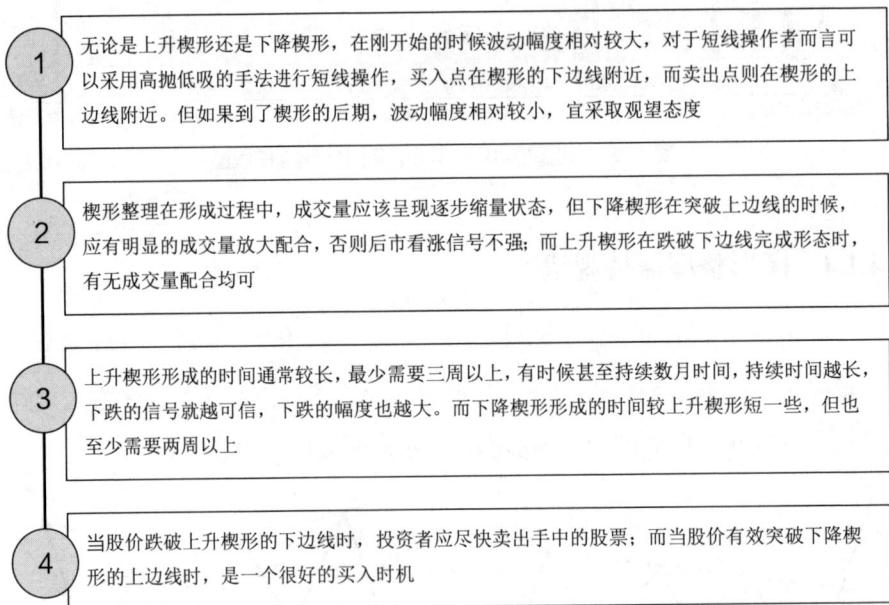

1	无论是上升楔形还是下降楔形，在刚开始的时候波动幅度相对较大，对于短线操作者而言可以采用高抛低吸的手法进行短线操作，买入点在楔形的下边线附近，而卖出点则在楔形的上边线附近。但如果到了楔形的后期，波动幅度相对较小，宜采取观望态度
2	楔形整理在形成过程中，成交量应该呈现逐步缩量状态，但下降楔形在突破上边线的时候，应有明显的成交量放大配合，否则后市看涨信号不强；而上升楔形在跌破下边线完成形态时，有无成交量配合均可
3	上升楔形形成的时间通常较长，最少需要三周以上，有时候甚至持续数月时间，持续时间越长，下跌的信号就越可信，下跌的幅度也越大。而下降楔形形成的时间较上升楔形短一些，但也至少需要两周以上
4	当股价跌破上升楔形的下边线时，投资者应尽快卖出手中的股票；而当股价有效突破下降楔形的上边线时，是一个很好的买入时机

图 4-10　楔形整理形态的操作要点

下面来看一个具体的案例。

实例分析 ⇒

三木集团（000632）下跌行情中的楔形整理形态及时卖出

图 4-11 为三木集团 2020 年 3 月到 10 月的 K 线图。

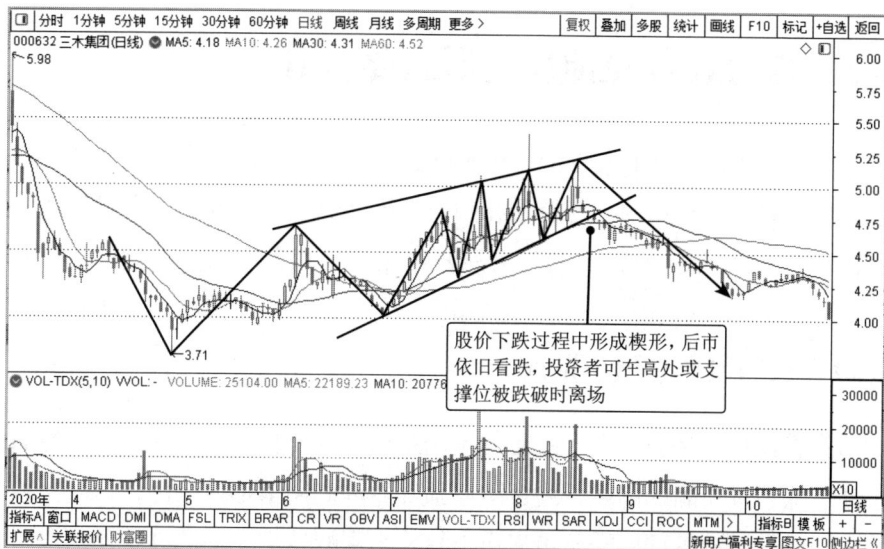

股价下跌过程中形成楔形，后市依旧看跌，投资者可在高处或支撑位被跌破时离场

图 4-11　三木集团 2020 年 3 月到 10 月的 K 线图

从 K 线图中均线的状态可以看出，三木集团正处于下跌行情中。在 3 月到 4 月期间，股价还在持续下滑，直到 4 月底，股价创出 3.71 元的阶段新低后止跌，并开始震荡回升。

在 5 月下旬到 8 月中旬这段时间内，股价不断波动前行。虽然每次反弹高点和回落的低点都在不断向上，但投资者将反弹的高点和回调的低点分别用直线连接起来后就可以发现，直线形成的通道变窄了，股价整体形成了一个上升楔形整理形态。

根据楔形整理的特性以及股价所处的位置，投资者可以判定，这个楔形整理为下跌途中的中继形态，待到反弹结束后股价依旧会下跌。

此时，投资者宜采取高位获利了结的操作，即在股价达到上边线附近时抛出，当股价跌破楔形整理的下边线时就是最后的逃生机会。

从8月中旬开始，该股连续收出多根阴线，直接跌破了楔形整理形态的下边线，股价延续了前期的下跌行情，投资者需尽快离场。

4.2　遇到K线见顶反转形态要卖出

股价在接近顶部的过程中，有时候会形成一些比较特殊的K线组合形态，如头肩顶、双重顶、三重顶和圆弧顶等。这些形态的产生会对行情的反转形成一定的预示作用，投资者只要熟练掌握，就有可能实现及时逃顶。

4.2.1　头肩顶形态预示见顶

头肩顶指的是股价在上涨至一定高度后跌回支撑位，形成左肩；然后重新上涨超过左肩的高度，到达阶段顶峰后冲高回落形成头部，再度下跌回支撑位；经过整理后开始第三次上涨，当涨幅达到左肩的高度便形成了右肩，开始第三次下跌，这次下跌的幅度会较大，很快跌穿整个形态的底部并不再回头，其示意图如图4-12所示。

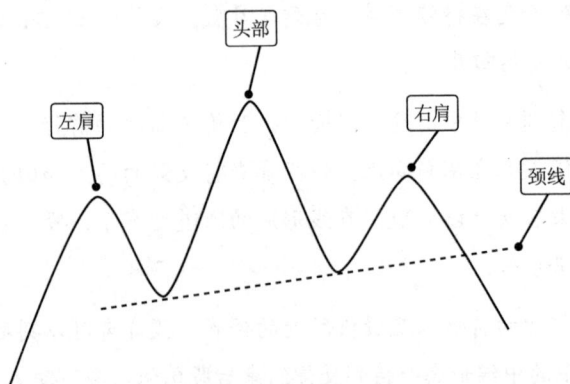

图4-12　头肩顶形态示意图

　　标准的头肩顶形态左肩和右肩的高度相同，且与头部的距离相同，它们的颈线应处于水平位置，即两次回落的低点位置相同。但实际中的头肩顶形态往往达不到这么标准，只要求左右两肩高度基本相同且低于头部，再次回调的低点基本相同即可。

　　头肩顶形态是典型的顶部反转形态之一，一旦此形态形成，颈线被跌破，投资者就应该果断清仓离场。在实际操作中可把握如图 4-13 所示的操作要点。

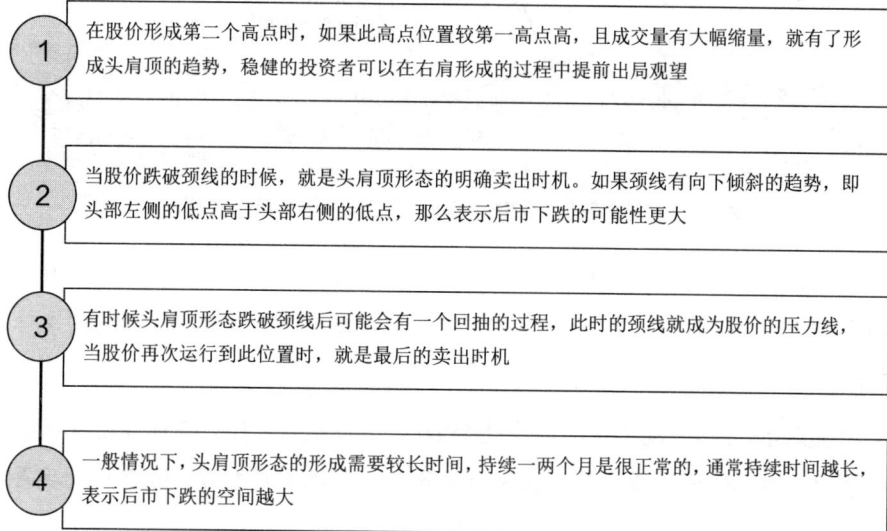

①	在股价形成第二个高点时，如果此高点位置较第一高点高，且成交量有大幅缩量，就有了形成头肩顶的趋势，稳健的投资者可以在右肩形成的过程中提前出局观望
②	当股价跌破颈线的时候，就是头肩顶形态的明确卖出时机。如果颈线有向下倾斜的趋势，即头部左侧的低点高于头部右侧的低点，那么表示后市下跌的可能性更大
③	有时候头肩顶形态跌破颈线后可能会有一个回抽的过程，此时的颈线就成为股价的压力线，当股价再次运行到此位置时，就是最后的卖出时机
④	一般情况下，头肩顶形态的形成需要较长时间，持续一两个月是很正常的，通常持续时间越长，表示后市下跌的空间越大

图 4-13　头肩顶形态的操作要点

　　下面来看一个具体的案例。

实例分析　⇒
德力股份（002571）头肩顶形态预示见顶

　　图 4-14 为德力股份 2020 年 10 月到 2021 年 6 月的 K 线图。

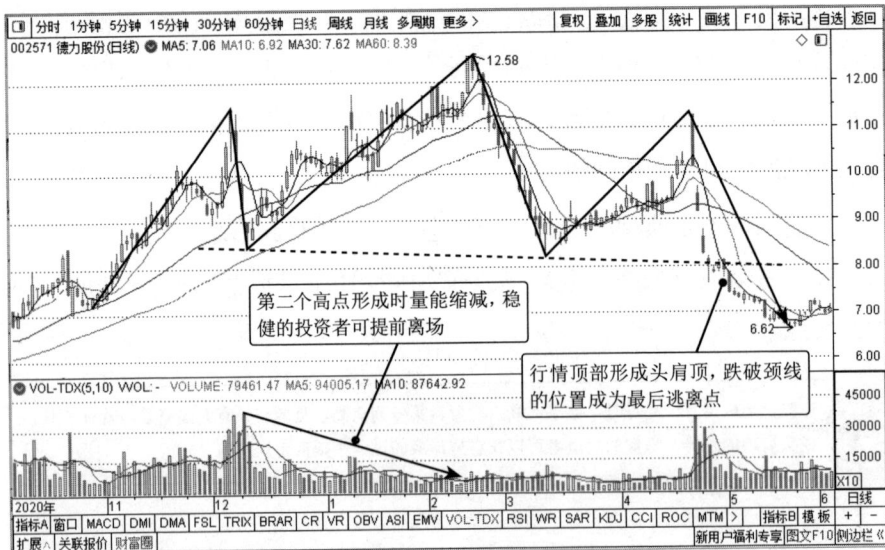

图 4-14　德力股份 2020 年 10 月到 2021 年 6 月的 K 线图

　　从 K 线图中均线的状态可以看出，德力股份正处于行情的高位。在 2020 年 10 月到 11 月期间，股价的涨势稳定且持续，均线在其下方起到了强力的支撑作用。

　　直到 12 月初，股价在冲高越过 11.00 元价位线后受阻，在连续阴线报收的带动下出现快速下滑，最终在 8.50 元价位线附近受到支撑，并在止跌后再次上涨。

　　在长达两个月左右的上涨后，股价来到了最高价 12.58 元的位置，随后再度下滑。从成交量的角度来观察，在股价的第二个高点形成的过程中，成交量不断缩减，在股价上涨无量能配合的情况下，很有可能已经见顶，稳健的投资者可以在第二个高点出现时就离场。

　　此次下跌直到 2021 年 3 月初，在 8.20 元价位线附近止跌反弹，但本次反弹的高点达到了 11.30 元，与第一次高点非常相近，并且低于第二个高点。此时已经大致可以判定有形成头肩顶的可能，连接两个低点形成的颈线，其大概位置在 8.00 元附近。

　　4 月底，股价反弹结束，在跌至 8.00 元附近后横盘了数个交易日，说明该位置还是具有一定支撑性的。但行情已经不可逆转，数日后股价向下跌破颈线，此时头肩顶形态正式形成，发出明确的见顶出逃信号。

由于股价的跌势比较迅猛，后续的回抽幅度太小，几乎可以忽略不计，还未离场的投资者不能再滞留。

4.2.2　双重顶需要逃离

股价在运行到一个相对较高的位置以后，形成两个明显的价格高点，且两个价格高点几乎处在同一价位，这就是双重顶反转形态，也称为 M 顶，其示意图如图 4-15 所示。

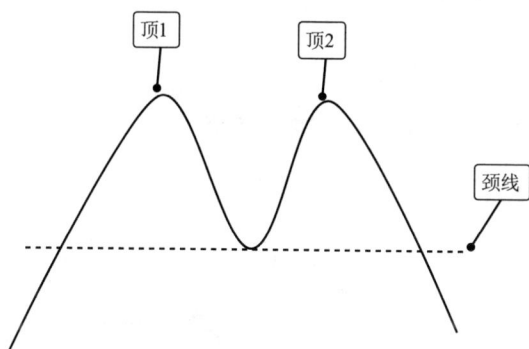

图 4-15　双重顶形态示意图

通过两个顶点中间的回调低点画一条水平直线，就是双重顶形态的颈线，当股价向下跌破颈线时，双重顶形态正式形成。

双重顶是一种很可靠的转势看跌信号，投资者看到此形态后应及时获利了结。在实际操作过程中，需要把握以下关键点。

- ◆ 股价形成第一个高峰后，再次运行到此高峰位置附近时就明显滞涨，这就有形成双重顶形态的可能性了，稳健的投资者可以在第二次冲高而未能突破前次高点后的回调中卖出。

- ◆ 双重顶形态的第一个明确卖点出现在股价跌破双重顶颈线的位置，也就是双重顶确认的时候。

◆ 有时候在跌破双重顶颈线后可能会有一个回抽过程，但回抽的高点不能超过颈线。如果有回抽过程，那么回抽到颈线附近时就是最后的逃生机会。

◆ 双重顶的持续时间越长，形成该形态时的成交量越大，后市看跌的可能性就越大。

◆ 双重顶的第二个顶点略低于第一个顶点，第二个顶点的成交量也小于第一个顶点的成交量，股价看跌的信号越可靠。

◆ 双重顶两个顶点与颈线之间的垂直距离越大，往往预示着后市股价下跌的幅度越大。

下面来看一个具体的案例。

实例分析 ⇒
上机数控（603185）双重顶形态需要逃离

图4-16为上机数控2021年6月到12月的K线图。

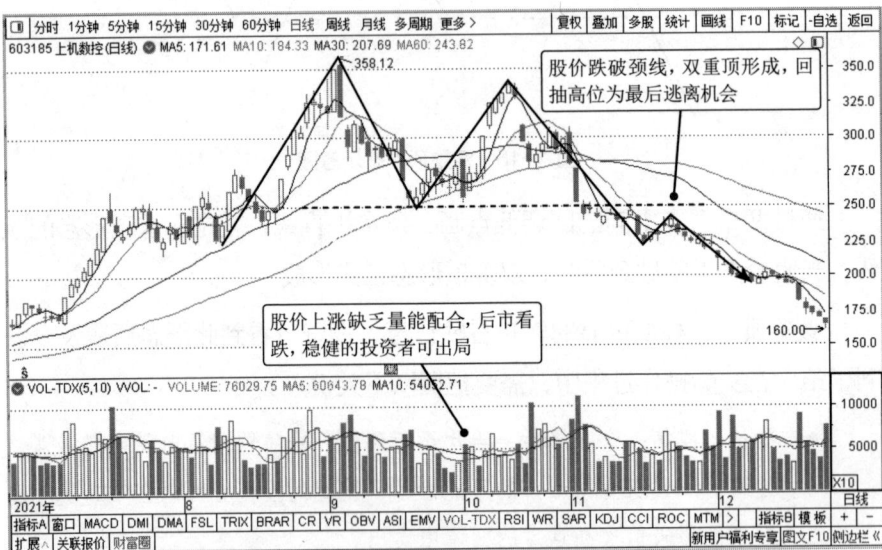

图4-16 上机数控2021年6月到12月的K线图

从K线图中均线的状态可以看出，上机数控正处于行情的顶部。在6月到 7 月中旬期间，股价还在积极上涨，但进入 7 月中下旬后，股价涨势减缓进入横盘，整理近一个月后才再次回到上涨轨道。

9 月初，股价已经上冲至最高价 358.12 元的位置，随后开始了回调，此次回调持续时间近半个月，最终在 250.00 元价位线附近止跌。受到短线资金投入影响，股价再次开始回升，但在 340.00 元附近受到大量获利盘的下压，未能再次上冲，形成了第二个顶峰。

"嗅觉敏感"的投资者可以发现，在第一个顶点形成后，成交量有逐步萎缩的现象，特别是第二个顶点形成时，成交量并没有出现明显的放大。这说明入场资金不多，后市上涨无望，稳健的投资者可以在此位置减仓出场。

经过两个顶峰中间的谷底绘制一条水平直线，大概位置在 250.00 元价位线。11 月初，连续下跌的股价在此位置横盘，但最终还是成功跌破了这条直线，双重顶形态正式确认。投资者应把握时机快速清仓，否则可能迎来一波大幅度的下跌。

而其后市的走势也印证了投资者的猜想。股价在跌破颈线之后，有一个非常小的回抽过程，这是最后的出逃机会，此后股价快速下跌，一去不返。

4.2.3　三重顶尽快卖出

股价在上涨末期，处于高位波动前行，经历了三次冲顶，但都在相似的位置受阻回落，从而形成三个位置相似的高点，这就是三重顶形态，其示意图如图 4-17 所示。

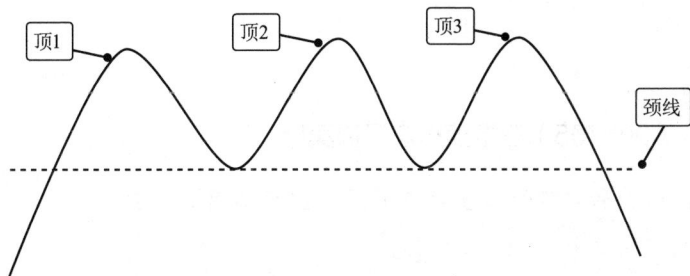

图 4-17　三重顶形态示意图

将股价两次回落的低点用直线连接起来，就形成了三重顶形态的颈线，当股价向下跌破颈线时，三重顶形态正式确认。

标准的三重顶形态在实际的K线图中很难遇到，一般来说，投资者观察到的三重顶都是有所偏离的，即高点可能不在同一水平线上，回落的低点也不会保持同步。

但三重顶的见顶反转信号比头肩顶、双重顶都要强烈，而其后市的下跌力度也要强于后两者。因此，投资者在看到不太标准的三重顶时，也要果断清仓离场，即使亏损也在所不惜。在使用过程中，需要注意如图4-18所示的操作要点。

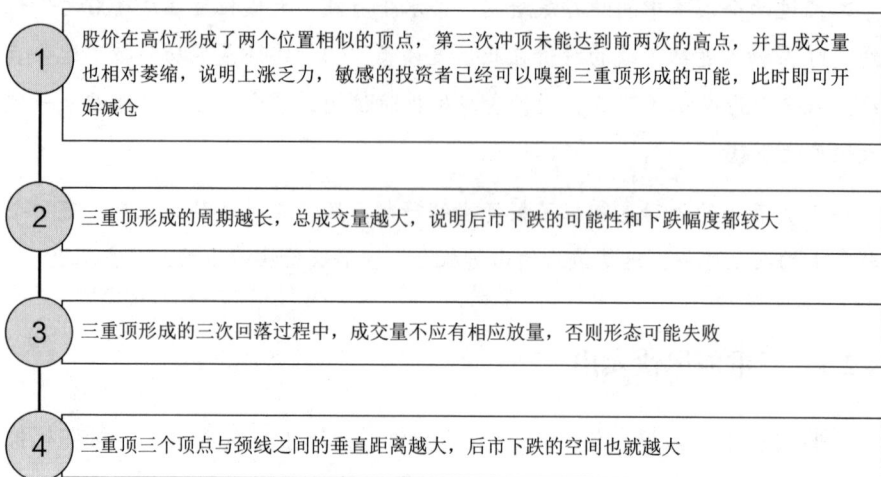

①	股价在高位形成了两个位置相似的顶点，第三次冲顶未能达到前两次的高点，并且成交量也相对萎缩，说明上涨乏力，敏感的投资者已经可以嗅到三重顶形成的可能，此时即可开始减仓
②	三重顶形成的周期越长，总成交量越大，说明后市下跌的可能性和下跌幅度都较大
③	三重顶形成的三次回落过程中，成交量不应有相应放量，否则形态可能失败
④	三重顶三个顶点与颈线之间的垂直距离越大，后市下跌的空间也就越大

图4-18 三重顶形态的操作要点

下面来看一个具体的案例。

实例分析 ⇒

新宝股份（002705）三重顶形态尽快卖出

图4-19为新宝股份2020年5月到2021年6月的K线图。

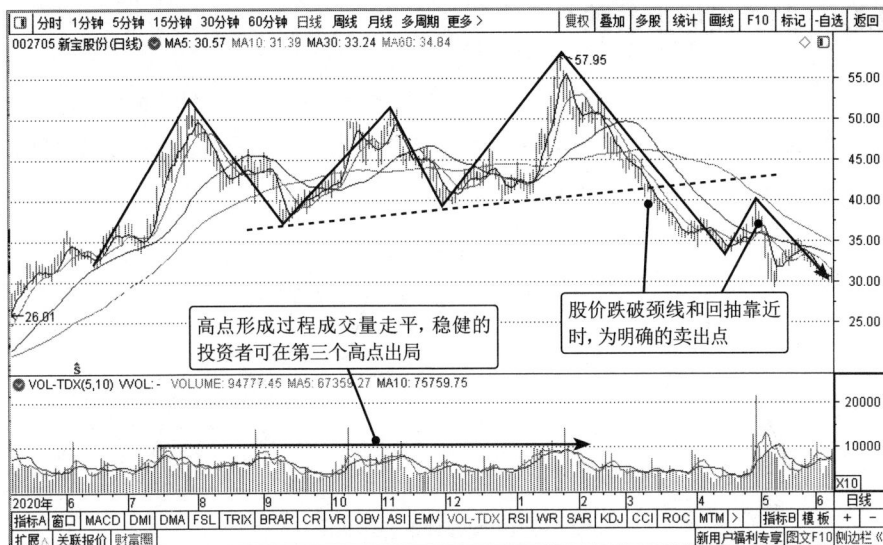

图 4-19　新宝股份 2020 年 5 月到 2021 年 6 月的 K 线图

从 K 线图中可以看出，在 2020 年 5 月到 7 月期间，股价涨势稳定，但在 52.00 元价位线附近受到阻碍回落，开始了高位的震荡行情。

在高位震荡行情中，第一次下跌在 37.00 元价位线附近受到支撑，第二个高点则在 50.00 元左右，第二次下跌在 40.00 元附近受到支撑，第三个高点则冲到了最高价 57.95 元的位置。

从高度上来看，这段震荡行情的三个高点和两个低点其实相差不多，可以说是达到了三重顶的要求，连接两个低点就形成了颈线。

再分析这段时间的成交量可以发现，在三个顶点形成的过程中，成交量整体并未出现相应的大幅放量，说明股价上涨无力，涨势难以持续。根据这些特征，稳健的投资者在第三个顶点形成时就可以清仓出局了，不必等到三重顶形态确认。

2021 年 3 月初，从第三个高点快速下跌的股价跌破了颈线，位置在 42.00 元价位线附近。此时三重顶形态已正式确认，后续股价还进行了一次回抽，两个明确的卖点出现，投资者宜尽快离场。

4.2.4 圆弧顶后市看跌

股价经过一轮上涨后，上涨势头逐步减弱，在高位波动上行。将这段波动的顶点连接起来可以形成一个向上凸起的圆弧，理论上就将这种 K 线形态称为圆弧顶，其示意图如图 4-20 所示。

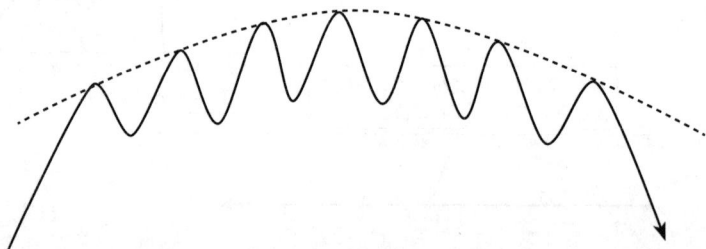

图 4-20 圆弧顶形态示意图

圆弧顶的形成一般不会持续太长时间，但由于股价的高位震荡，会有很多获利盘抛出，形成一个成交密集区，很多时候成交量也会同步呈现出圆弧顶的形态。

圆弧顶形态在实际的 K 线走势中很难看到，由于它在高位长时间震荡，会导致很多获利盘离场，其后市的走势通常都不会太乐观，它带给投资者的往往是长时间的大幅度下跌行情。

圆弧顶的走势较为温和，并没有特别明确的卖出点。不过由于其持续时间相对较长，因此给投资者留下了较多的操作时间，在使用过程中可把握以下几个关键点。

◆ 当上涨行情结束，股价和成交量都从最高点开始下滑的时候，就是一个卖出点。

◆ 圆弧顶持续的时间越长，震荡越密集，说明多空转换越彻底，后市的下跌空间越大。

◆ 股价与成交量走势相配合，即成交量也同时形成圆弧顶，则形态发出的下跌信号可信度更高。

下面来看一个具体的案例。

实例分析 ⇒

安车检测（300572）圆弧顶形态后市看跌

图 4-21 为安车检测 2020 年 5 月到 2021 年 2 月的 K 线图。

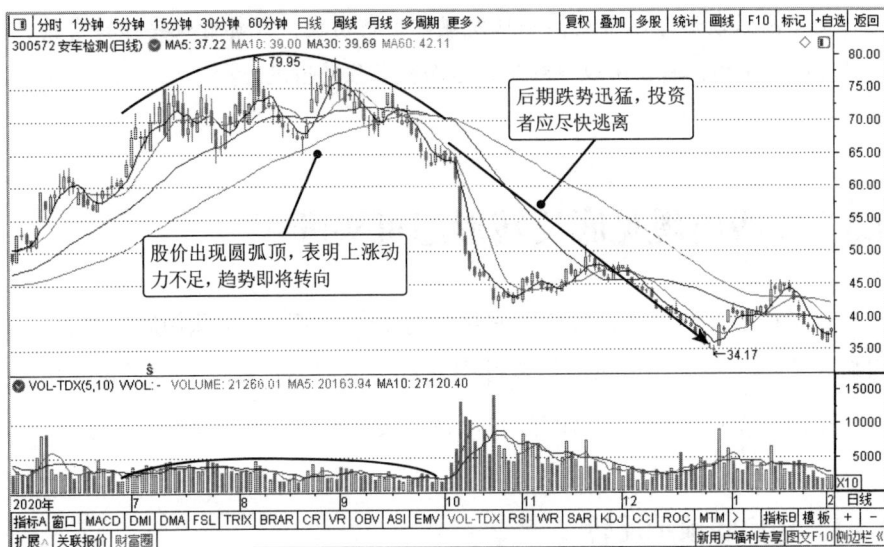

图 4-21 安车检测 2020 年 5 月到 2021 年 2 月的 K 线图

从 K 线图中可以看出，安车检测在 2020 年 7 月以前都保持着上涨状态，到 7 月初，该股的上升逐渐变得缓慢，上升斜线开始缓和。

7 月中上旬股价上涨到 75.00 元价位线左右时进入了滞涨状态，股价在 65.00 元到 75.00 元的价位区间内上下波动，以非常缓慢的速度向上攀升，并在 8 月 6 日突破压制达到顶峰，创出了 79.95 元的最高价。

触顶之后，股价便开始缓慢向下滑动，同样是呈圆弧状下滑，直到 9 月底跌破了圆弧上行时的起点，随后便是连续收阴式下跌，至此圆弧顶形态构筑成立。

可以看出，成交量也出现了圆弧顶，只不过弧度并不大，没有与 K 线中的圆弧顶完全一致，但并不影响投资者的判断。

此时的圆弧顶形态形成时间接近三个月，时间并不算长，所以也没有给投资者造成太大的损失，稳健的投资者甚至在圆弧顶形成的上升趋势时便止盈离场了。从后市的发展也可以看到，该股在圆弧顶之后的下跌幅度还是比较大的。

由于圆弧顶形态不常见，一旦发现该形态出现，投资者就要保持警惕，及时止盈或止损，避免出现一跌不复返而被套住的情况。

4.3　K 线出现见底反转形态可买进

有见顶形态的存在，就会形成对应的见底形态，包括头肩底、双重底、圆弧底等。这些见底形态的构筑过程基本与顶部形态相反，预示意义也由看跌转为看涨，是不可多得的抄底机会，投资者需要重点掌握。

4.3.1　头肩底预示反转

头肩底的构筑过程分为几个部分。

①股价在跌至一定低位后反弹回压力位，形成左肩。

②股价再次下行跌破左肩的位置，到达行情底部后见底回升形成了头部，再度反弹回压力位，此时的压力位连线则为颈线。

③随后股价开始第三次下跌，当跌幅达到左肩的位置便形成了右肩，开始第三次反弹或者说是上行。当上升幅度突破颈线，并伴随成交量放量支撑后，头肩底形成。

图 4-22 为头肩底形态示意图。

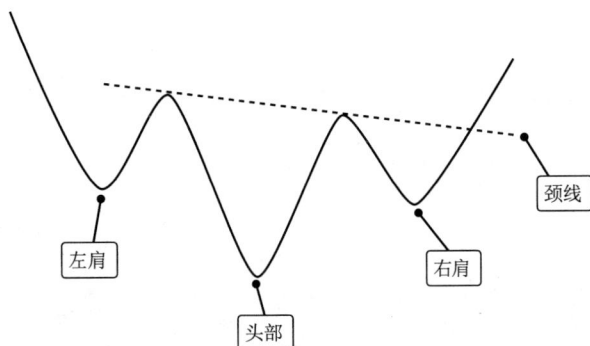

图 4-22　头肩底形态示意图

实际 K 线走势中的头肩底形态往往达不到标准要求，只要求左右两肩高度基本相同且高于头部，两次反弹的高点基本相同即可。

头肩底形态是典型的底部反转形态之一，但它的形成相对于头肩顶而言更难一些，一旦此形态形成，投资者就应该果断入场，同时可参考如图 4-23 所示的操作要点。

1　在右肩形成后股价突破颈线位置时，是该形态最明显的买入点，但注意突破需要有成交量放大的配合，否则可能突破无效

2　股价在形成左肩和头部的时候成交量极度萎缩，但在形成右肩和冲破颈线时成交量明显放大，则其看涨信号可信度更高

3　通常头肩底的形成需要较长的时间，持续时间越长，后市上涨的空间越大

图 4-23　头肩底形态的操作要点

下面来看一个具体的案例。

实例分析 ⇒
共达电声（002655）头肩底形态预示反转

图 4-24 为共达电声 2020 年 12 月到 2021 年 5 月的 K 线图。

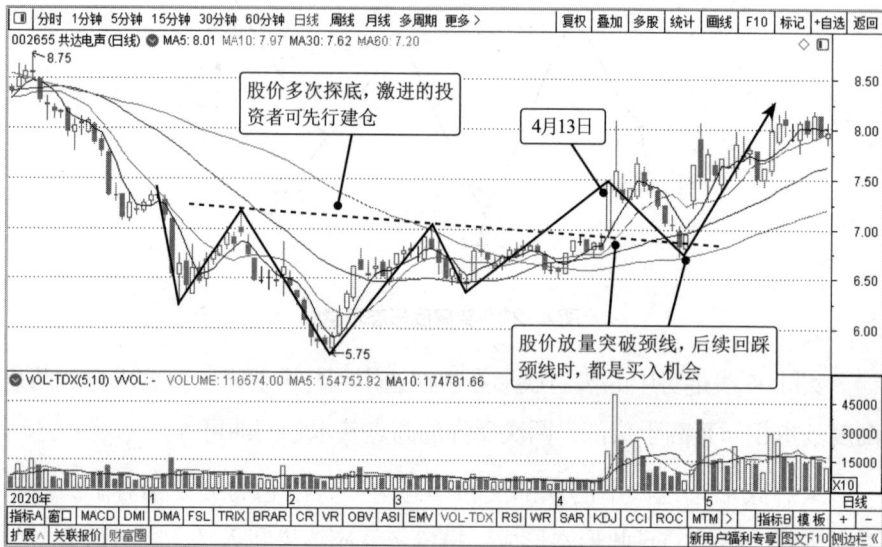

图4-24 共达电声2020年12月到2021年5月的K线图

从K线图中可以看出，共达电声正处于行情的底部。2020年12月期间，股价一直处于波动下跌的行情中，虽然中途有几次较小的反弹，但仍没有改变整体的下跌趋势。

2021年1月初，股价在一次小幅反弹结束后快速下跌，在6.50元价位线附近止跌回升，开始下一波的反弹。但在连续收阳上涨后，股价越过7.00元价位线，再次迎来强势回调，低点跌破了上一次的低点，达到了最低价5.75元。

连续两次的探底动作以及均线的转向，已经给了投资者一些希望，激进的投资者可以在此入手。

随后股价回升后再次经历了一波回调行情，回调的低点比第一次的低点稍高，但非常相近，再次反弹的时候已经初步形成了头肩底形态，但颈线还未被突破，形态有效性仍需等待确认。

股价在6.50元到7.00元的价格区间内横盘一段时间后，4月13日，成交量大幅放量，股价收出一根涨停的大阳线，强势突破了前期高点连接而成的颈线，头肩底形态正式确认。

在股价后续回调触及颈线时，也可以作为一个较好的买入点，谨慎的投资者可在此入场，尽管并未实现抄底，但安全性得到了保证。在此之后，股价就开始了一波大幅度、快速度的上涨行情。

4.3.2　双重底积极介入

股价在运行到一个相对较低的位置以后，形成两个明显的价格低点，且两个价格低点几乎处在同一价位，这就是双重底反转形态，也称为 W 底，其示意图如图 4-25 所示。

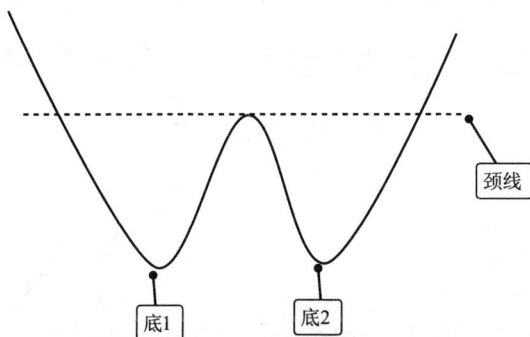

图 4-25　双重底形态示意图

通过两个底点中间的反弹高点画一条水平直线，就是双重底形态的颈线，当股价向上突破颈线时，双重底形态正式确认。

双重底是一种很可靠的转势看涨信号，投资者看到此形态后应及时入场，抢一波上涨行情。在实际操作过程中，需要把握以下关键点。

◆ 股价在运行到第一个低点附近时明显有止跌现象，就有形成双重底形态的可能性了，投资者可以在第二次回调而未能跌破前次低点时适量买入试探。

◆ 双重底形态的第一个明确买点出现在股价突破双重底颈线的位置，但需要注意突破时必须有成交量放大的配合，否则可能突破失败，后市进入整理形态的概率较大。

◆ 双重底的持续时间越长，两个低点与颈线之间的垂直距离越大，后市上涨的空间就越大。

◆ 双重底的第二个低点略高于第一个低点，第二个低点的成交量小于第一个低点的成交量，股价看涨的信号越可靠。

下面来看一个具体的案例。

实例分析 ⇒

TCL 科技（000100）双重底形态积极介入

图 4-26 为 TCL 科技 2018 年 8 月到 2019 年 2 月的 K 线图。

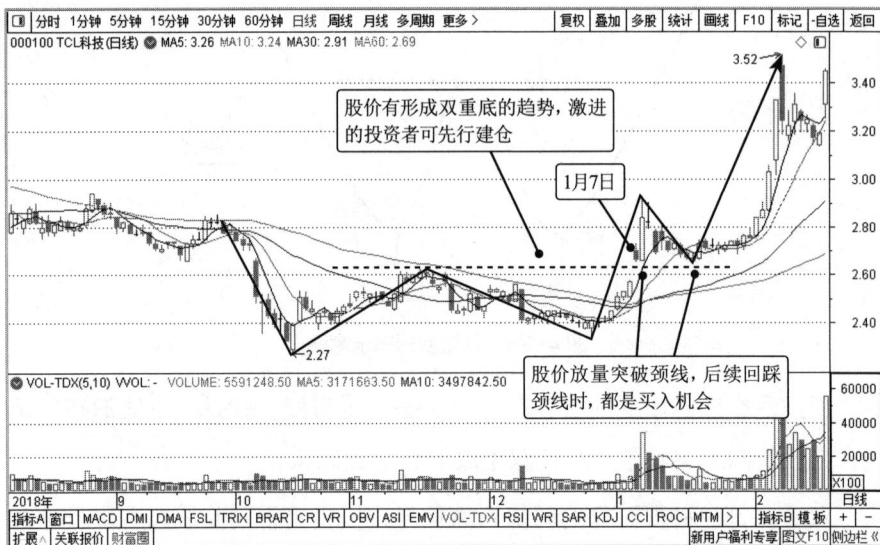

图 4-26　TCL 科技 2018 年 8 月到 2019 年 2 月的 K 线图

从 K 线图中可以看出，TCL 科技正处于股价的低位。在 2018 年 8 月到 9 月期间，股价还在低位盘整，直到 9 月底，股价突然连续收阴下跌，较快的跌速使得股价迅速从 2.80 元附近跌至最低的 2.27 元。

在创出新低后股价止跌回升，于 11 月中旬在 2.60 元价位线附近受阻再次下跌。此次下跌的低点位于 2.40 元附近，略高于第一个低点，有形成双重底的可能。敏感的投资者观察此时股价所处的位置，大概可以判断股价上涨在即，可以出手买入了。

在此之后，股价连续收阳，快速回到第一次反弹的高点，即 2.60 元价位线附近，此处是颈线所在位置。

1 月 7 日，股价放量跳空高开，实现 3.5% 的涨幅后在次日快速冲高，有效突破了颈线的压制，双重底形态正式确立，形成一个明显的买点。后续股价还进行了一次回踩，受到了颈线支撑后，正式开启了上涨行情。

如果投资者能及时发现这个双重底形态，并在适当的时候跟进，就可以尽可能多地享受后续上涨的利益。

4.3.3　三重底抓住时机

股价在下跌末期，处于低位波动运行状态，经历了三次探底，但都在相似的位置受到支撑并反弹，从而形成三个位置相似的低点，这就是三重底形态，其示意图如图 4-27 所示。

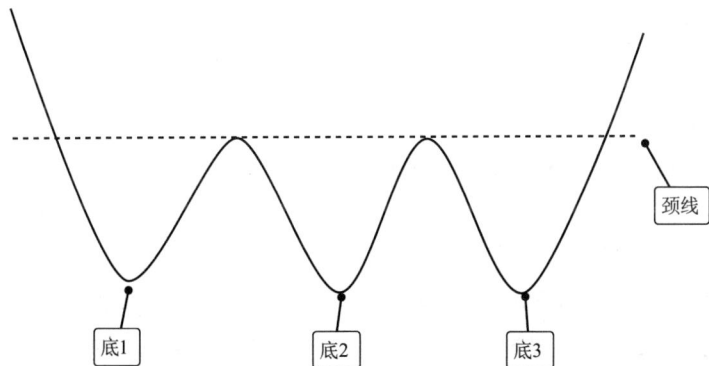

图 4-27　三重底形态示意图

将股价两次反弹的高点用直线连接起来，就形成了三重底形态的颈线，当股价向上放量突破颈线时，三重底形态正式确认。

三重底形态在实际的K线图中出现的概率也不大，但它的见底反转信号比头肩底、双重底都要强烈，而其后市的上涨力度也要强于后两者，因此，投资者在看到这种形态时，应果断跟进。在使用过程中，需要注意如图4-28所示的操作要点。

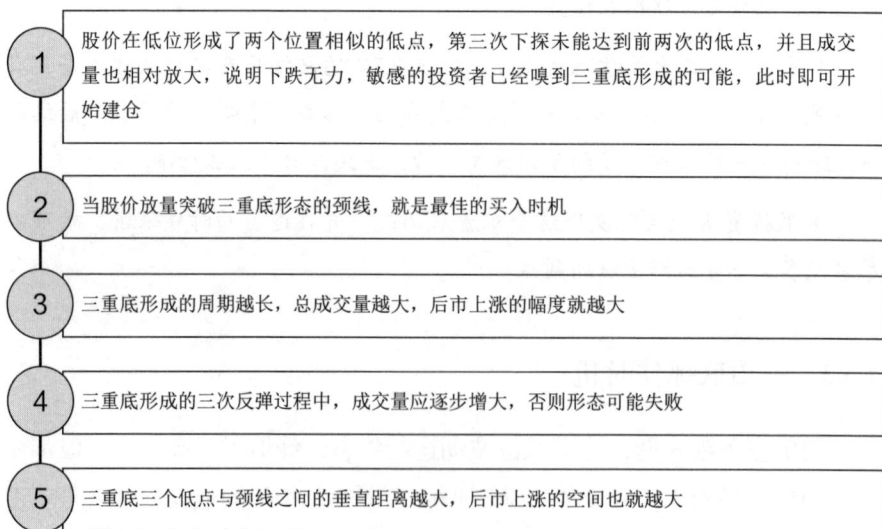

① 股价在低位形成了两个位置相似的低点，第三次下探未能达到前两次的低点，并且成交量也相对放大，说明下跌无力，敏感的投资者已经嗅到三重底形成的可能，此时即可开始建仓

② 当股价放量突破三重底形态的颈线，就是最佳的买入时机

③ 三重底形成的周期越长，总成交量越大，后市上涨的幅度就越大

④ 三重底形成的三次反弹过程中，成交量应逐步增大，否则形态可能失败

⑤ 三重底三个低点与颈线之间的垂直距离越大，后市上涨的空间也就越大

图4-28　三重底形态的操作要点

下面来看一个具体的案例。

实例分析　⇒

紫鑫药业（002118）三重底形态抓住时机

图4-29为紫鑫药业2018年9月到2019年4月的K线图。

从K线图中可以看出，紫鑫药业正处于股价的低位。在2018年9月期间，股价还在低位整理，直到9月底到10月初，股价在多次收阴的推动下快速下跌，创出3.75元的新低后止跌反弹。

此次反弹力度不大，到11月中上旬时，股价收出一根带长上影线的小阴线后于 6.00 元价位线附近受阻，第一轮反弹结束，股价回落。第二轮下跌一直下跌到 4.00 元价位线附近，才再次受到支撑回升。

这时股价已经有形成双重底的趋势，但前期高点形成的颈线并未被突破，形态并不成立。在第二个高点接近 6.00 元价位线后又一次出现了下跌走势。

2019 年 1 月底，股价跌至 4.50 元附近后再次反弹，低点位置与前面两次非常相近，激进的投资者此时也应该预判到了三重底形态的到来，在反弹开始后可以入手了。

2 月中旬左右，成交量大幅放量，推动股价连续收阳快速上涨，成功突破了颈线的压制，并且在后续出现了一次短暂的回踩，确定了下方的支撑力。谨慎的投资者可以迅速追涨跟进，抓住后续的大幅上涨行情。

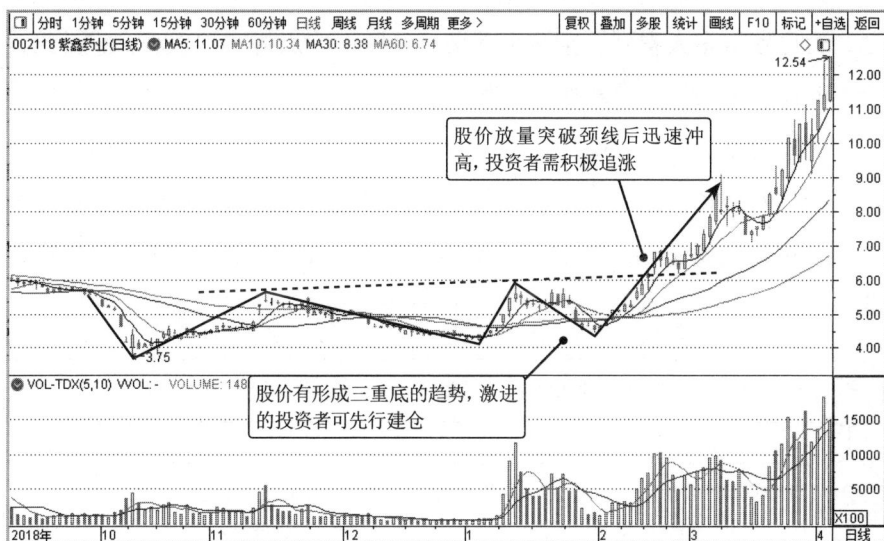

图 4-29　紫鑫药业 2018 年 9 月到 2019 年 4 月的 K 线图

4.3.4　圆弧底后市看涨

股价经过一轮下跌后，下跌势头逐步减弱，在低位波动变化。将这段波动的低点连接起来可以形成一个向下凹陷的圆弧，理论上就将这种 K 线形态称为圆弧底，如图 4-30 所示。

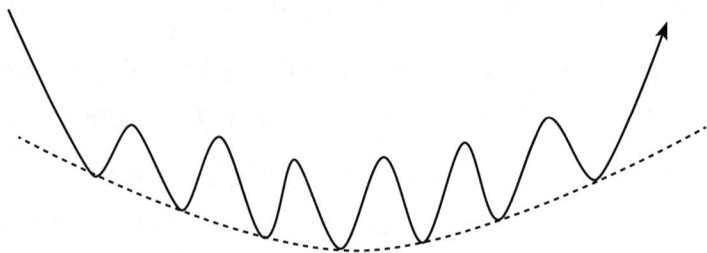

图 4-30　圆弧底形态图解

圆弧底的形成一般持续时间较长，股价在低位徘徊但并没有太大的成交量出现，这是一个低位蓄势的过程。

圆弧底形态在实际的 K 线走势中很难看到，但由于它在低位长时间震荡，会导致很多人看到希望逐步入场，其后市的走势非常乐观，它带给投资者的往往是长时间的大幅度上涨行情。

圆弧底的走势较为温和，并没有特别明确的买入点，不过由于其持续时间相对较长，因此给投资者留下了较多的操作时间，只要能在爆发前买入都可以获得不错的收益。在使用过程中可把握如图 4-31 所示的操作要点。

1	下跌走势结束，股价出现见底信号，并伴随成交量放大时即可买入
2	圆弧底持续的时间越长，说明多空转换越彻底，后市的上涨空间越大
3	股价与成交量走势相配合，即成交量也同时形成圆弧底，则形态发出的上涨信号可信度更高

图 4-31　圆弧底形态的操作要点

下面来看一个具体的案例。

实例分析 ⇒

海螺新材（000619）圆弧底形态后市看涨

图 4-32 为海螺新材 2020 年 1 月到 9 月的 K 线图。

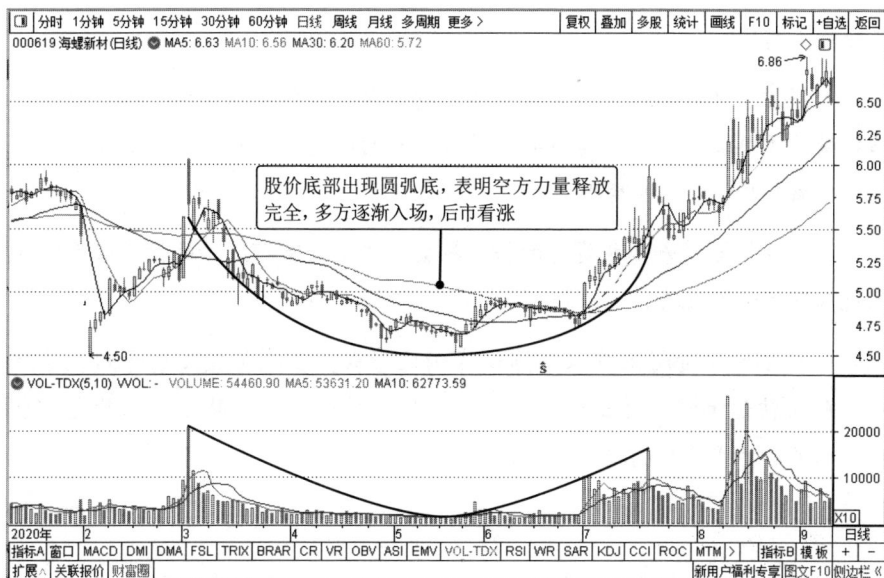

图 4-32　海螺新材 2020 年 1 月到 9 月的 K 线图

从 K 线图中可以看出，海螺新材处于上一段下跌行情的末期。在 2020 年 1 月期间，股价还在横向整理。在 1 月底时，股价突然收出大阴线跌破盘整低位，并于 2 月初形成一个倒 T 字形跌停 K 线，次日创出 4.50 元的新低后开始回升。

3 月初，股价在上涨至 6.00 元价位线附近后冲高回落，开始快速下跌。不过越到后期，股价的跌速越慢，低点几乎都踩在一个圆弧上，成交量也跟随缩减，整体有构筑圆弧底形态的趋势。

随后的数月内，股价震荡下行，成交量也逐渐萎缩至地量。直到 5 月中下旬，股价到达底部，在触底后便开始呈圆弧状上行，同时成交量也在微弱放量。

尽管上升中途经历了数次大大小小的震荡，但整体趋势是向上的，连接震荡底部会出现圆弧状。进入 7 月后，成交量放出巨量开始拉升股价，使其快速上升，很快到达了前期高点，圆弧底形成，行情确定反转。

圆弧底的形成是因为经过长期的价格下跌后，卖盘压力慢慢消退，空方的动能大部分已经释放。套牢盘因为价格下跌幅度大，只能保持长期持有，不会轻易离场。

而买方无法在短时间内大量聚集上攻力量，股价无法快速上涨，此时价格也被严重削弱，只能停留在底部进行长期的修复。因此，市场交投极其冷清，价格相持，震荡幅度小。

而此时的冷清却是投资者的抄底机会，激进又富有经验的投资者可以在靠近底部的位置入场。

而谨慎的投资者则建议在圆弧底确认形成，也就是成交量开始大量放量、股价快速上涨趋势出现时再入场。从反转行情之后的巨大上升空间来看，这两种方式产生的收益都不会太差。

第5章

K线与成交量的结合应用

成交量的波动会直接影响股价的波动，间接决定了未来市场可能的走势，大多数技术分析方法都要以成交量和股价的关系为依据。因此，投资者有必要对二者之间的关系进行深入学习。

5.1　什么是成交量

成交量是一种供需的表现，指一个时间单位内某项交易成交的数量。在股市中，广义的成交量包括成交股数、成交金额和换手率，而狭义的成交量也是最常用的，仅指成交股数。

一般情况下，成交量大且价格持续上涨的股票，趋势往往向好，牛市即将来临。成交量持续低迷时，一般出现在熊市或股票整理阶段，意味着市场交易不活跃。

由此可以看出，成交量是判断股票走势的重要依据，对分析主力行为、预判市场风向变化等提供了重要的依据。投资者应对成交量的变化和深层含义进行学习，以帮助自己增加收益。

5.1.1　成交量的具体概念

股市成交量是判断市场走势的重要指标之一，可以说，成交量决定了未来市场可能的走势。

在K线图和分时图中都有成交量的形态，但是不同位置的成交量代表的含义是不同的，下面就来逐一了解。

（1）K线图中的成交量

在K线图中，成交量指当日开盘到收盘的这段时间内交易的股票总数，在K线图的下方以柱形呈现。

K线图中成交量根据其上方对应K线的价格属性不同，也分为红绿两色，即阴线对应绿色成交量，阳线对应红色成交量，柱形越长，代表当日成交量越大。

图5-1为K线图中的成交量。

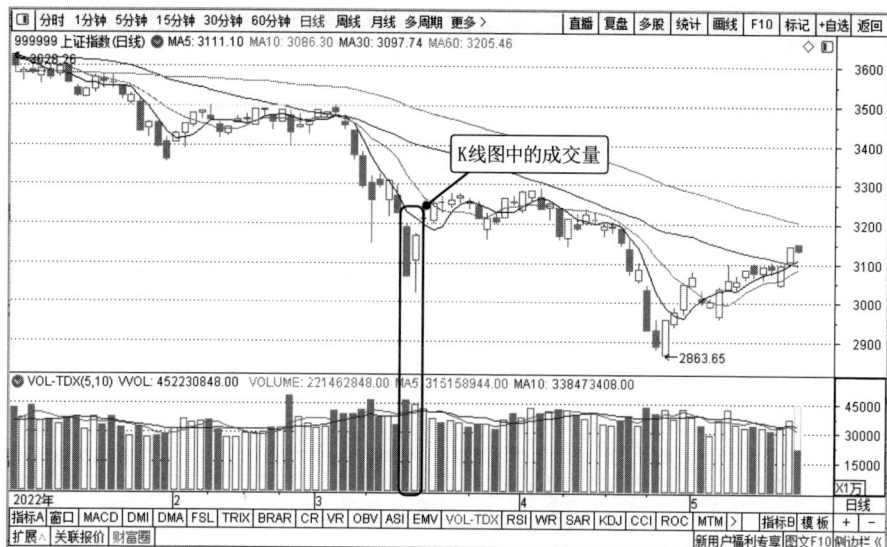

图 5-1 K 线图中的成交量

成交量既可以反映某只个股的交易数量，也可以反映整个市场的交易数量，图 5-1 反映的就是上证指数在这一段时间内，市场的股票交易情况和繁荣程度。

（2）分时图中的成交量

分时图是指大盘和个股的动态实时分时走势图，其中的成交量代表的就不是当日的交易数量了，而是每分钟的实时成交数量，它对市场的波动反映得更加灵敏。

分时图中的成交量同样位于下方，呈红绿柱线，此时的红绿柱线颜色显然不再与股价是对应关系，而是由多空双方的力量决定。红色柱线代表主动性的买盘，也就是多方占优势，看好该股的人居多，推动股价上涨；绿色柱线代表主动性的卖盘，也就是空方占优势，看跌该股的人居多，带动股价下跌。

图 5-2 为分时图中的成交量。

图 5-2　分时图中的成交量

　　与 K 线图中的成交量相似，柱线越长代表每分钟的成交量越大。成交量的大小也代表了多空双方对股价的认同程度。双方对当前股价认同程度的分歧越大，那么成交量也就越大；反之，成交量也会变小。

5.1.2　成交量反映出的市场状态

　　成交量是对市场多空力量和供求关系的真实反映，一般来说，股价的上涨需要成交量的同步放大来配合，才能确认其走势。

　　投资者要想不被股价牵着鼻子走，长期处于追涨杀跌、跟不上趋势的状态，就有必要了解成交量的背后所反映出来的深层含义，主要有体现市场供求关系、影响市场走势和反映主力意图三个方面。

（1）成交量体现市场供求关系

　　成交量是市场中供求关系的一种表现形式，有买盘就有卖盘，有卖盘也有买盘。成交量最终是买卖双方平衡的结果，每一笔成交满足的是买方的需求和卖方的供给。

当投资者普遍看好某只个股或者某只个股有利好消息出现时，自然会大量买入，持有该股票的人大多抱有持股待涨的心态，需求方力量强于供给方，买盘大于卖盘，股票价格被放大的成交量推动上涨。

同理，如果投资者普遍看跌某只个股或者某只个股有利空消息出现时，持股的人会抛售，空仓的投资者不会买入，供给方力量强于需求方，卖盘大于买盘，在成交量上就会出现明显的下降，从而导致股票价格的下跌。

下面来看一个具体的案例。

实例分析 ⇒
从成交量看中银绒业（000982）的市场供求关系

图 5-3 为中银绒业 2021 年 8 月到 12 月的 K 线图。

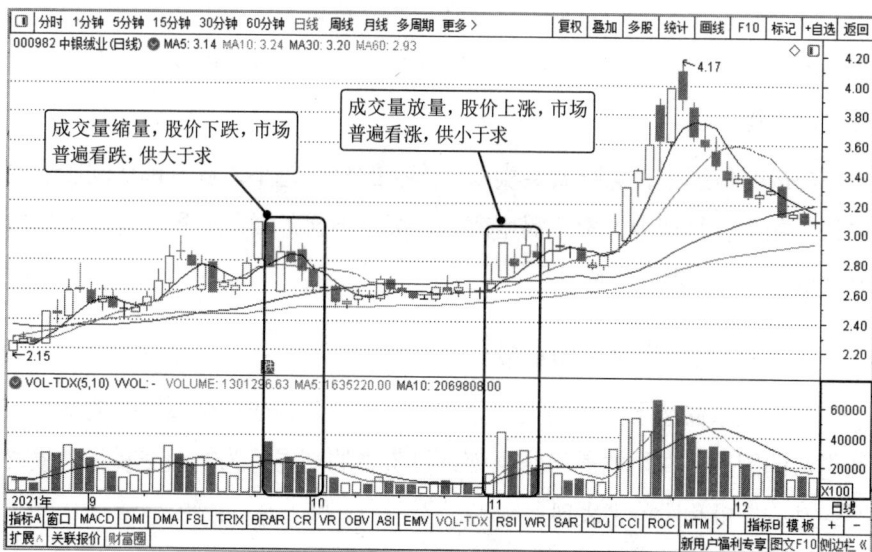

图 5-3 中银绒业 2021 年 8 月到 12 月的 K 线图

从 K 线图中可以看出，在 9 月底的这段时间内，中银绒业处于阶段见顶后的回调状态，K 线一度收出连续阴线。

而此时观察下方的成交量也会发现，股价在下跌的同时，成交量也降到近期最低，表明该股近期不被看好，卖盘抛压较重，而买盘不愿入手，显示出供大于求的关系。

在一段时间的低迷之后，该股在 11 月迎来了反转，下方的成交量在几天之内突然上升到一定高度，呈明显放量状态。而股价也被同步推升，收出多根大阳线，表明该股一转颓势，进入看涨行情，买盘开始发力，显示出供小于求的关系。

通过上面这个案例可以看出，股市中买卖双方对于股价的认同程度以及供求关系都会通过成交量来表现。

成交量的波动会直接影响股价的波动，而股价的上涨或下跌又会吸引投资者继续进行交易，进而放大或缩小成交量，这种互相影响的关系也就是常说的量价的配合关系。

成交量越大，意味着买卖双方产生的分歧越大，如上涨行情中，卖方获利离场，买方吸筹入场，产生的意向分歧直接导致了成交量的上涨，同时股价也在上涨。

而成交量越小，意味着买卖双方产生的分歧越小，双方都认同股价的现状，如下跌行情中，卖方渴望离场，买方不愿入场，一致的意向也导致成交量的下降，股价下跌。

（2）成交量影响市场走势

量价关系涵盖了市场的大部分信息，因为各种或复杂或简单的影响市场走势的因素，作用的最终结果都是投资者的交易行为，而交易行为最终要通过成交量和股价来表现。

量价关系的状态不仅是市场运动的现实反映，还影响着市场未来的发展趋势。无论是量价配合还是量价背离，对股价接下来的走势都会产生直接的影响。

一般情况下，市场的成交量与股价之间的关系具有相对稳定性，即两者的增长与衰减保持同步，保持量价配合的状态，推动市场按照既定的趋势继续前行。但是当任何一方变化的速度过快或者出现背离状态时，都有可能导致市场运行方向的逆转。

（3）成交量反映主力意图

股价的涨跌固然有其自身或基本或特殊的规律，除此之外，还有一个重要的因素，即主力的介入。

主力在投资市场中拥有雄厚的资金实力、丰富的信息来源和优秀的操盘技术，其雄厚的资金能够引起股票价格剧烈上涨或突然下跌，典型的机构有基金公司、证券公司等。

经过前面内容的介绍投资者可以知道，股价的上涨靠的是以成交量为支撑的推动力，也就是资金量。然而仅靠中小投资者，也就是俗称的散户手中有限的资金，是做不到大幅影响股价的，只有主力的力量才能直接带动股价的上涨与下跌。

因此，要想在瞬息万变的股市中获利，投资者必须关注主力的动向，而主力的动向可以从成交量和股价两方面同时出现的异动中看出端倪。

下面来看一个具体的案例。

实例分析 ⇒
从成交量识别新华文轩（601811）的主力意图

图 5-4 为新华文轩 2021 年 11 月到 2022 年 2 月的 K 线图。

从 K 线图中可以看出，新华文轩正处于上涨阶段。在 12 月中上旬到 12 月底期间，股价还在横向整理，整体被限制在 8.75 元到 9.00 元的价格区间内徘徊波动，却始终无法突破 9.00 元的压力线。

直到 2022 年 1 月初，突然有一股力量出现，大量的资金进场，成交量放出巨量，推动股价上涨并一举突破了之前的压力线，带动该股进入了快速拉升之中。

不难看出，如此明显的成交量巨量，靠散户的零散资金显然是做不到的，那么就是主力进场拉升所致。

主力长时间滞留在一只股票中，通过低位的吸筹、中途的拉升以及顶部的出货达到获利目的，其中最值得投资者介入的便是吸筹阶段和拉升阶段。

主力的吸筹行为往往发生在行情的低位，而拉升则可能出现在上涨行情的任何位置。投资者在遇到这样的走势时可以积极追涨，抓住短期收益后及时出局，避免高位被套。

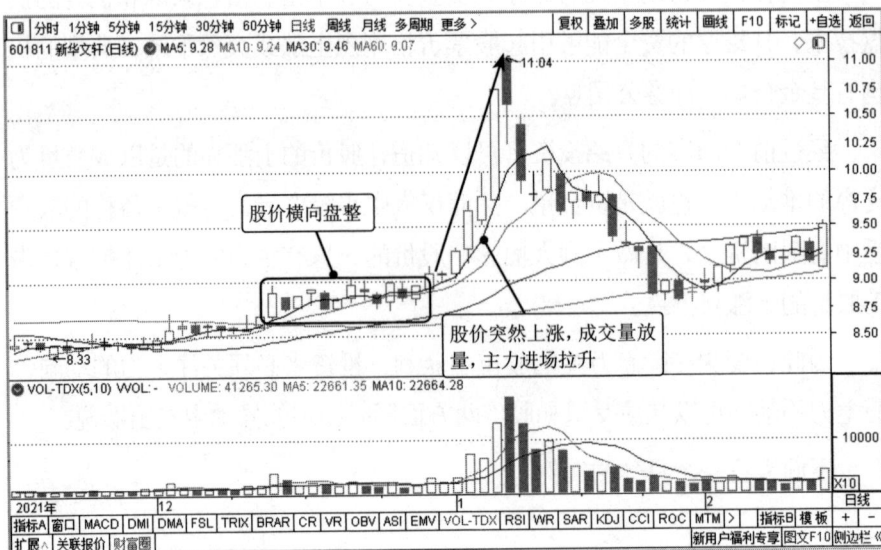

图 5-4 新华文轩 2021 年 11 月到 2022 年 2 月的 K 线图

5.2 成交量的缩放影响 K 线走势

成交量的缩放从侧面反映出了市场中买卖盘的竞争情况。一般来说，成交量越大，意味着买卖双方产生的分歧越大。

而有些时候，成交量与股价之间会产生背离状态。比如成交量在放大，股价反而出现了下跌；或者成交量在缩减时，股价却在上涨，这似乎不符合常理。

但凡事存在即合理，为什么量价之间会出现这样的情况？量价的配合与背离预示的意义又有何不同？投资者都可以在本节中寻找到答案。

5.2.1　天量天价立刻逃离

天量天价是一个相对概念，没有绝对的天量，也没有绝对的天价。

正常情况下，天量应该是历史以来的最大量，天价也是历史以来的最高价。但投资者在分析时，通常以最近一段时间的最高价大于其他价格，且同时成交量也大于其他时候的成交量来判断。比如，股价在运行过程中，突然出现价格的大幅跳高，同时成交量也远大于近段时间每个周期的成交量。

天量天价是典型的见顶出逃信号，一旦发现这种情况，表示股价可能大幅跳水，投资者应及时出局，就算判断失误也好过被套。

图 5-5 为股价出现天量天价的情况。

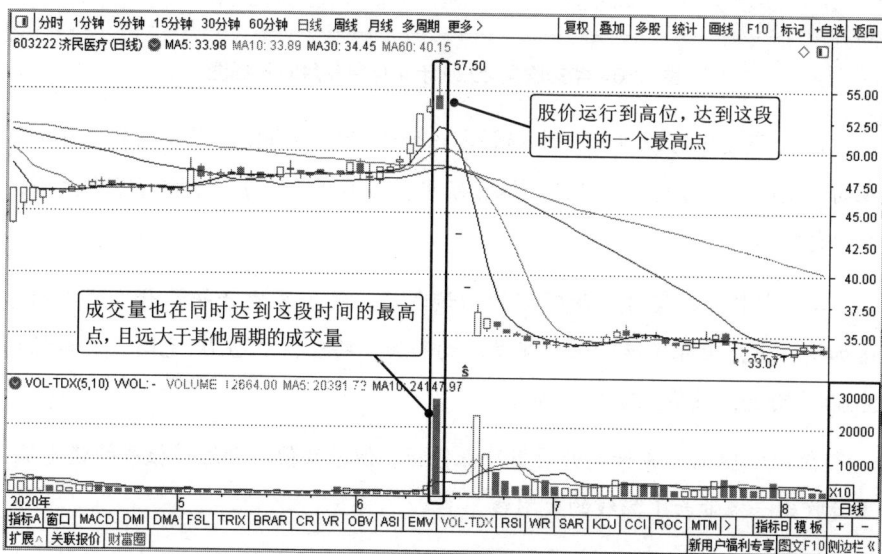

图 5-5　股价出现天量天价的情况

下面来看一个具体的案例。

实例分析 ⇒
华扬联众（603825）天量天价立刻逃离

图5-6为华扬联众2020年4月到9月的K线图。

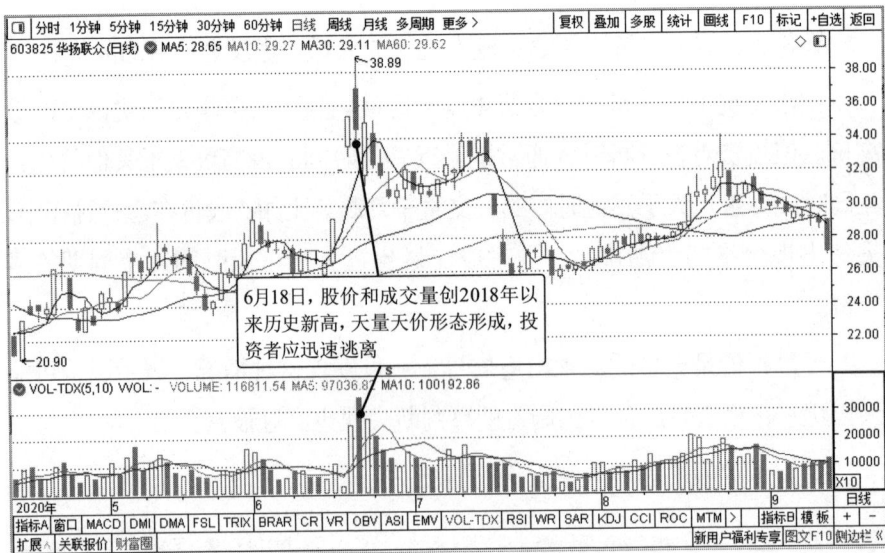

图5-6 华扬联众2020年4月到9月的K线图

从K线图中可以看出，华扬联众正处于行情的高位。在4月到6月中旬期间，股价还维持着上涨状态，尽管期间震荡不断，但每一个波谷都在上移，涨势稳定。

6月中旬，在经过一段时间的回调之后，股价再次开始拉升。此次的涨速加快不少，出现了连续三个交易日的涨停，将股价从26.00元附近直接拉到35.00元附近，股价上涨接近35%。

在6月18日，股价高开后直冲涨停板，但很快便打开涨停板并快速走低，当日收出一根带长上影线的大阴线。

这一天的最高价38.89元创出2018年以来的历史新高，同时成交量也创

出历史新高，形成标准的天量天价形态。这预示着股价已经见顶，投资者应
快速出逃。

5.2.2　地量地价积极跟进

地量地价也是一个相对概念，没有绝对的地量，也没有绝对的地价。
正常情况下，地量应该是历史以来的最小量，地价也是历史以来的最低价，
而未来价格的发展并不是投资者能控制的，所以说它只是一个相对概念。
比如，股价运行到一段时间的历史最低价，同时成交量也远小于近段时间
每个周期的成交量。

地量地价很难出现在同一天，在实际 K 线走势中，经常出现的情况是
股价在下跌途中成交量逐步缩小，直到缩量到非常小的位置。此时股价可
能还不是最低，而是在随后几个交易日内达到历史最低，但此时的成交量
可能不是最低。

图 5-7 为股价出现地量地价的情况。

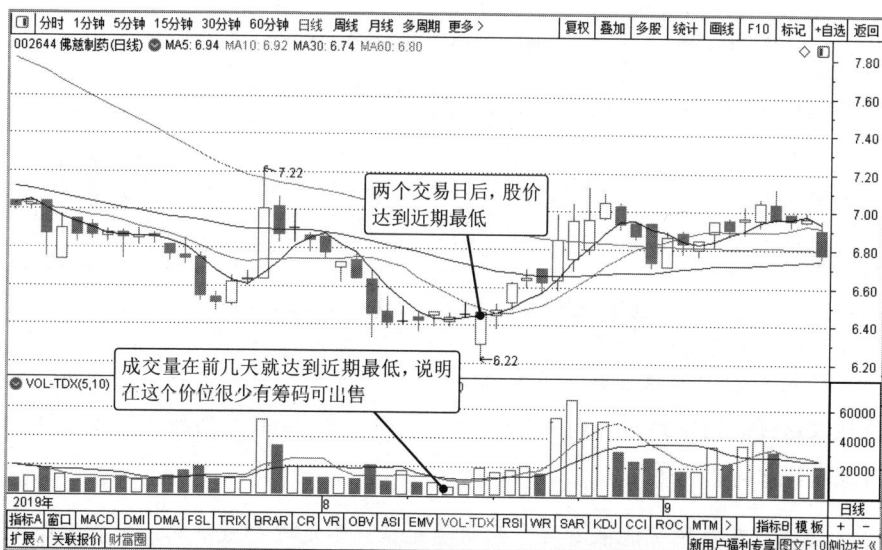

图 5-7　股价出现地量地价的情况

与天量天价相反，地量地价是典型的见底反转信号，它显示股价已经达到当前能下跌的最低点，已经跌无可跌了。

一旦发现这种情况，表示空方力量已经耗尽，股价可能迎来一轮新的上涨行情，投资者应及时建仓跟进或加仓。

下面来看一个具体的案例。

实例分析 ⇒
芯源微（688037）地量地价积极跟进

图5-8为芯源微2021年3月到6月的K线图。

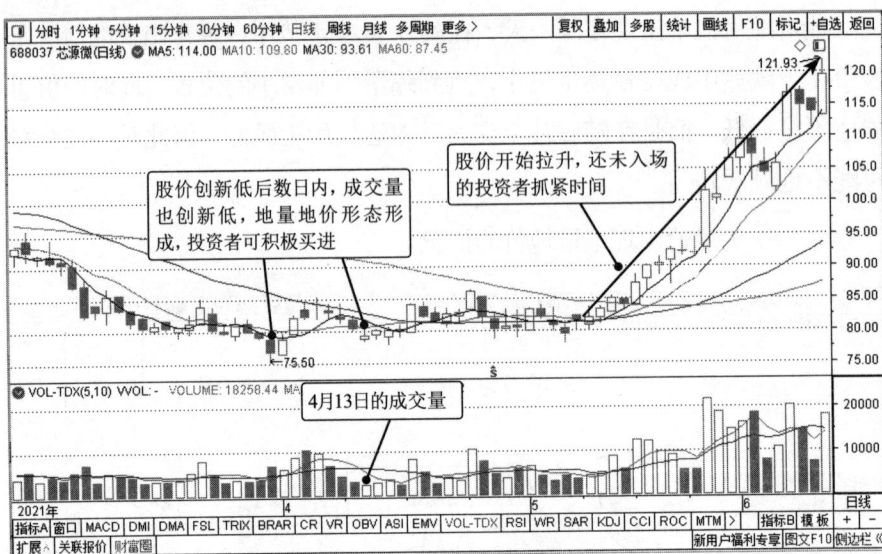

图5-8　芯源微2021年3月到6月的K线图

从K线图中可以看出，芯源微正处于股价的低位区域。在3月期间，股价还在缓慢收阴下跌，直到3月31日，股价创出75.50元的新低后才止跌，并在后续有回升的迹象。

但从成交量的量能来看，当天的量能显然不是近期最低的，投资者还可以继续保持观望。

股价在回升到 85.00 元价位线附近后进入回调整理，开始在一个较小的价格区间内窄幅波动。4 月 13 日，股价低开后冲高回落，整体下滑至 78.50 元附近，当日的成交量缩减到极致，形成了历史新低。

单从形态上来看，在股价已经见底后的数个交易日内，成交量就创出了新低，地量地价形态基本成立，激进的投资者可以准备入手了。而谨慎的投资者可以继续等待，待到股价出现大幅拉升迹象时再买进。

5 月初，成交量开始逐步放量，推动股价迅速收阳上涨，市场做多意愿异常强烈，是很好的看涨信号，还未入场的投资者要抓紧时间。

5.2.3　放量上涨形态解析

股价呈现上涨状态，同时成交量也逐步放大，这就是最好的量价配合状态，如图 5-9 所示。

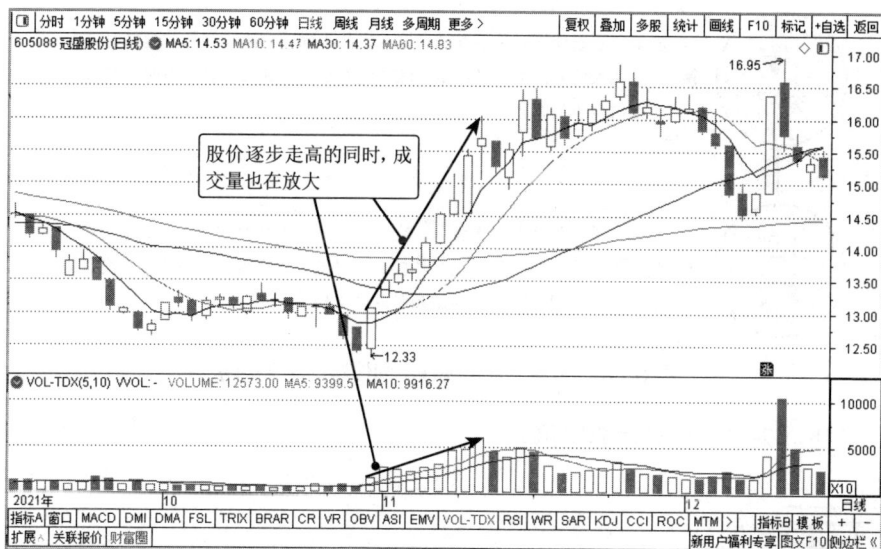

图 5-9　股价出现放量上涨的情况

放量也是一个相对概念，一般指在某个时间段内，成交量与其过去一段时间的成交量相比，有明显的增大迹象。

放量上涨是指在成交量逐步增大的时候，股票价格也在逐步提高，提高的幅度并没有明确要求，只要呈现上涨趋势即可。

放量的情况通常是一部分投资者看空后市，不断抛售手中筹码，但同时又有很大一部分人对后市非常看好，大把吸筹，于是就形成了很多人卖、很多人买的情况。

这需要处于一种多空双方争议非常大的状态下才可以形成，也就是前面所说的买卖双方产生的分歧较大，导致成交量放大的同时，股价也出现了相应上涨。

但需要注意的是，放量的情况有时候不一定是真的，比如主力利用自己手中的筹码对敲，也可以形成放量现象。

如果成交量在放大的时候价格在上涨，就需要根据此时股价所处的位置进行相应的买卖操作了，具体如图5-10所示。

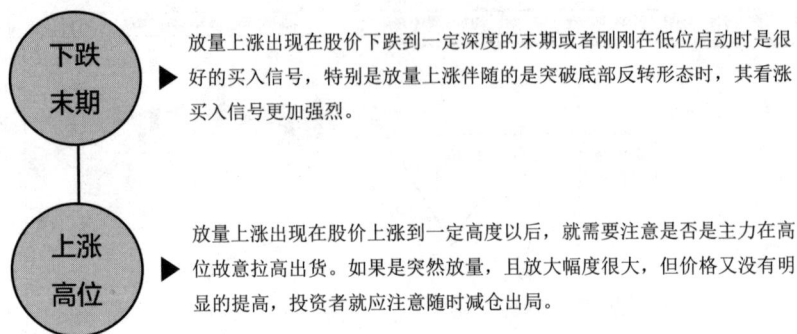

下跌末期 ▶ 放量上涨出现在股价下跌到一定深度的末期或者刚刚在低位启动时是很好的买入信号，特别是放量上涨伴随的是突破底部反转形态时，其看涨买入信号更加强烈。

上涨高位 ▶ 放量上涨出现在股价上涨到一定高度以后，就需要注意是否是主力在高位故意拉高出货。如果是突然放量，且放大幅度很大，但价格又没有明显的提高，投资者就应注意随时减仓出局。

图5-10　放量上涨出现在不同位置的操作策略

下面来看一个具体的案例。

实例分析 ⇒

金徽酒（603919）下跌末期放量上涨分析

图5-11为金徽酒2018年11月到2019年4月的K线图。

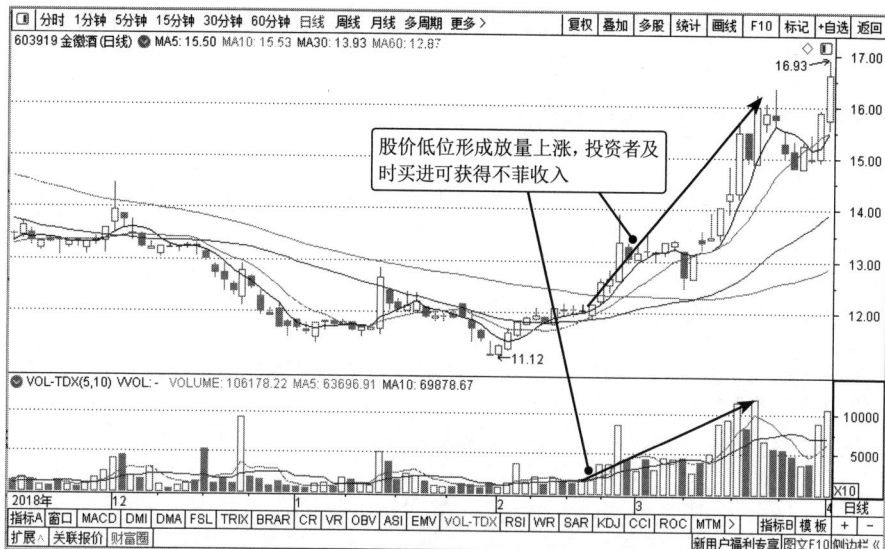

图 5-11　金徽酒 2018 年 11 月到 2019 年 4 月的 K 线图

从 K 线图中可以看出，金徽酒正处于下跌行情的末期。在 2018 年 11 月期间，股价还在低位横盘，但进入 12 月后，股价逐渐走低，甚至出现了连续的收阴下跌，跌速不断加快。

2019 年 1 月初，股价暂时止跌横盘，在 1 月 15 日突然收出一根大阳线出现反弹后，很快又回到了下跌走势。2 月 1 日，股价在盘中触底回升，形成一根小阳线，当日创出 11.12 元的新低。

在此之后，股价有企稳回升的态势，随后数个交易日都是以阳线报收，但成交量的放大并不明显，使得股价整体趋于平缓。从 2 月中下旬开始，成交量就一波接一波地阶梯式放量，推动股价形成分段上涨，二者形成很好的量价配合态势。

放量上涨出现在股价下跌行情的末期，或者说是上涨行情的初期，结合该股历史走势可以发现，这时候股价正处于一个非常低的位置。因此，此时的放量上涨是很好的看涨买入信号，并且该股的放量相对温和，不是那种异常的放量，因此其可信度更高。

在放量上涨启动以后，股价一路上涨，很快从 12.00 元附近直冲 17.00 元价位线，短时间的上涨幅度接近 42%，及时买进的投资者收入非常可观。

5.2.4　放量下跌的不同情况

与放量上涨相反，放量下跌是指股价在不断下跌的同时，成交量却在不断放大。

图 5-12 为股价出现放量下跌的情况。

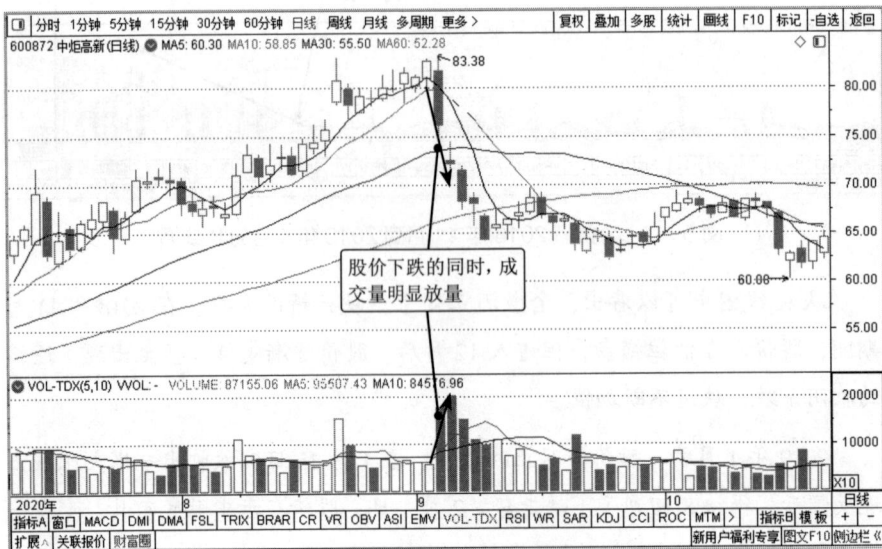

图 5-12　股价出现放量下跌的情况

放量下跌是一种并不常见的形态，往往是大多数投资者对市场不看好的表现，但它出现在不同的位置，也代表了不同的意义。

- ◆ 放量下跌出现在上涨的末期，是股价即将进入熊市的征兆，投资者宜快速清仓出逃。
- ◆ 放量下跌出现在下跌途中或股价低位，往往是股价加速探底的信号，投资者可关注股价动向，随时准备入场。

下面来看一个具体的案例。

实例分析 ⇒
云维股份（600725）下跌末期放量上涨分析

图 5-13 为云维股份 2020 年 11 月到 2021 年 3 月的 K 线图。

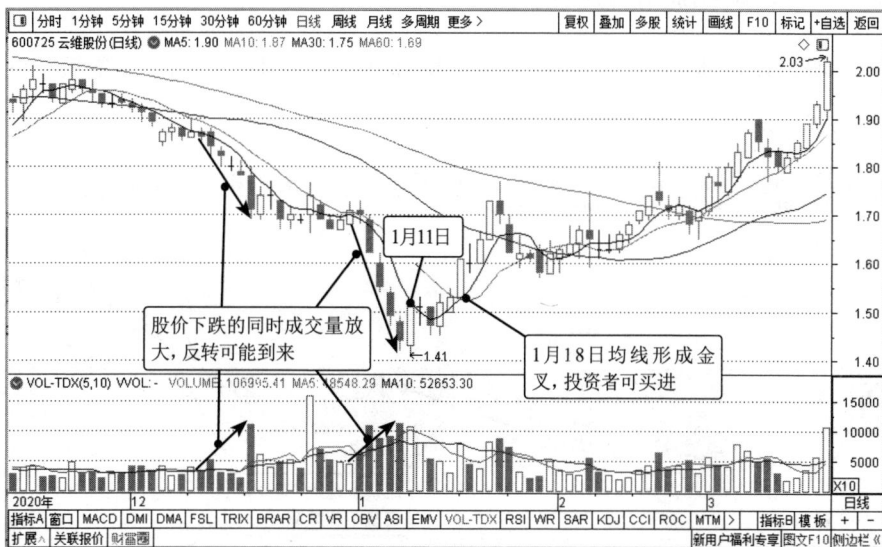

图 5-13　云维股份 2020 年 11 月到 2021 年 3 月的 K 线图

从 K 线图中可以看出，云维股份正处于下跌行情的底部。在 2020 年 11 月到 12 月期间，股价正在快速收阴下跌，直到 12 月中上旬之前，成交量都是呈走平状态的。

从 12 月中上旬开始，成交量出现阶梯式放大的情况，而此时的股价还在不断下跌，有了加速探底的可能。

2021 年 1 月初开始，股价连续放量收出多根阴线，短短四个交易日内就将股价从 1.70 元左右下拉至 1.40 元左右。这说明空方在加大出货力度，进一步压低股价，并很可能在后续形成底部反转。

1 月 11 日的一根拉高的大阳线，带来了上涨的曙光。到 1 月 18 日，均线也首次形成金叉，买入信号出现，投资者可以在此位置及时跟进。

随后股价一路上涨，基本保持着稳定上行的运行轨迹。自此，股价出现数次上涨途中的整理，但整理完成后依旧保持着上涨。未能及时入场的投资者可以在这些回调的低位买进。

5.2.5 缩量上涨如何操作

股价在不断上涨，而对应的成交量却在不断缩小，即出现了缩量上涨的情况，如图 5-14 所示。

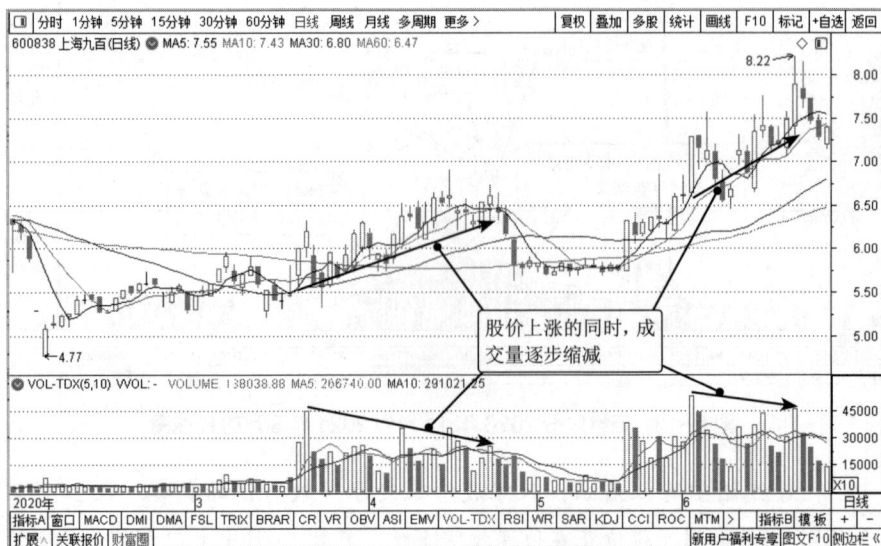

图 5-14 股价出现缩量上涨的情况

一般情况下，量能的萎缩都代表市场交投意愿不强烈，股价短期没有太大的变化，但也需要根据实际情况区别分析。缩量上涨所代表的意义和操作方法如下。

◆ 一字线的缩量上涨，说明主力预知利好消息，在集合竞价时就已经介入，以涨停价购入。而持股者也同时看好后市不愿卖出，自然造成缩量，这是股价走强的征兆，投资者宜择机买入。

◆ 股价下跌到很低位置，持股者不愿再亏损卖出，抛压异常小，多方可以使用少量筹码轻松拉高股价，从而形成缩量上涨。这是行情见底反转的信号，投资者可以在其他指标支持的情况下买入。

◆ 如果缩量上涨的情况持续的时间较长，说明主力手中筹码较多。如果此时股价处于低位，投资者可买入；如果股价处于高位，投资者则需要谨慎对待，随时准备卖出。

下面来看一个具体的案例。

实例分析 ⇒

晶盛机电（300316）上涨末期缩量上涨分析

图 5-15 为晶盛机电 2021 年 7 月到 11 月的 K 线图。

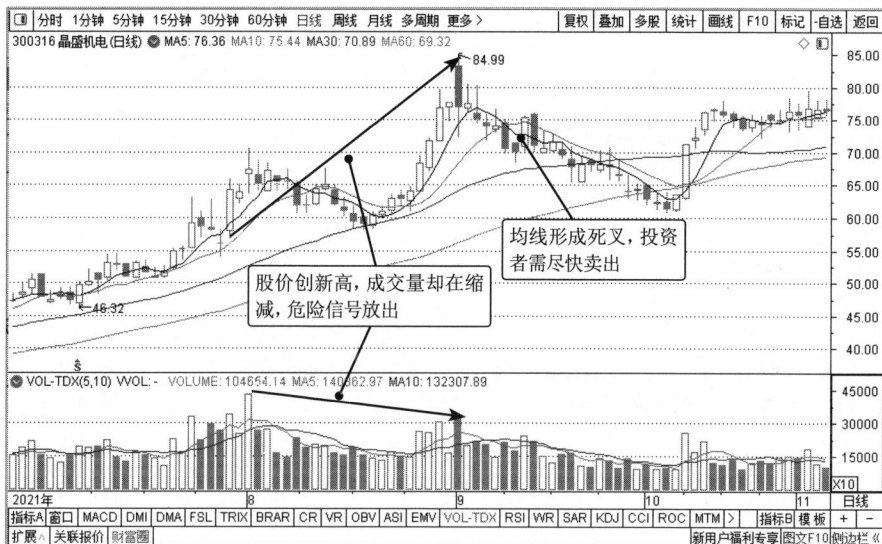

图 5-15 晶盛机电 2021 年 7 月到 11 月的 K 线图

从 K 线图中可以看出，晶盛机电正处于上涨行情中。在 7 月期间，股价的涨势非常积极，均线在下方起到了强劲的支撑作用，股价整体走势是比较稳定的，成交量也在不断放大。

但在 8 月初，股价上涨至 70.00 元价位线附近时受阻回落，成交量也迅速缩减。8 月中下旬，股价在 30 日均线上受到支撑后，很快回到了上涨轨道，并且涨速明显加快，直至创出最高价 84.99 元。

但观察成交量可以发现，在股价冲上新高时，成交量的放量不仅与之不匹配，而且相较于前一次的高点，量能还缩减了不少，整体呈现缩量上涨的状态。

在股价的高位形成这样的走势是非常危险的，这说明股价的上涨已经失去了成交量的支撑，顶部随时可能出现。在观察到这样的情况后，投资者就要寻找合适的位置尽快离场。

9月初，股价创新高后迅速下跌，5日均线和10日均线形成一个死叉，30日均线也逐渐走平。那么此处就可作为投资者的卖出位置，先将已有收益收入囊中。

下面再来看后续的走势。

图5-16为晶盛机电2021年9月到2022年4月的K线图。

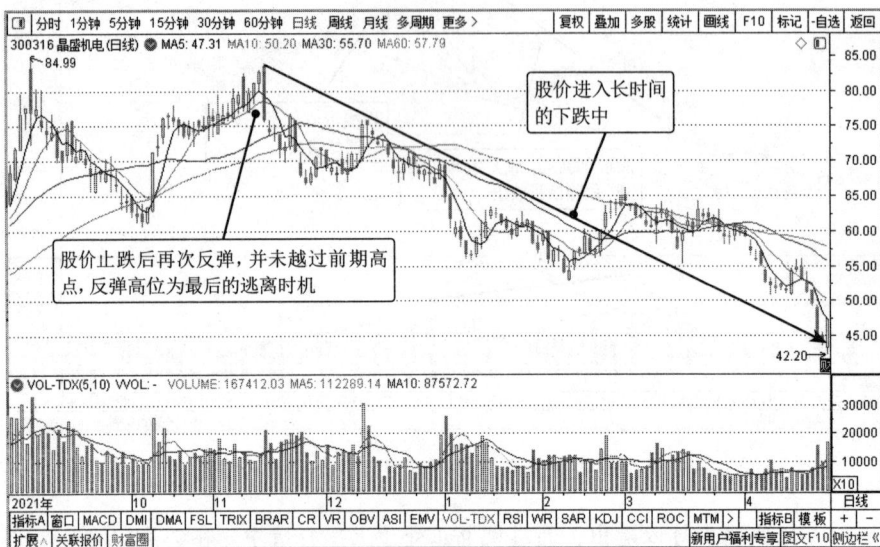

图5-16 晶盛机电2021年9月到2022年4月的K线图

从后续的走势可以看到，晶盛机电在创出84.99元的新高后快速下跌了一段时间，于10月中旬开始了一波幅度较大的反弹，但失去成交量支撑的情况下涨势难以延续，最终还是未能越过前期高点。

　　股价在反弹结束后就进入了长时间的下跌，反弹的高点成为投资者最后的离场时机。若投资者存在侥幸心理惜售筹码，那么将在后续的下跌中遭受较大损失。

5.2.6　缩量下跌保持观望

　　股价在下跌的过程中，成交量相对于前几日明显缩小，这就形成了一种缩量下跌的情况。

　　图 5-17 为股价出现缩量下跌的情况。

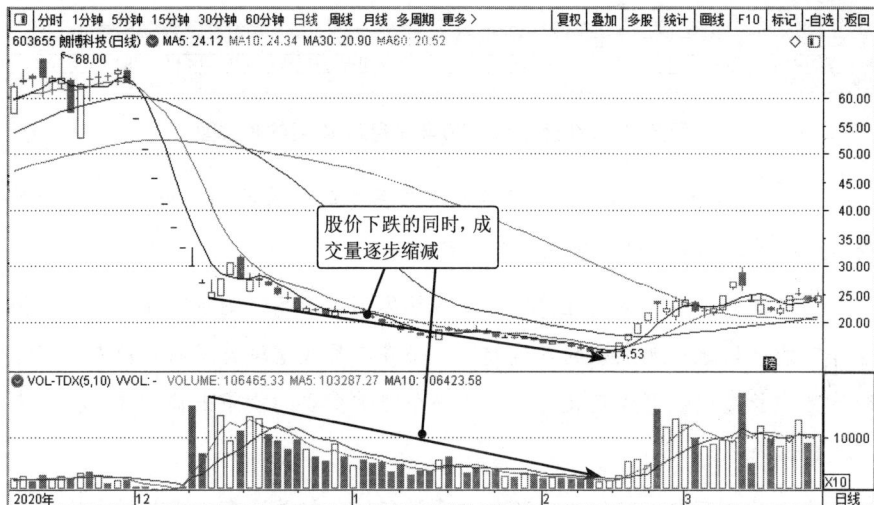

图 5-17　股价出现缩量下跌的情况

　　缩量下跌是一种非常常见的形态，它并不会有太强的市场走向指示，投资者宜采取观望态度，或结合其他指标决定是否买卖。

　　下面来看一个具体的案例。

实例分析　⇒

红旗连锁（002697）下跌途中缩量下跌分析

　　图 5-18 为红旗连锁 2020 年 7 月到 12 月的 K 线图。

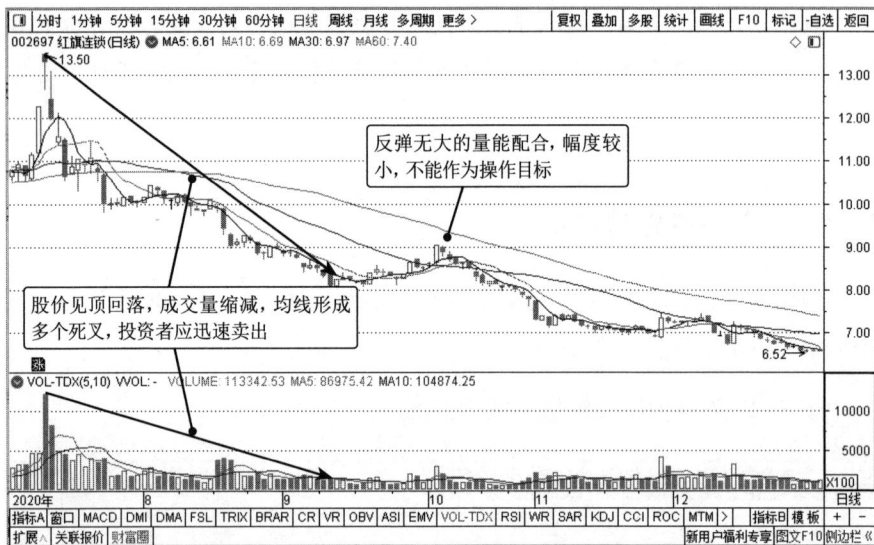

图 5-18　红旗连锁 2020 年 7 月到 12 月的 K 线图

从 K 线图中可以看出，红旗连锁在 7 月中旬股价冲高创出 13.50 元的最高价后见顶，很快便进入快速下跌之中。

与此同时，成交量也在持续缩减，整体形成了高位缩量下跌的行情，但这并不能很好地预测未来的发展趋势。而在 7 月底这段时间内，短期均线纷纷下穿中长期均线形成死叉，这就是一个非常重要的熊市来临信号，投资者宜减仓出局。

在 9 月中下旬，股价出现了一波反弹行情，但并没有成交量的大幅放量配合，股价仅从 8.00 元上涨至 9.00 元后就消耗掉了上冲的动能。随后，该股进入了长时间的缓慢下跌走势，一直稳定的成交量也造成了一直稳定的下跌行情，场外投资者最好不要介入。

5.2.7　堆量上涨含义解释

成交量在某一时间段明显大于其他时候，呈现出密集的放大形态，如果此时股价处于上涨行情中，则形成堆量上涨行情，如图 5-19 所示。

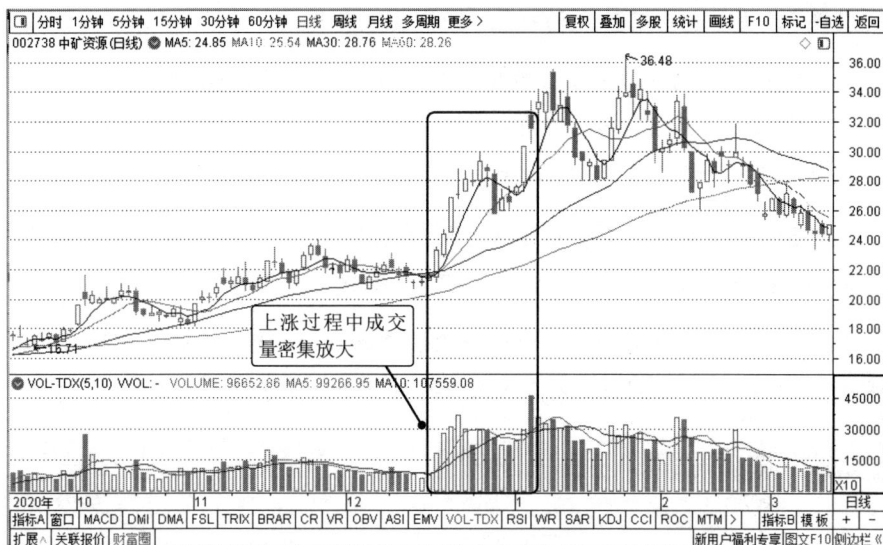

图 5-19　股价出现堆量上涨的情况

堆量的出现显示出股票成交非常活跃，出现这种情况，一般行情都会有较大的变化，操作时可把握以下要点。

◆ 堆量上涨出现在股价的高位区，通常是主力出货的体现，投资者宜空仓出局。

◆ 堆量上涨出现在股价的低位区，主力建仓的概率较大，投资者宜买入做多。

◆ 堆量上涨出现在整理行情中或股价刚启动上涨的时候，后市看涨的概率较大，且堆量过程中阳线明显比阴线多时，可作为建仓信号。

下面来看一个具体的案例。

实例分析 ⇒

海德股份（000567）低位堆量上涨分析

图 5-20 为海德股份 2021 年 1 月到 7 月的 K 线图。

从 K 线图中可以看出，海德股份正处于上涨行情中。从均线的状态可以发现，在前期股价经历了一波长时间的下跌，中长周期均线均保持下行，股价最终于2月初创出7.80元的新低，随即止跌回升。

当股价回升到9.00元价位线附近后受阻，并整理了一段时间。4月初，成交量突然出现大幅放量，并在一段时间内密集放大，形成堆量上涨行情，在堆量过程中，股价连续收阳迅速上涨，是很好的底部建仓信号。

结合股价所处的历史位置可以发现，当前股价处在一个相对较低的位置，且是低位转涨的启动阶段，投资者是可以大胆建仓买入的。

随后，股价在4月中下旬经过一次快速的回调之后，开始了长达数月的平稳上涨，代表牛市到来，前期未入场的投资者此时可积极追涨。

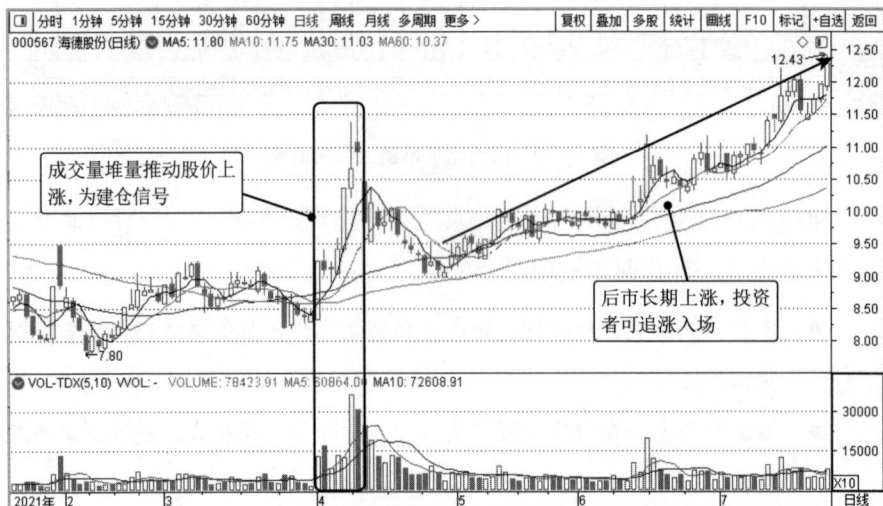

图5-20 海德股份2021年1月到7月的K线图

5.2.8 脉冲式放量操作策略

股价在运行过程中，突然出现某一日或连续几日的成交量突然异常放大，次日或后几日又回到正常状态，如果这样的状态形成循环，即会形成脉冲式放量，如图5-21所示。

脉冲式放量是一种毫无征兆的单日或连续几日的成交量异常的表现。一般情况下，出现脉冲式放量时股价都是上涨的，且成交量可放大到正常水平的四倍以上。

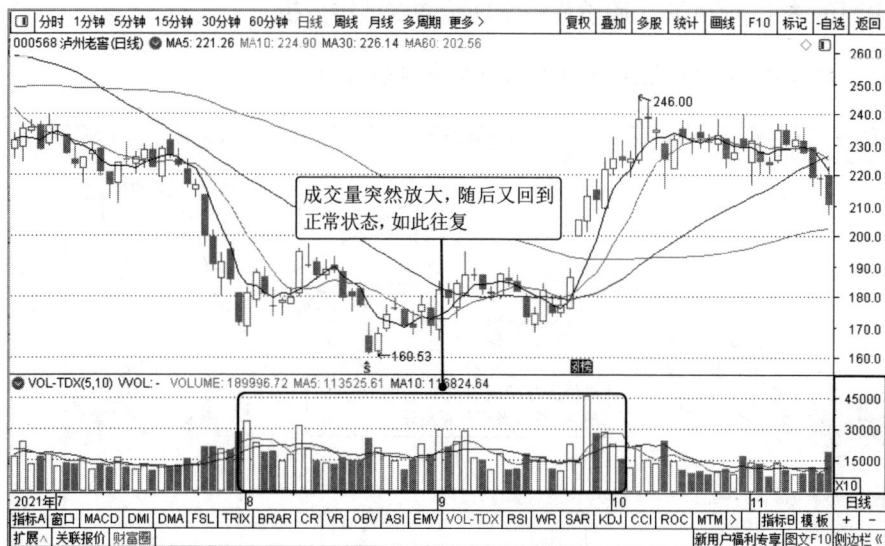

图 5-21 股价出现脉冲式放量的情况

脉冲式放量打击了市场交投的连续性，对于这种成交量的异动，多数是主力对倒导致的，它可以出现在股价发展的不同阶段，代表着不同的意义，具体如图 5-22 所示。

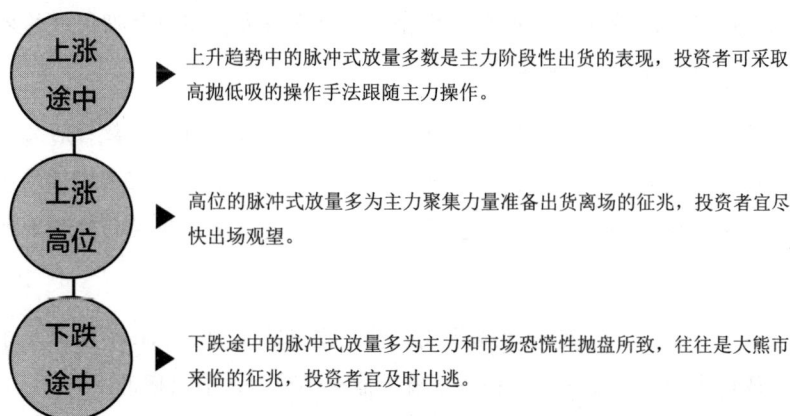

图 5-22 脉冲式放量出现在不同位置的操作策略

下面来看一个具体的案例。

实例分析 ⇒

中科创达（300496）股价高位出现脉冲式放量分析

图 5-23 为中科创达 2021 年 3 月到 9 月的 K 线图。

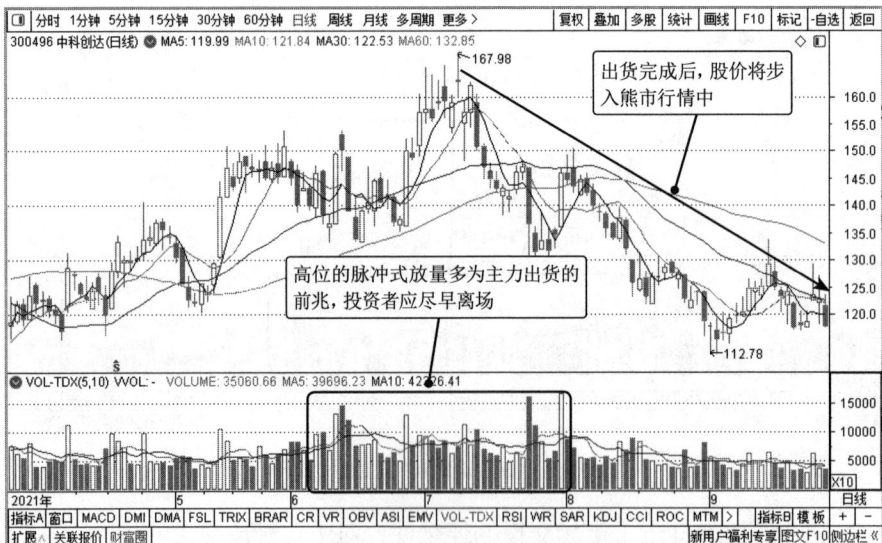

图 5-23　中科创达 2021 年 3 月到 9 月的 K 线图

从 K 线图中可以看出，中科创达正处于上涨行情的高位。在 6 月到 7 月期间，股价始终维持着上涨走势，尽管波动幅度较大，但中长期均线的方向是朝向上方的，涨势比较确定。

在此期间，成交量出现了数次单日或连续多日大量放量，数日后又迅速缩回的状态，说明主力可能已经在阶段性出货。7 月初，股价在长时间的上涨后来到了 167.98 元的位置，但很快便迅速下跌，成交量在下跌的过程中也出现了数次脉冲式放量。

在股价的高位出现连续的脉冲式放量，意味着主力可能在不断派发手中筹码，待到出货完毕离场后，行情很有可能会迅速转入长时间的下跌。

投资者应对此引起足够的重视，及时捕捉到这个卖出信号，趁着股价还在高位徘徊时，迅速抛出持仓，将收益兑现离场。

5.3　股价上涨时成交量的变化

一般来说,当股价上涨时,成交量应该有相应的放量支撑,以保持涨势的稳定和持续。但在有些时候,成交量与股价之间并不完全是配合的关系,它可能出现走平甚至是缩减,不过这并不意味着传递的信息都是消极的,其含义需要结合股价的位置具体分析。

5.3.1　价量同增如何分析

价量同增是指股价在上涨的时候,对应的成交量也与之同步上涨,与放量上涨有很多相似的地方,如图 5-24 所示。

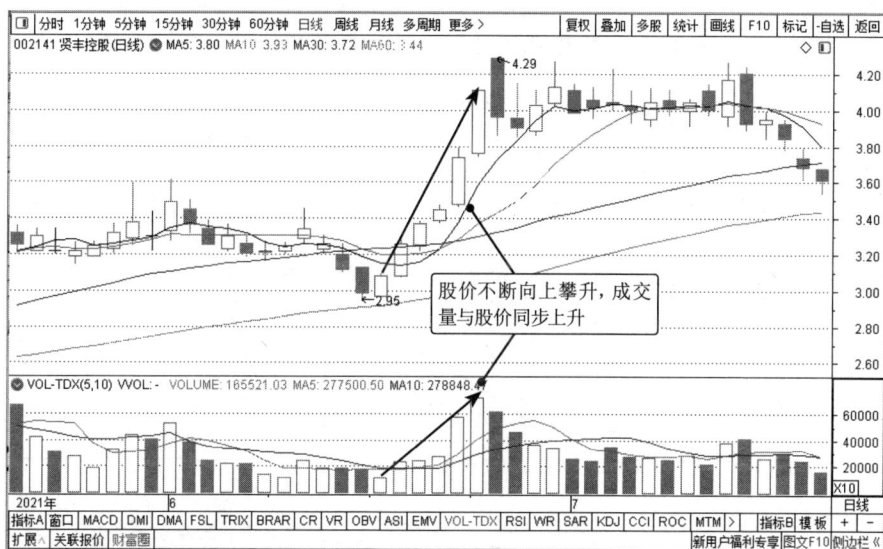

图 5-24　股价出现价量同增的情况

价量同增是市场看好、活跃的一种体现,这说明在某一时期内,大多数人对市场表示看好,参与的人越来越多,筹码供不应求,导致股价一路上涨。但也需要看该行情具体出现的位置,使用时可把握如图 5-25 所示的操作要点。

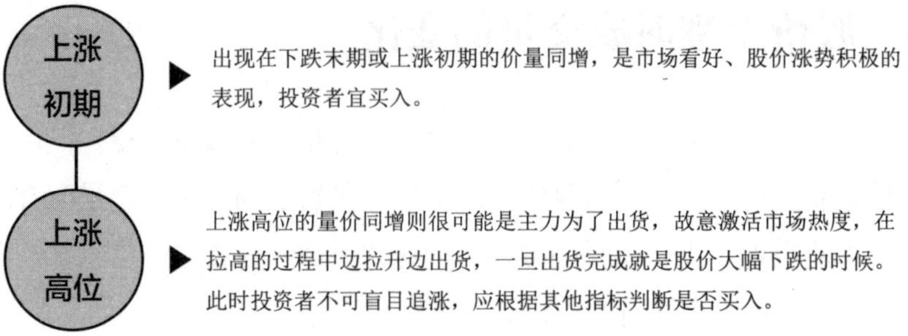
上涨
初期
出现在下跌末期或上涨初期的价量同增，是市场看好、股价涨势积极的表现，投资者宜买入。
上涨
高位
上涨高位的量价同增则很可能是主力为了出货，故意激活市场热度，在拉高的过程中边拉升边出货，一旦出货完成就是股价大幅下跌的时候。此时投资者不可盲目追涨，应根据其他指标判断是否买入。

图 5-25　价量同增出现在不同位置的操作策略

下面来看一个具体的案例。

实例分析 ⇨

新莱应材（300260）上涨途中价量同增分析

图 5-26 为新莱应材 2021 年 1 月到 9 月的 K 线图。

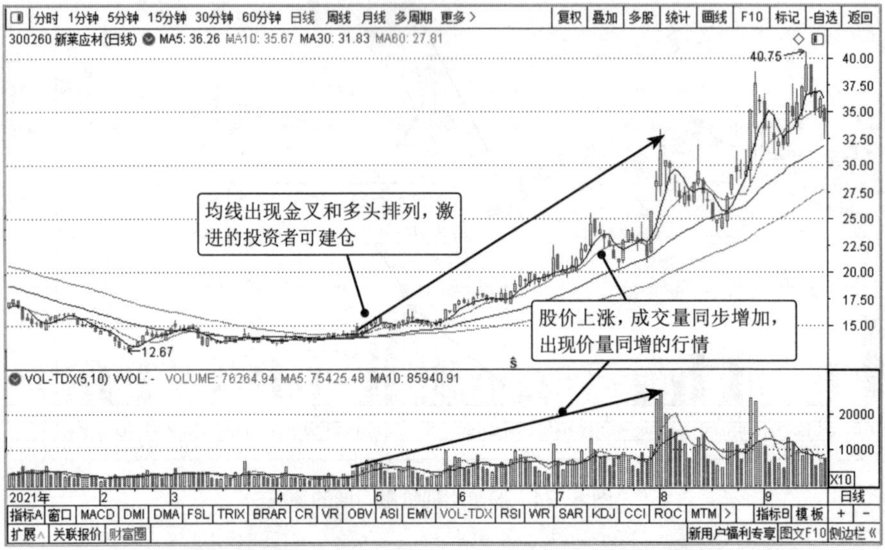
300260 新莱应材(日线) MA5: 36.26 MA10: 35.67 MA30: 31.83 MA60: 27.81
40.75
12.67
均线出现金叉和多头排列，激进的投资者可建仓
股价上涨，成交量同步增加，出现价量同增的行情
VOL-TDX(5,10) VVOL: - VOLUME: 76264.94 MA5: 75425.48 MA10: 85940.91

图 5-26　新莱应材 2021 年 1 月到 9 月的 K 线图

从K线图中可以看出，新莱应材正处于上涨行情中。从均线的状态可以发现，股价在 1 月到 2 月期间还在持续下跌，直到 2 月中旬左右股价创出

12.67 元的新低后止跌，并开始回升。

经过一段时间的整理，4 月底的时候，短期均线向上穿过中期均线形成金叉，并在后续形成了稳定的多头排列，发出了看涨买入信号。随后股价不断上涨，成交量也逐渐放大，形成价量同增的行情。

而此时股价所处的位置是大幅回调后的再次启动阶段，因此买入信号较为可靠，激进的投资者可在此积极建仓。

随后股价一路向上，在 7 月中下旬进行了一轮小幅的回调，但很快在 30 日均线上受到支撑，没有改变整个向上行情的趋势，后续涨幅相当可喜，谨慎的投资者在此期间可跟随追涨。

5.3.2　价增量平的不同含义

价增量平是指股价在上涨的过程中，成交量没有与之配合上涨，而是处于一个水平发展的状态，如图 5-27 所示。

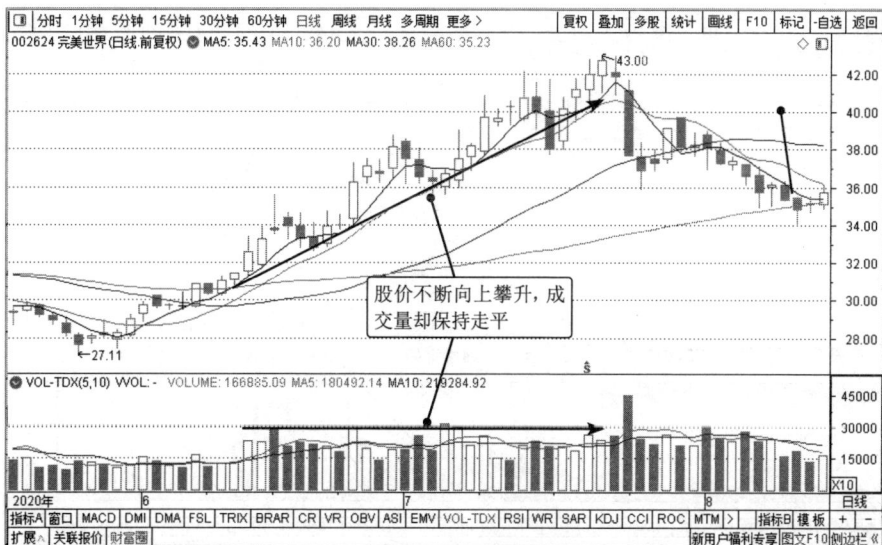

图 5-27　股价出现价增量平的情况

价增量平行情显示出市场惜售的心态，股价不断攀高，但持股者惜售，且场外投资者多采取观望态度，致使成交量始终不能放大，股价上涨幅度也不能明显拉起来。遇到这种情况，投资者可按如下方法操作。

- 如果价增量平出现在股价的低位区，但持续的时间并不长，很可能只是昙花一现，投资者不宜盲目跟进，以保持观望态度为宜。

- 如果价增量平出现在上涨初期或上涨途中，说明主力控盘程度极高，场外资金对成交量影响不大，股价后期上涨的可能性很高，投资者可以选择适当时机跟进。

- 如果价增量平出现时是涨停板，则说明市场中惜售情绪很重，短期还有继续攀高的可能，投资者可短线买入。

下面来看一个具体的案例。

实例分析 ⇒

江特电机（002176）上涨初期价增量平分析

图5-28为江特电机2020年9月到2021年3月的K线图。

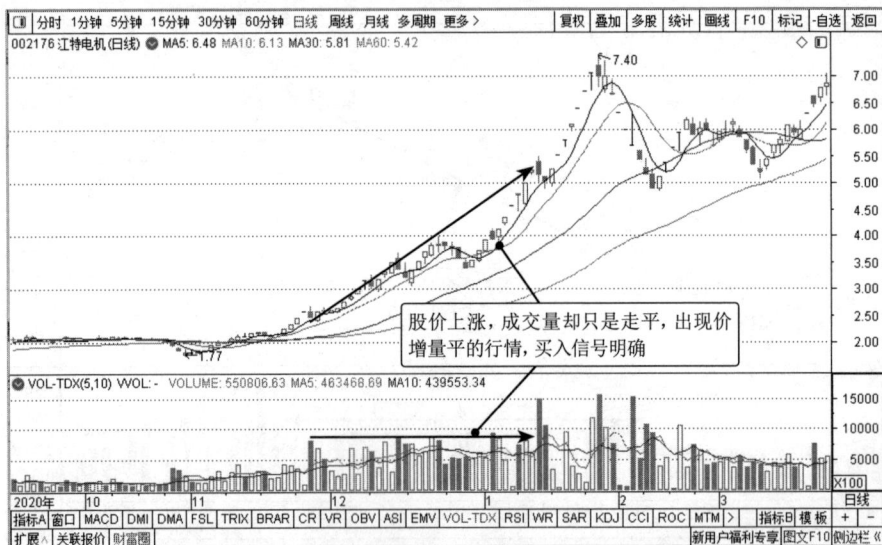

图5-28　江特电机2020年9月到2021年3月的K线图

从 K 线图中可以看出，江特电机正处于上涨行情的初期。在 2020 年 9 月到 10 月期间，股价还在相对低位横向盘整，直到 11 月初时，成交量开始逐步放大，带动股价进入上涨。

到 11 月底时，成交量能再次放大，股价涨速加快，均线向上散开呈多头排列状态，股价涨势积极。

但此时研究成交量可以发现，当 K 线快速上涨时，成交量并没有随着股价的上涨而放大，反而保持在一个相对平稳的水平持续向前。这就与股价形成了价增量平的行情，而此时股价正处于上涨的初期，为绝佳买入信号。

从后续的走势也可以看到，股价在价增量平行情出现后，开始了一波非常不错的上涨走势，上涨速度非常快，并且接连收出涨停，前期入场的投资者收益巨大。

5.3.3 价增量减操盘方法

价增量减是指股价在上涨的过程中，成交量却在不断缩小，与股价的发展形成背离的形态，如图 5-29 所示。

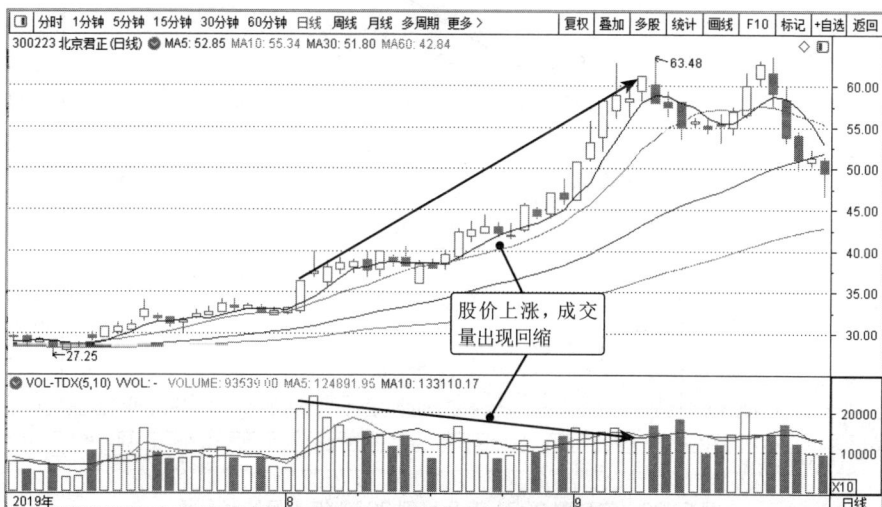

图 5-29 股价出现价增量减的情况

价增量减现象很多时候都出现在反弹行情中，表明场外资金多为观望而场内成交低迷。价增量减通常是行情不被看好的表现，但也需要根据实际的 K 线走势进行分析。

◆ 如果价增量减是因为涨停板所致，表示多方意愿非常强烈，且已持股者非常惜售，场外资金无法进入，短期必有上涨。

◆ 如果价增量减出现在普通行情中，则表示股价上涨乏力，投资者不宜盲目跟进，采取观望态度为佳。

◆ 如果价增量减出现在相对高位，表示很多人已意识到超买现象，高位无人追涨，行情续涨无力，很可能出现反转。

下面来看一个具体的案例。

实例分析 ⇒

安科瑞（300286）行情高位价增量减分析

图 5-30 为安科瑞 2021 年 8 月到 2022 年 4 月的 K 线图。

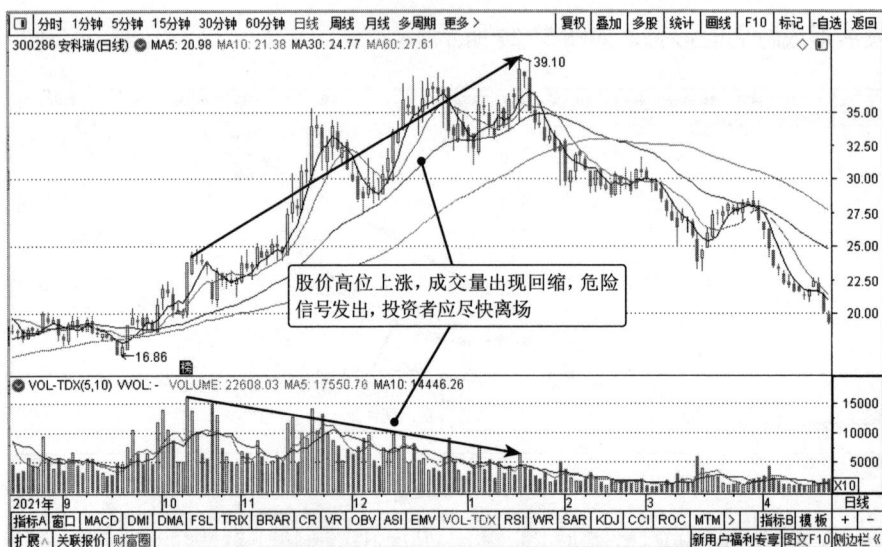

图 5-30　安科瑞 2021 年 8 月到 2022 年 4 月的 K 线图

从 K 线图中可以看出，安科瑞正处于上涨行情的高位。在 2021 年 10 月到 2022 年 1 月中旬期间，股价的涨势都非常积极，并且越到后期，速度越快。但反观成交量可以发现，在股价上涨的过程中，成交量出现了一定程度的缩减。

11 月中下旬，股价阶段见顶进入回调之中，虽然很快便再次开始上涨，但涨速减缓不少，成交量缩减的幅度也更明显了，与股价形成了价增量减的状态。

在行情的高位出现这样的走势基本可以判断，主力在前期放量拉升的过程中已经大量出货，后期的高位缩量整理就是在彻底清仓，后市将迎来一波下跌行情，投资者需要尽快抛盘离场。

5.4　股价下跌时成交量的变动

当股价下跌时，成交量也会出现相应的变动，通常情况下成交量都会相应回缩，代表市场情绪转淡，买卖盘不积极，股价自然下跌。

但在有些时候，股价也会受到成交量能的放大压低，即卖盘出现大单导致股价下跌，这样的情况出现在场内又代表着什么呢？下面就来逐一进行了解。

5.4.1　量增价减如何买卖

量增价减与放量下跌有相似之处，股价在下跌的时候，成交量不断放大的情况，如图 5-31 所示。

量增价减现象多出现在股价下跌的初期，说明有些投资者依旧认可价格在后市的发展，所以在下跌的过程中建仓买入，表现出买卖双方分歧加大。投资者遇到量增价减的情况，可按以下方法操作。

- ◆　如果量增价减出现在股价上涨的高位区，很可能是主力出逃所致，后市下跌的可能性大，散户应提前清仓出局。

◆ 如果在长时间的缓慢下跌后突然出现量增价减情况，可能是低位主力入场所致，由于空方力量过强，主力不会立即拉升，短线继续看跌或盘整，散户应以观望为主。

◆ 如果长期缓慢下跌之后，成交量有明显放大，但价格仍然在缓慢下跌，此时多为低位筑底行情，散户可择机买入。

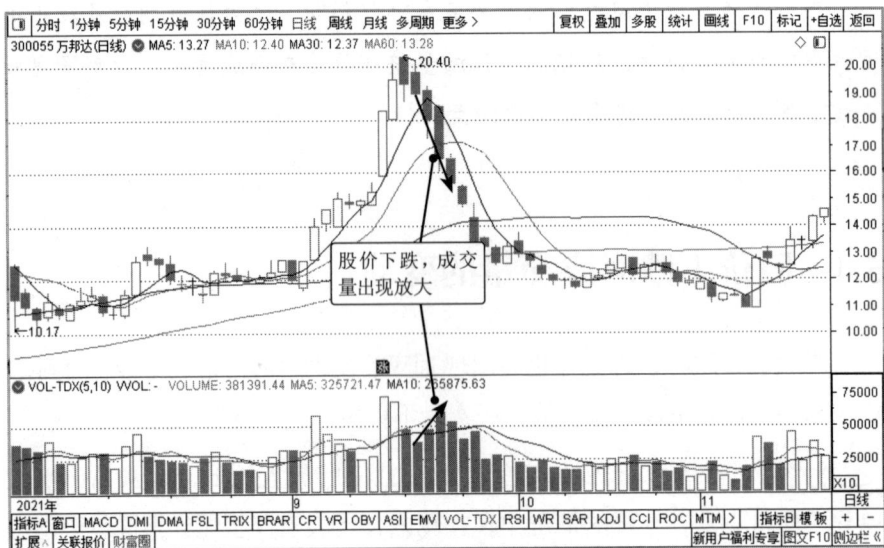

图 5-31 股价出现量增价减的情况

下面来看一个具体的案例。

实例分析 ⇒

艾华集团（603989）行情低位量增价减分析

图 5-32 为艾华集团 2019 年 9 月到 2020 年 1 月的 K 线图。

从 K 线图中可以看出，艾华集团正处于行情的相对低位。在 2019 年 9 月到 11 月中旬期间，股价还在持续下跌。

成交量前期是在随之缩减，但到了 10 月中旬之后，成交量就已经见底并开始放大了，与股价形成了量增价减的背离行情。

　　11 月中旬，股价在加速探底，创出 17.26 元新低后回升。成交量呈阶段性放量将股价上推一段距离后，开始逐渐回缩，又与股价形成了价涨量减的行情。在股价低位连续出现两种量价的背离走势，传递出明确的买入信号，投资者可以迅速入场。

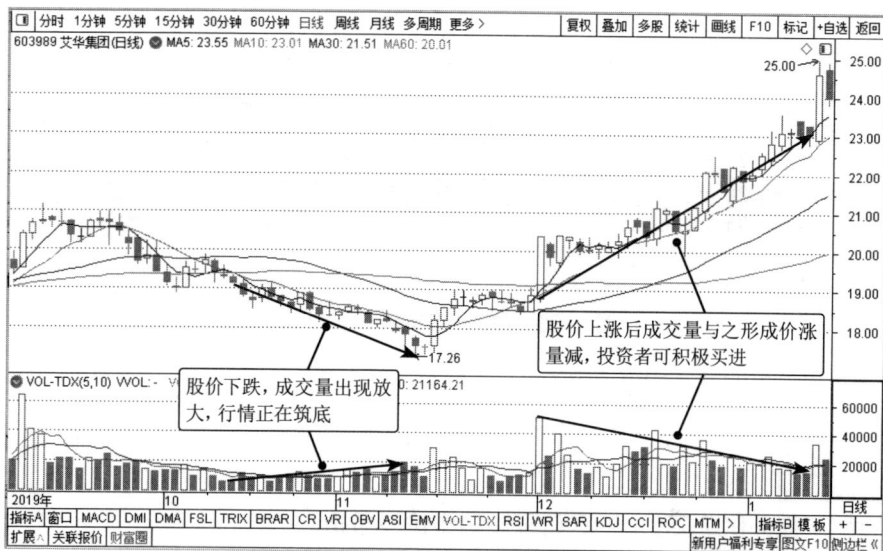

图 5-32　艾华集团 2019 年 9 月到 2020 年 1 月的 K 线图

5.4.2　量平价减后市看跌

　　量平价减是指股价在运行过程中不断创出新低，但与之对应的成交量却并没有缩量或增量，而是保持在一个稳定的水平。

　　量平价减通常出现在股价下跌开始或下跌中途，稳定的成交量显示出对后市看空的投资者与看好的投资者差距不大，但不断下跌的股价则代表了市场的意愿还是偏向于空方，属于一种看跌形态。

　　图 5-33 为股价出现量平价减的情况。

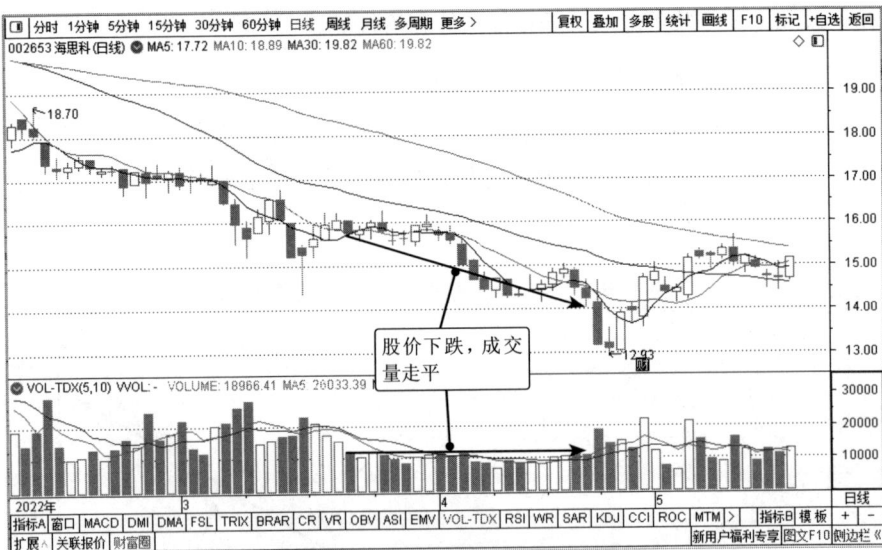

图 5-33　股价出现量平价减的情况

下面来看一个具体的案例。

实例分析 ⇒

金时科技（002951）下跌过程中量平价减分析

图 5-34 为金时科技 2020 年 9 月到 2021 年 3 月的 K 线图。

从 K 线图中可以看出，金时科技正处于持续的下跌行情中。在 2020 年 9 月底，股价出现反弹，但在创出 16.30 元的阶段新高后，很快便被长期均线压制向下，回到下跌轨道。

在这段下跌走势中，投资者可以看出股价出现了数次较为明显的反弹，但空方压制力太强，股价反弹的力度都不大。而在这几次反弹的过程中，股价都处于缓慢下跌之中。

研究这段时间的成交量可以发现，有三次股价下跌的过程中，成交量都保持在一个稳定的水平位置发展，连续形成了三次量平价减的行情。

结合股价的位置可以判断出这是非常明确的熊市看跌信号，投资者应以清仓出局、观望为主。

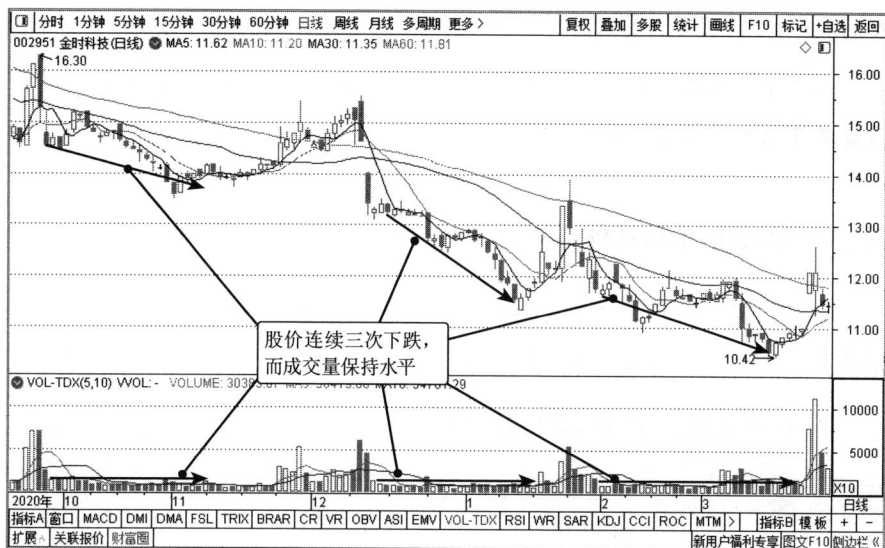

图 5-34　金时科技 2020 年 9 月到 2021 年 3 月的 K 线图

图 5-35 为金时科技 2021 年 2 月到 8 月的 K 线图。

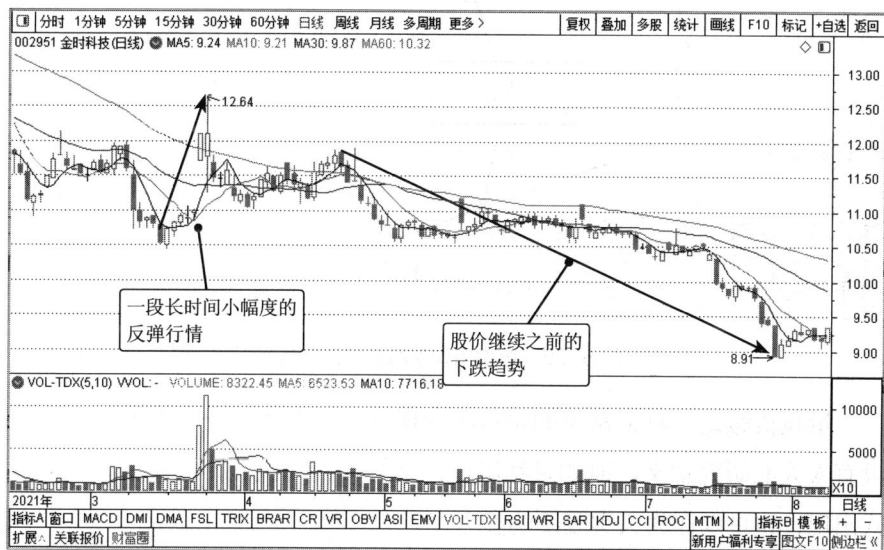

图 5-35　金时科技 2021 年 2 月到 8 月的 K 线图

从后续的走势可以看出，在连续三次的量平价减后，股价迎来一波小幅度的反弹行情，但反弹持续时间太短，不能改变整个下跌趋势。

三次量平价减为后市的长期下跌奠定了基础，股价的下跌空间难以探明，投资者在此期间不宜参与。

5.4.3 量减价减的具体分析

量减价减指股价在不断下跌的过程中，成交量也随之缩小，属于一种量价同步的现象，与缩量下跌相似。

图 5-36 为股价出现量减价减的情况。

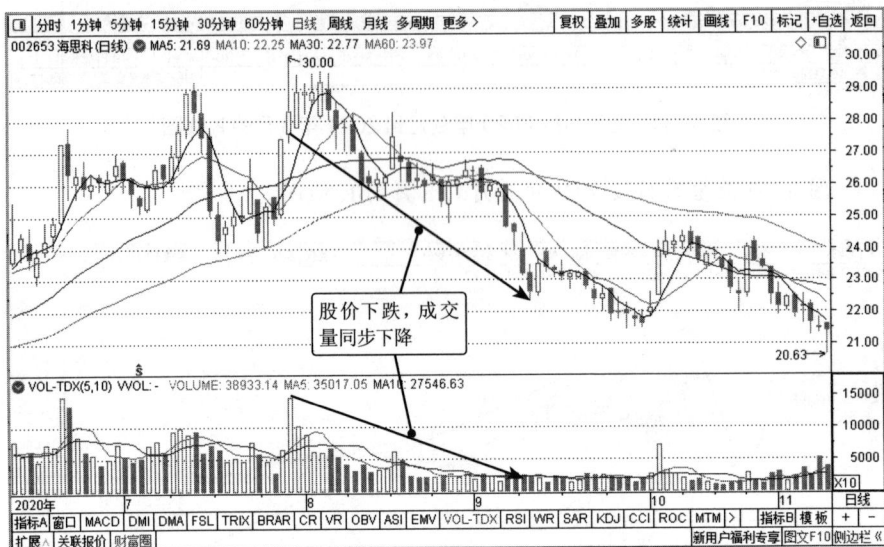

图 5-36 股价出现量减价减的情况

量减价减是一种很常见的量价配合现象，大多数情况下对股价的发展没有太大的研究意义，但如果其出现在某些特定的位置，或以某种特殊形式出现，也可以作为买卖股票的参考。

图 5-37 为股价出现量减价减的操作策略。

图 5-37　股价出现量减价减的操作策略

下面来看一个具体的案例。

实例分析 ⇒

金健米业（600127）上涨过程中量减价减分析

图 5-38 为金健米业 2019 年 12 月到 2020 年 5 月的 K 线图。

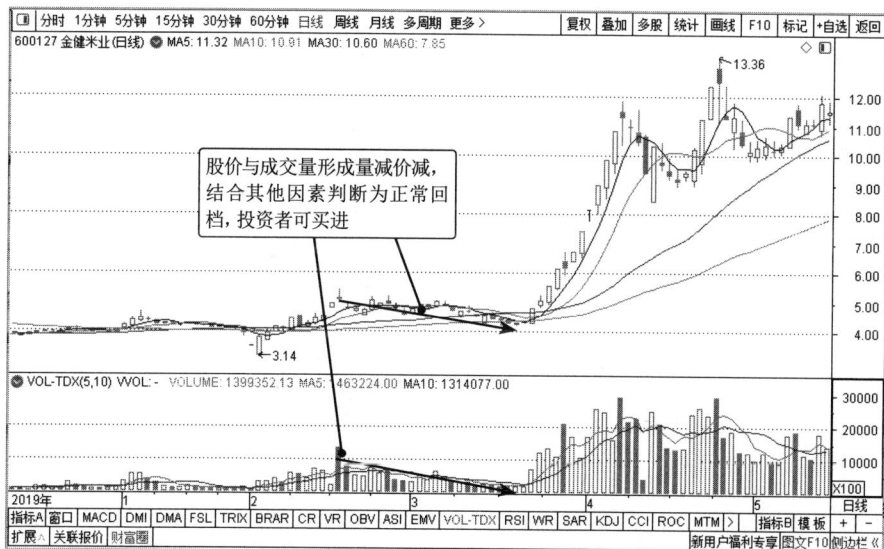

图 5-38　金健米业 2019 年 12 月到 2020 年 5 月的 K 线图

从 K 线图中可以看出，金健米业正处于上涨行情中。在 2019 年 12 月到 2020 年 1 月期间，股价还在横向整理，直到 2 月初，成交量逐步放量，很快便推动股价上涨至 5.50 元附近。

但在阶段见顶后，股价开始以缓慢的速度回落，成交量也在迅速缩减，二者呈现量减价减的状态。结合股价此时的位置以及均线的状态来看，投资者基本上可以判定此时的量减价减属于一个正常的回档行为，股价启动在即，投资者可以伺机买入。

后续的走势也可以印证投资者的判断，在 3 月中下旬时，股价跌至 60 日均线附近受到支撑，开始了快速的回升，成交量急剧放大，股价涨速不断加快，为投资者带来了丰厚的收益。

第6章

K线与其他技术指标的配合

针对K线形成的技术分析方法非常多，除了对K线本身的分析之外，最常用到的就是K线结合技术指标的分析。

6.1 常用的均线指标如何研判走势

移动平均线（Moving Average）简称 MA 或均线，是用统计分析的方法，将一定时期内的股票价格加以平均，并把不同时间的平均值连接起来，形成一条曲线，用于观察股票价格变动趋势的一种技术指标。

一般来说，大多数投资者最常用的是 5 日均线、10 日均线、30 日均线（或 20 日均线）和 60 日均线，分别对应每段时间内的平均值连线。均线的波动幅度和反应速度也会因为天数的增加而逐渐变缓，也就是说，周期越长的均线滞后性越强。

图 6-1 为 K 线图中的移动平均线。

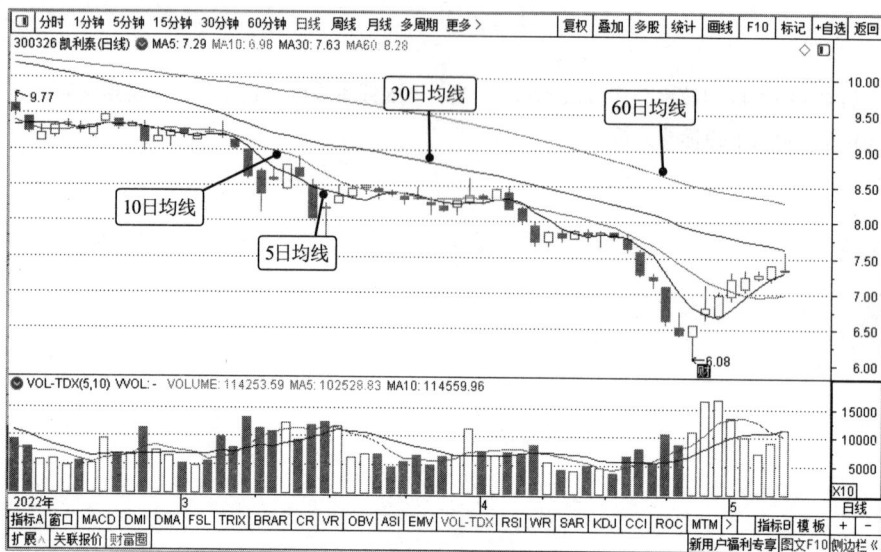

图 6-1 K 线图中的移动平均线

作为趋势指标，均线是叠加在 K 线走势上的主图指标，以便投资者观察 K 线与均线之间的位置关系，以此对后市的走向以及适宜的买卖点进行判断。

由多条均线结合而成的均线组合，往往会产生各种不同的形态，其中的一些就具有较高的分析价值，下面来逐一进行介绍。

6.1.1　金银山谷形态看多

金银山谷是由位置不同，但技术形态几乎一致的两个山谷构成的，即银山谷和金山谷。

银山谷通常出现在上涨初期，由三根不同周期的均线组成。短期均线由下向上穿过中期和长期均线，中期均线由下向上穿过长期均线，形成一个尖头向上的不规则的三角形，这个三角形就称为"银山谷"。

金山谷出现银山谷之后，股价上涨一段时间回落下来，然后再次上涨，再次出现短期均线由下向上穿过中期和长期均线，中期均线由下向上穿过长期均线，再次形成一个向上的不规则的"三角形"，在银山谷后面出现的第二个山谷，就叫作金山谷。

图 6-2 为金（银）山谷示意图。

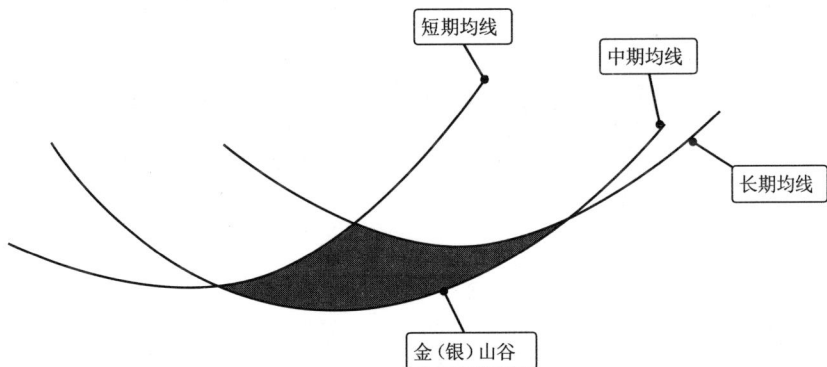

图 6-2　金（银）山谷示意图

金山谷和银山谷构成方式相同，金山谷可处于银山谷相近的位置，也可高于银山谷。但高于银山谷的金山谷传递的信号强度更强，形态更可靠，具体操作策略如图 6-3 所示。

银山谷操作策略 ▶ 形成银山谷表明多方市场已经聚集了一定的上攻能量，后市看涨，发出买入信号的均线一般由5日均线、10日均线和30日均线组成。银山谷形成时，更长周期的均线有可能还没走平，如60日均线，因此该形态并不是稳健的买入点，只适合短线投资者使用，快进快出。同时还要注意成交量是否逐渐放大，呈现量增价升的结构最佳。

金山谷操作策略 ▶ 与银山谷相比，金山谷是对银山谷做多信号的确认。一般金山谷出现的位置会高于银山谷，金山谷离银山谷的距离越远，位置越高（说明长期均线也拐头向上），则上涨信号越准确，上升潜力越大。

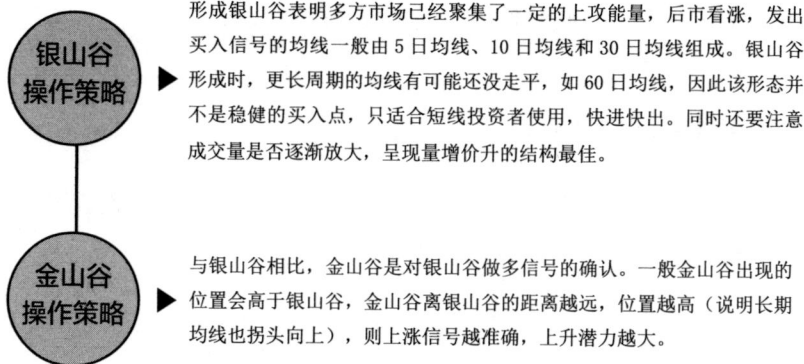

图6-3　金银山谷出现在不同位置的操作策略

下面来看一个具体的案例。

实例分析 ⇒

康盛股份（002418）均线金银山谷看多

图6-4为康盛股份2021年1月到7月的K线图。

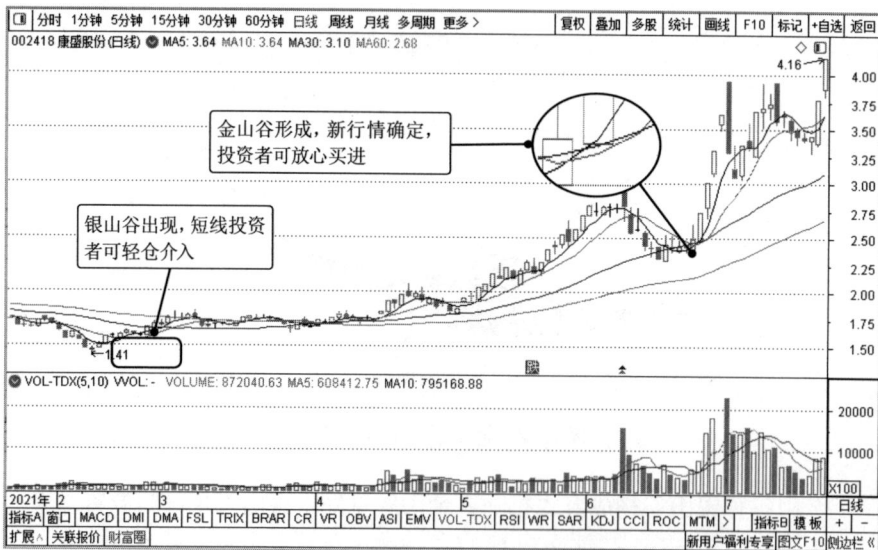

图6-4　康盛股份2021年1月到7月的K线图

从K线图中可以看出，康盛股份正处于上涨行情的初期。从均线的状态可以发现，在1月到2月初期间，两条较长周期的均线依旧在向下运行，说明股价仍处于下跌状态。

直到2月中上旬，股价创出1.41元的新低后开始回升，迅速带动最敏感的5日均线转向，并先后上穿10日均线和30日均线。10日均线在后续也很快上穿30日均线，形成了银山谷形态。

对于短线投资者来说，这里便可适当轻仓介入（由于30日均线刚趋向走平还没有拐头迹象，因此只能轻仓参与，并且一旦5日均线和10日均线出现向下拐头的迹象就应立即卖出）。

之后股价继续小幅震荡走高，均线都完成了向上的转向，并展示出发散形态。6月中上旬，股价出现小幅回落，5日均线和10日均线在6月中下旬左右接连下穿30日均线。此处30日均线虽然有走平的趋势，但更长周期的60日均线走势稳定，因此不一定会转为下跌，投资者可静待观察。

股价并未大幅回落，很快重拾升势，5日均线在6月中下旬再次先后上穿10日均线和30日均线，10日均线也很快上穿30日均线，形成了一个金山谷形态。此金山谷高于银山谷较多，相距也较远，可靠性大增，投资者应买入该股。

买入后该股出现了快速的上涨行情，跳空K线接连出现，成交量也有相应的量能放大，进一步确定了买入信号的可靠性。

6.1.2　死亡谷形态看空

死亡谷的技术形态和出现位置与金银山谷相反，通常出现在大幅上涨后的下跌初期。短期均线下穿中期和长期均线，中期均线下穿长期均线，从而形成了一个尖头朝下的不规则三角形，这个三角形就称为"死亡谷"，如图6-5所示。

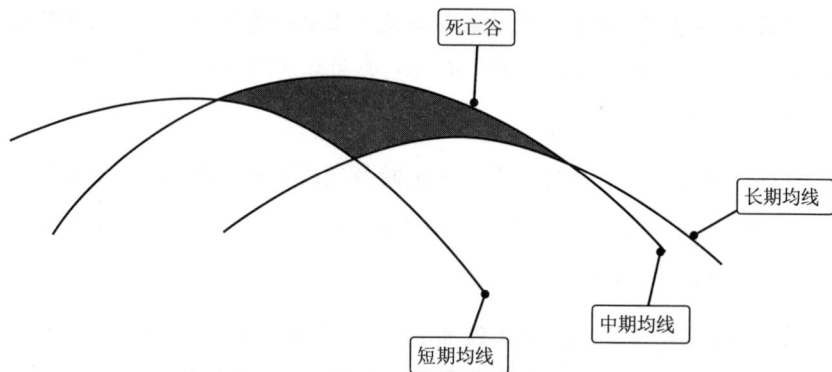

图 6-5 死亡谷示意图

死亡谷是典型的卖出信号,它的出现表明空方积聚了相当大的杀跌能量。在股价经过较大涨幅的情况下出现死亡谷形态后,下跌的幅度一般在20%以上。因此,投资者遇见死亡谷应赶快出逃,走为上策。

死亡谷的均线组合有 5 日均线、10 日均线和 20 日均线;10 日均线、20 日均线和 30 日均线;20 日均线、30 日均线和 60 日均线等,均线周期越长的组合形成"死亡谷",意味着调整的天数越长,跌幅越大。

投资者可根据自身的投资周期和策略来选择均线组合,本节将选取较为常用的 5 日均线、10 日均线和 20 日均线组合,对死亡谷形态的操作进行解析。

下面来看一个具体的案例。

实例分析 ⇒
麦捷科技(300319)均线死亡谷看跌

图 6-6 为麦捷科技 2021 年 9 月到 2022 年 3 月的 K 线图。

从 K 线图中可以看出,麦捷科技正处于行情的高位。在 2021 年 9 月到11 月期间,股价还在震荡上涨,但成交量却呈脉冲式放量状态,意味着主力可能已经在出货,股价随时可能见顶。

11 月底,股价创出 18.18 元的新高后迅速回落,连续数日的收阴走势导致股价跌速较快。灵敏的 5 日均线迅速向下转向，接连跌穿 10 日均线和 20 日均线，12 月初，10 日均线也下穿了 20 日均线，3 条均线形成了死亡谷形态，预示着后市看跌。

在成交量出现脉冲式放量后，股价回落形成死亡谷，传递的卖出信号就非常强烈了。场内投资者此时应立即离场，保住已有收益；场外的投资者需要保持观望，不可贸然参与。

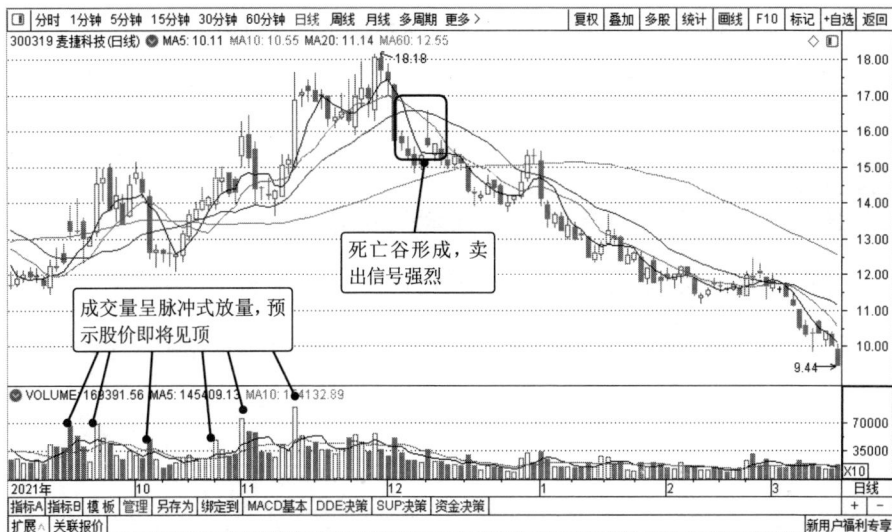

图 6-6　麦捷科技 2021 年 9 月到 2022 年 3 月的 K 线图

6.1.3　烘云托月形态可买进

烘云托月指的是股价沿着短期、中期均线震荡或缓慢震荡向右上方移动，长期均线在下方与短期、中期均线保持着一定的距离，犹如一个托盘始终向上托着中短期均线横向运行或缓慢震荡向上。

烘云托月是积极的看涨信号，表明主力实力雄厚，稳步推进股价，用缓慢推进的方式来消磨短线投资者的耐心，同时保持股价不回落过多，以免丢失筹码，稳中有进，因此后市看好。

投资者可在股价回踩 30 日均线时分批买进，待日后股价往上拉升时再加仓。如果周 K 线出现这种信号，日后股价上涨空间更大。

在实际行情中，标准的烘云托月形态并不多见，因为在上涨过程中，主力通常会通过不断的回调进行浮筹的整理，因此短、中期均线很难一直与长期均线保持均衡的距离。

但只要短、中期的均线大多数时候都保持在长期均线之上，股价偶尔回落至长期均线下方又立即收回，都可以看作是烘云托月形态。

下面来看一个具体的案例。

实例分析 ⇒
阳煤化工（600691）均线烘云托月形态可买进

图 6-7 为阳煤化工 2020 年 9 月到 2021 年 9 月的 K 线图。

图 6-7　阳煤化工 2020 年 9 月到 2021 年 9 月的 K 线图

从 K 线图中可以看出，阳煤化工正处于稳定的上涨行情中。在 2020 年 9 月到 10 月期间，股价还在缓慢下跌，均线呈下行状态。直到 10 月底，股价创出 1.88 元的阶段低位后开始回升。

股价的第一波上涨带动均线向上完成转势后，很快出现了回调走势，在 30 日均线上受到支撑再次回升，又很快回调。这样的走势循环往复，股价保持小幅震荡上扬，30 日均线和 60 日均线托着股价缓慢上行，形成了烘云托月形态，代表后市看好。

由于烘云托月形态属于中线持股信号，因此投资者可以在烘云托月形态出现之后，在股价回落至 30 日均线或 60 日均线附近受到支撑时，小仓位分批买入，持股待涨。

由于投资者不知道这一形态要持续多长时间，有时候横向盘整时间会很长，因此对于偏短线风格的投资者来说，这里适合小仓位买入。

之后股价在 2021 年 8 月初开始上涨速度明显加快，同时成交量也迅速放量。如果前期投资者已经进行了小仓位买入，那么此处就可以加仓。

6.1.4　乌云密布形态及时离场

乌云密布与烘云托月相反，股价沿着短期、中期均线震荡或者缓慢震荡向右下方移动，长期均线紧紧跟在上方压着短期与中期均线，像乌云压在头顶一样，使得股价逐步走低。

乌云密布是看跌信号，后市看空，表明主力资金已经撤退，任其阴跌。一般见到此形态，投资者应尽早退出，以免"温水煮青蛙"，在不知不觉中被套牢。若周 K 线出现这种信号，日后股价下跌空间会更大。

下面来看一个具体的案例。

实例分析　⇒
电魂网络（603258）均线乌云密布形态及时离场

图 6-8 为电魂网络 2020 年 6 月到 2021 年 1 月的 K 线图。

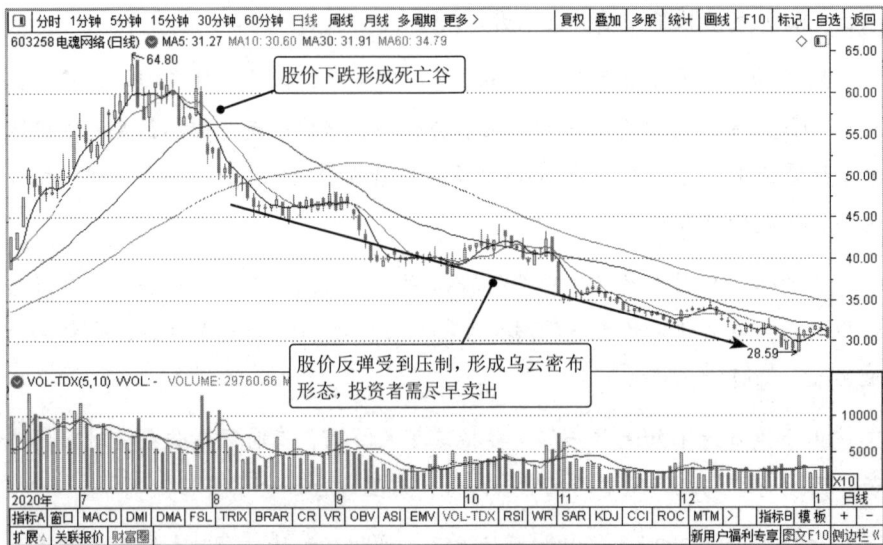

图6-8 电魂网络2020年6月到2021年1月的K线图

从K线图中可以看出，电魂网络正处于下跌行情的初期。在2020年6月到7月上旬期间，股价还在积极上涨，均线呈多头排列承托在股价下方。直到7月中旬，股价上冲至最高64.80元后回落，开启了下跌行情。

股价在高位徘徊了一段时间后，在7月底开始了快速的下跌。三条较短周期的均线形成死亡谷后，在后续纷纷下穿60日均线，最终在9月初，均线组合全部拐头向下，对股价形成了压制作用。

在下跌过程中，股价多次反弹，但始终未能突破中长周期均线的压制，形成了乌云密布形态，意味着后市将延续下跌走势，下跌空间难以探明，投资者最好及早离场。

6.1.5 蛟龙出海形态积极建仓

蛟龙出海指的是股价处于一段横盘整理行情中，均线组合反复来回缠绕聚合，处于均线下方的股价突然某天以一根大阳线的方式向上穿越均线组合（一般是5日均线、10日均线、30日均线和60日均线，周期相差过大的均线很难出现这种走势），如一条蛟龙冲破海面，破浪腾飞（有时候这样的形态也叫"出水芙蓉"）。

简单来讲，就是股价在经历一段时间的小阴线和小阳线交错的整理阶段之后，出现一根放量大阳线突破前期压制线。

当股票走出蛟龙出海形态，后市股价继续上攻将是大概率事件，股价上攻的高度与横盘整理时间的长短有很大关系。均线组合横向盘整时间越长，股价一旦穿越均线组合上攻，后市股价上涨的时间周期往往越长，上涨幅度往往也相对越大。

另外，穿越均线组合的那根 K 线涨幅越大，后市的爆发力度就越强，通常在 K 线突破时，成交量还会出现大幅放量。因此遇到该形态，投资者可以在当天追进，或者后期逢回落买进，不过很多时候股价会连续大涨几天才出现回落。

拓展贴士　*使用蛟龙出海形态时应注意长期趋势的方向*

蛟龙出海形态通常出现在上涨后的整理行情中，如果是长期下跌趋势中出现这样的形态，后市上攻的概率比较低。股价经过长时间的大幅下跌，再经过长期横盘整理后也有可能出现这种形态，这时上攻的有效性就会高很多，相当于筑底后反转。

下面来看一个具体的案例。

实例分析　⇒

数据港（603881）均线蛟龙出海形态积极建仓

图 6-9 为数据港 2020 年 2 月到 6 月的 K 线图。

从 K 线图中可以看出，数据港正处于上涨行情中。在 3 月到 4 月中旬期间，股价正在进行上涨过程中的横盘整理，整体波动幅度较小，均线组合由发散转为聚合。

在此期间，成交量大幅萎缩，5日均线、10日均线和30日均线逐渐黏合缠绕，60日均线靠近。由于此时长期均线依旧保持向上的走势，投资者可以判断后市上涨的概率比较大，但尚不知道整理时间会有多久，因此投资者还需耐心等待。

4月20日，股价低开后横盘震荡，在盘中被突然放大的成交量直拉涨停，尽管未能保持封板，但当日收盘涨幅依旧达8.82%，形成一根大阳线从下方逐一上穿均线组合。同时成交量比起盘整期大幅增加，符合蛟龙出海形态，投资者可以在当天收盘附近买入。

次日该股小幅低开（这时也是进场良机）后快速走高，最终以5.12%的涨幅收盘。如果稳健的投资者这两天没有介入，后面出现阴线和回踩5日均线时都是入场良机。

从后续的走势可以看到，该股之后一路快速上涨，期间有数次回调，但幅度都不大。截至6月时最高接近90.00元，相较于蛟龙出海当日的开盘价51.00元，涨幅达76%。

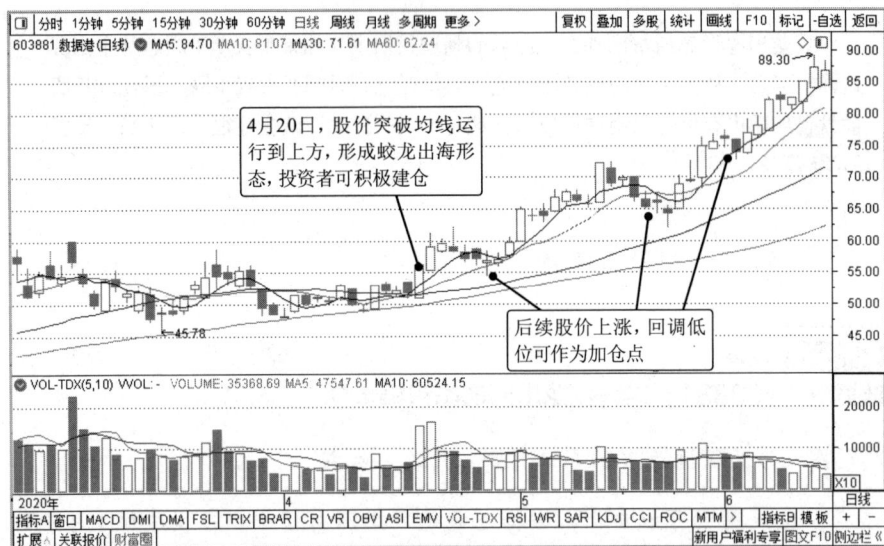

图6-9　数据港2020年2月到6月的K线图

6.1.6　断头铡刀形态迅速离场

断头铡刀与蛟龙出海形态相反，当股价经过一段时间的盘整或震荡后，导致均线组合呈现收敛状态，某天突然出现一根大阴线跌破均线组合，如同一把铡刀将均线切断。

断头铡刀通常是新一轮跌势的开始，若跌破当天是带有较大成交量的大阴线，则后市下跌的可能性会更大，因此投资者见到该形态一定要果断出局。

由于该形态的形成通常是突然爆发，下跌迅速，往往令人猝不及防，因此投资者在长期下跌趋势中，应尽量避免持有长期震荡不涨的股票。

断头铡刀通常出现于下跌途中的整理行情末期，有很多主力在整理末期还会佯拉股价诱多，然后突然砸出一根大阴线下穿均线组合。

断头铡刀形态也有可能出现在长时间大幅上涨后，股价完成震荡筑顶后突然下跌。

下面来看一个具体的案例。

实例分析 ⇒
三诺生物（300298）均线断头铡刀形态迅速抛售

图 6-10 为三诺生物 2021 年 1 月到 7 月的 K 线图。

从 K 线图中可以看出，三诺生物正处于下跌行情中。在 1 月期间，股价还在大幅上涨，形成了一次幅度较大的反弹，直到 2 月初，股价创出 47.87 元的阶段新高后，很快便进入了再次的下跌。

在 2 月到 3 月初这段时间内，股价在震荡中下跌，由于跌势并不连续，常出现横盘走势，均线组合也逐渐纠缠在一起。

股价在 36.00 元价位线附近横盘数日后，最终于 3 月 8 日高开低走，迅速下滑，最终以 9.29% 的跌幅收盘，几乎跌停，当日收出一根大阴线击穿了均线组合，形成断头铡刀形态。

　　断头铡刀出现在股价反弹后再次下跌的位置，是非常明确的卖出信号，它意味着后市即将回到下跌轨道，这一点从后市的走势也可以印证。还滞留在场内的投资者需忍痛出逃，场外投资者不可参与。

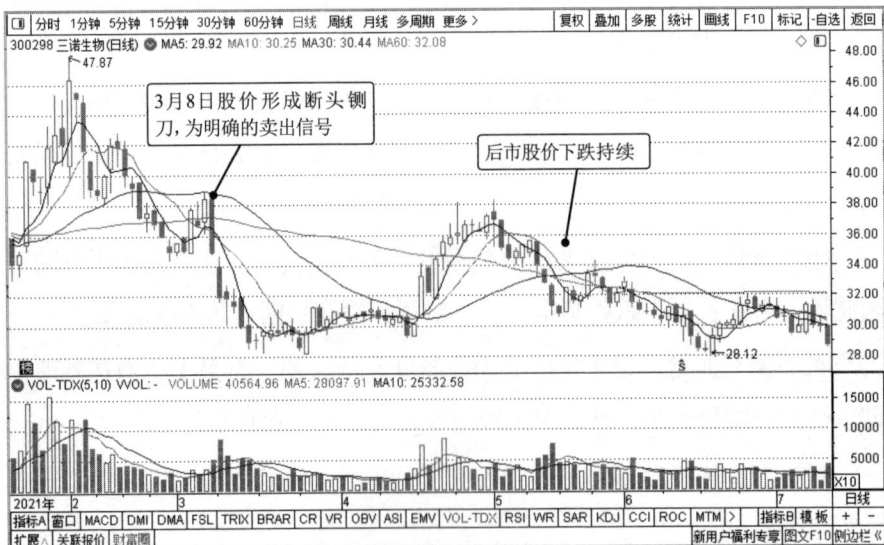

图 6-10　三诺生物 2021 年 1 月到 7 月的 K 线图

6.2　MACD 指标与 K 线走势的结合

　　MACD 指标全称为平滑异同移动平均线（Moving Average Convergence and Divergence），是利用收盘价的短期（常用为 12 日）指数移动平均线与长期（常用为 26 日）指数移动平均线之间的聚合与分离状况，对买进、卖出时机作出研判的技术指标。

　　MACD 指标由快速 DIF 线、慢速 DEA 线、0 轴和 MACD 柱线构成，其中，DIF 线、DEA 线和 MACD 柱线三者之间的交叉组合构成的多种形态，就可以释放出多种信号，为投资者提供决策依据。

　　DIF 线、DEA 线和 MACD 柱线各自的意义如下。

◆ **DIF 线**：是 12 日 EMA 和 26 日 EMA 的差值，12 日 EMA 是快速移动平均线，26 日 EMA 是慢速移动平均线。

◆ **DEA 线**：它是 DIF 线的 9 日平均线，也就是说，快速移动平均线减去慢速平均线得到的 DIF 在 9 个交易日的平均值构成的平滑曲线。

◆ **MACD 柱线**：DIF 线和 DEA 线的差值用柱线来表示，差值为正显示在 0 轴上方，用红柱线表示；差值为负显示在 0 轴下方，用绿柱线表示。

图 6-11 为 K 线图中的 MACD 指标。

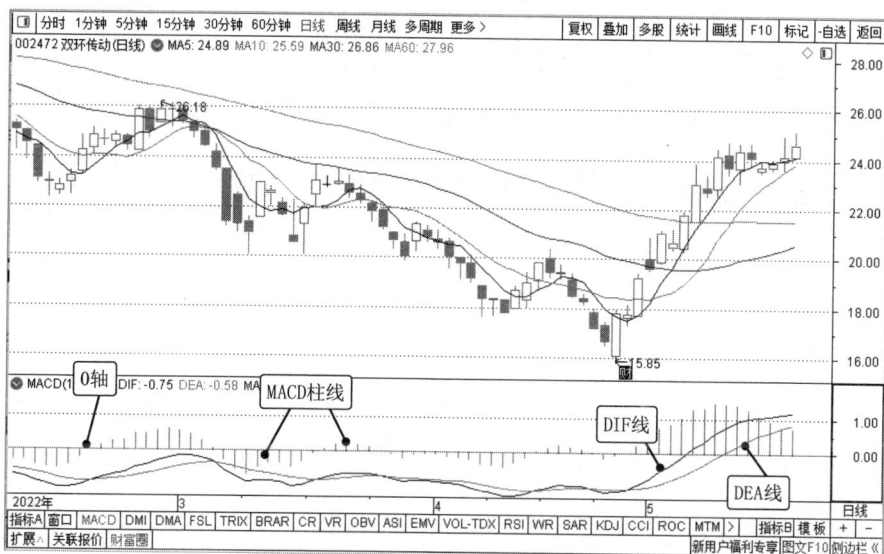

图 6-11　K 线图中的 MACD 指标

MACD 指标是被历史走势检验过的有效的技术指标，且运用范围非常广泛，对把握趋势性行情有很好的应用效果。因此，投资者需要对这一常用指标有一定的掌握。

6.2.1　MACD 金叉预示买入

MACD 指标的 DIF 线向上突破 DEA 线呈现出来的形态，称之为 MACD 的黄金交叉，简称金叉。

由于 DEA 是 DIF 的 9 日平均线，因此它的变化肯定慢于 DIF 线，当股价变化时，这两条曲线就因变化快慢不同而出现交叉形态。根据位置的不同，又分为水上金叉和水下金叉。

◆ **水上金叉**：当 DIF 线与 DEA 线同时位于 0 轴上方（即 DIF 与 DEA 的值都为正）时，DIF 从下向上突破 DEA 时形成的交叉，称为 0 轴上方的黄金交叉，简称为水上金叉。

◆ **水下金叉**：当 DIF 线与 DEA 线同时出现在 0 轴下方（即 DIF 与 DEA 的值都为负）时，DIF 从下向上突破 DEA 形成交叉，称为 0 轴下方的黄金交叉，简称为水下金叉。

图 6-12 为 MACD 指标的水下金叉。

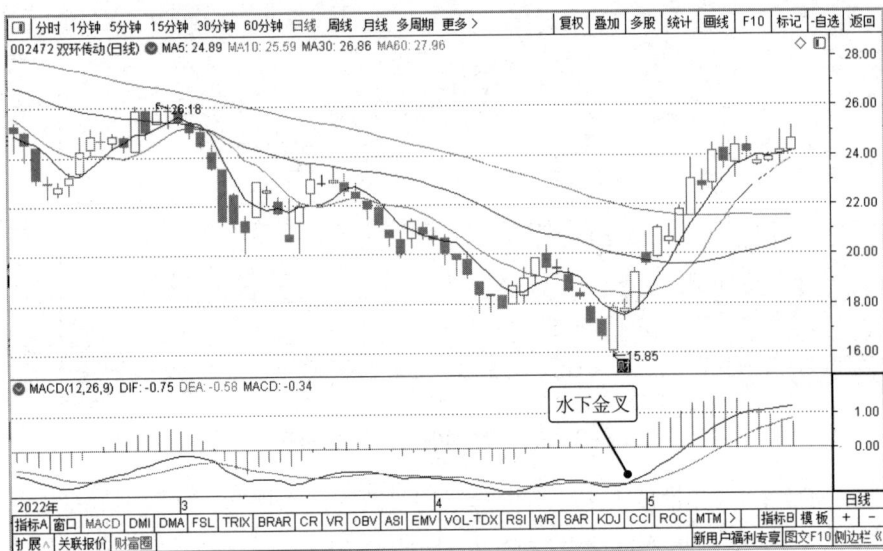

图 6-12　MACD 指标的水下金叉

MACD 指标体现了市场的强弱表现，预示着多空双方的力量变化。柱线在 0 轴以下，表示空方力量暂时强大；MACD 柱线在 0 轴以上，说明多方力量暂时控盘。

当 MACD 出现金叉形态，必须是 DIF 线向上变化的速度大于 DEA

线，也说明当前股价处于上涨期，操作策略依不同情况而定，具体方法如图 6-13 所示。

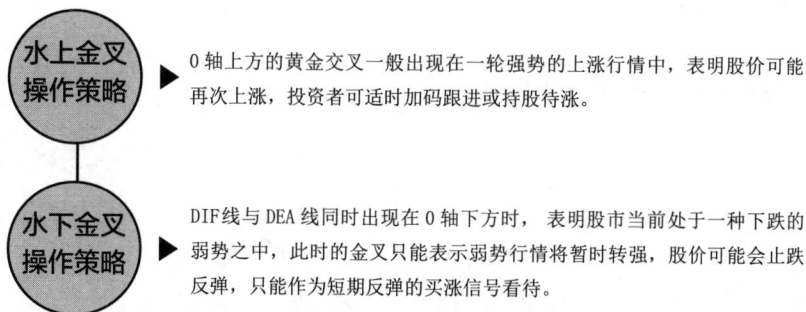

图 6-13　MACD 指标金叉的不同操作策略

当 MACD 指标在较低位置出现二次金叉，即使位于 0 轴下方，后市股价上涨的概率也将大大增加。两次金叉的时间间距以 20 ～ 60 个交易日为佳。

下面来看一个具体的案例。

实例分析 ⇒

健民集团（600976）MACD 指标形成连续金叉

图 6-14 为健民集团 2021 年 8 月到 12 月的 K 线图。

从 K 线图中可以看出，健民集团正处于上涨行情中。在 8 月期间，股价正在进行回调，很快于 8 月底触及阶段底部，即 40.00 元，此时 MACD 指标也运行到了 0 轴以下。

股价在阶段见底后开始回升，带动 MACD 指标上行，在 0 轴下方形成了一个水下金叉，激进的投资者可在此轻仓买进。第一个金叉形成后，股价并未立即上涨，而是在 40.00 元价位线上方横盘了近一个月时间，期间 MACD 指标未能越过 0 轴。

直到 10 月初，股价突然快速拉升，带动 MACD 指标成功跃至 0 轴以上，随后进行了一次小幅回调，MACD 指标再次下行靠近 0 轴。

11月中上旬，股价又一次快速上涨，MACD 指标迅速在 0 轴附近形成了一个低位金叉。第二个金叉的出现，对后市看涨的预示意义更强了，谨慎的投资者也可以买进。

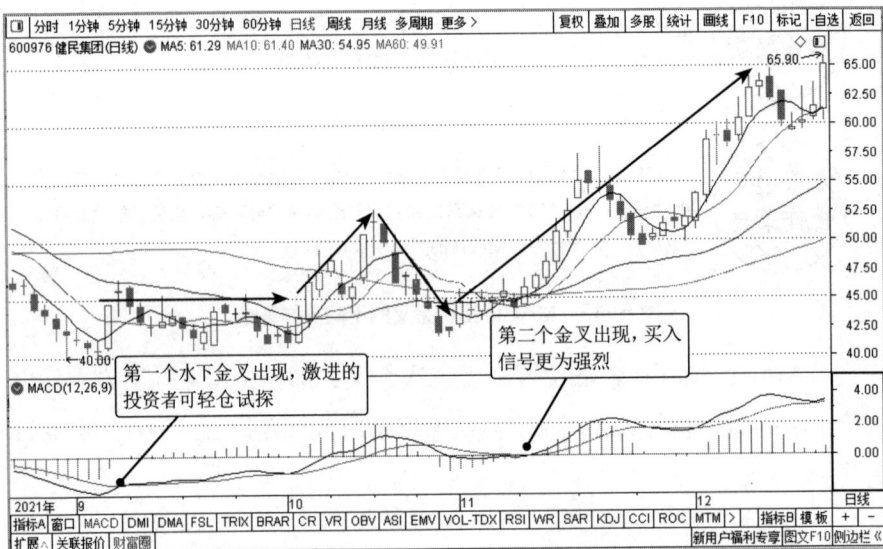

图 6-14 健民集团 2021 年 8 月到 12 月的 K 线图

拓展贴士 *股价转势后的 MACD 二次金叉才有效*

二次金叉是指转势后的二次金叉，如果一次是下跌中的反弹，之后不久又创下新低出现的金叉不能算作二次金叉。另外，如果两次金叉相隔的时间过长，有效性也会大幅下降。二次金叉出现的位置即使在 0 轴下方，但只要和 0 轴相隔不太远（如果在水下相隔太远，说明股价又出现了较大的跌幅，甚至新低），日后大涨的概率也比较高。

6.2.2 MACD 死叉预示卖出

MACD 指标的 DIF 线从上向下穿过 DEA 线呈现出来的形态，称之为 MACD 的死亡交叉，简称死叉。

根据位置的不同，MACD 的死叉可分为水上死叉和水下死叉。

◆ **水上死叉**：当 DIF 线与 DEA 线同时出现在 0 轴的上方时，DIF 从上
向下跌破 DEA 形成的交叉被称为 0 轴上方的死亡交叉，简称为水上
死叉。

◆ **水下死叉**：当 DIF 线与 DEA 线同时出现在 0 轴的下方时，DIF 从上
向下跌破 DEA 形成的交叉被称为 0 轴下方的死亡交叉，简称为水下
死叉。

图 6–15 为 MACD 指标的水上死叉。

图 6–15　MACD 指标的水上死叉

当 MACD 出现死叉形态，必须是 DIF 线向下变化的速度大于 DEA 线，
也说明当前股价处于下跌期。具体分以下两种情况。

◆ **水上死叉的操作策略**：DIF 线与 DEA 线同时出现在 0 轴上方，表示股
价当前处在一种上涨的强势行情中，但此时若出现死亡交叉，表示强
势即将转弱进行调整。如果是在高位（离 0 轴很远的上方）出现死叉，
通常是股价经历大幅上涨后即将转势或深幅回调。因此，当在 0 轴上

方高位出现死亡交叉时，投资者应适时减仓，并紧盯行情的发展，一旦转势信号出现，应全部出仓。

◆ **水下死叉的操作策略：**DIF线与DEA线同时出现在0轴下方时，表明股价本来就处于一种下跌的弱势之中，此时如果DIF从上往下穿过DEA形成交叉，说明前不久股价有过一次短暂的反弹或横盘整理行情，此时出现的死叉表示股价将再次走弱，股价继续下跌的概率很高，投资者宜斩仓出局，观望为主。

当MACD指标在高位出现二次死叉，两次死叉的时间在20～60个交易日，即使位于0轴上方，后市股价大幅下跌的概率也将大大增加。如果在0轴下方，则表示弱势格局将持续，投资者应离场观望。

下面来看一个具体的案例。

实例分析 ⇒
中孚信息（300659）MACD指标形成连续死叉

图6-16为中孚信息2021年11月到2022年4月的K线图。

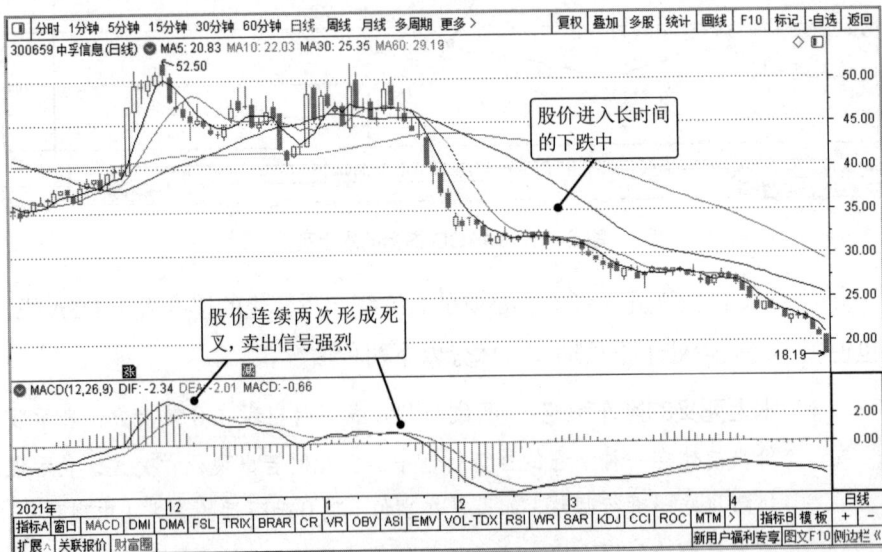

图6-16　中孚信息2021年11月到2022年4月的K线图

从 K 线图中可以看出，中孚信息正处于下跌行情中。在 11 月期间，股价出现了一次幅度较大的反弹，一根涨停大阳线将其从 40.00 元附近拉至 45.00 元以上，当天涨幅达到了 20%。

但好景不长，股价在到达最高 52.50 元后冲高回落，MACD 指标在 0 轴上方的高处形成了一个水上死叉，卖出信号出现。

在第一个死叉形成后，股价跌至 45.00 元价位线附近止跌横盘。在相对高位横向整理了近一个半月后，1 月中下旬，股价再次连续收阴快速下跌，均线组合迅速拐头向下，MACD 指标也再次形成了一个位置更低的死叉。

第二次形成的死叉位置降低，并且在形成后 MACD 指标迅速下滑到 0 轴以下，说明市场彻底进入空头，后市跌势难以遏止。还未离场的投资者需要尽快止损出局，避免遭受更大的损失。

拓展贴士　*使用 MACD 金叉和死叉操作需注意长期趋势的方向*

使用 MACD 指标仍然要注意长期趋势的方向，如果在长期上涨趋势中，高位二次死叉可能只是带来一段幅度略深的回调，而不是转势。同样，在下跌趋势中，低位二次金叉也可能只带来一小段反弹行情，之后股价仍然可能走低。

6.2.3　K 线与 MACD 的底背离形态

在股价出现大幅下跌后，价格创出新低，而 MACD 指标却没有再创新低，低点向上抬升，此现象即称为 MACD 底背离。

在实际操作中，股价往往会在前面出现一波下跌，MACD 随之跌至 0 轴之下并远离 0 轴，股价反弹后再次出现一波下跌，股价创出新低而 MACD 反而走高，和 K 线走势形成反差，进而形成底背离。

需要注意的是，这里和前面介绍的 MACD 低位二次金叉是有区别的。MACD 低位二次金叉是指股价转势后 MACD 出现两次金叉，第二次出现金叉位置的股价也比前一次高，而底背离第二次形成金叉的位置（即波谷）

股价比前一次更低。

　　股价的变动终究是资金参与博弈的结果，MACD 背离反映的是资金的动向。当一些大资金介入或撤退时，就容易引起 MACD 出现和股价相背离的走势。

　　MACD 出现底背离，预示着股价很可能不会再继续下跌，行情可能会逆转上涨，是一个买进信号，如果再结合见底 K 线，则有效性更高。

　　通常来说，MACD 指标的底背离比 MACD 指标的水下金叉有效性高。如果出现 MACD 指标的底背离，即使均线上只出现银山谷形态，也可以大胆买入。

　　下面来看一个具体的案例。

实例分析 ⇒

江山欧派（603208）K 线与 MACD 的底背离形态

　　图 6-17 为江山欧派 2018 年 5 月到 2019 年 2 月的 K 线图。

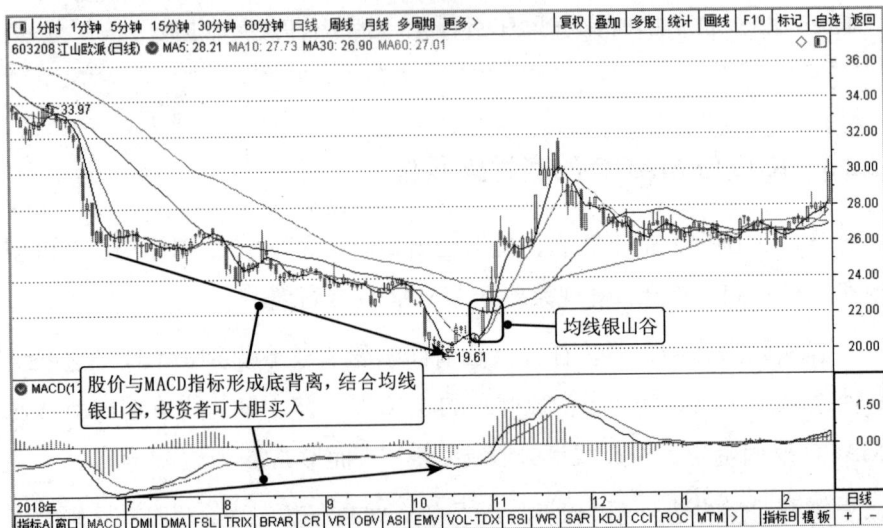

图 6-17　江山欧派 2018 年 5 月到 2019 年 2 月的 K 线图

从 K 线图中可以看出，江山欧派正处于下跌行情的底部。在 6 月下旬左右，股价跌至 26.00 元价位线附近后暂时止跌，开始横向整理。

7 月初，MACD 指标在 0 轴下方形成金叉后开始上扬，股价也在后续出现一波小幅反弹行情。但此时长期趋势线仍是明显向下，属于下跌趋势，因此这里仍不能参与。

7 月底，该股展开一波新的下跌走势，到 10 月初时加速探底，很快便出现止跌反弹，MACD 又一次形成金叉，同时，两条敏感的短期均线也形成金叉。

从 K 线图中可以看到，股价比起上一波底部明显创了新低，而 MACD 指标底部却明显高于上一波底部位置，属于 MACD 与 K 线的底背离，是看涨信号，因此投资者可以在此处适当建仓待涨。

之后股价震荡几日后开始上攻，同时均线出现银山谷形态。虽然此时 60 日均线只是走平，方向还未发生彻底转变，但 MACD 指标底背离的有效性比较强，加上银山谷形态的确认，更加确定可以持股待涨，投资者可以建仓。

6.2.4　K 线与 MACD 的顶背离形态

在股价出现大幅上涨后，价格创出新高，而 MACD 指标却不能再创新高，此背离现象即为顶背离。

与底背离同理，这里和前面介绍的 MACD 高位二次死叉是有区别的。高位二次死叉是指股价转势后 MACD 出现两次死叉，第二次出现死叉位置的股价也比前一次低，而顶背离第二次 MACD 死叉的位置（即波峰）的股价比前一次更高。

MACD 出现顶背离，预示着股价不会再继续上涨，行情很可能会逆转下跌，是一个卖出信号，如果再结合见顶 K 线，则有效性更高。MACD 顶背离比 MACD 高位死叉的有效性高得多，当股价大幅上涨后，一旦出现 MACD 顶背离，应该先出局观望。

拓展贴士　*用于比较背离的两个波段时间不能过长或过短*

　　无论是顶背离还是底背离，用于比较的两个波段顶点或底点，最好相隔在
20～90 个交易日为佳，并且最好是明显的波段顶点或底点，有时候出现小幅震荡
产生的极小波段顶点或底点不能作为比较对象。

　　下面来看一个具体的案例。

实例分析 ⇒

春风动力（603129）K 线与 MACD 的顶背离形态

　　图 6-18 为春风动力 2020 年 8 月到 2021 年 3 月的 K 线图。

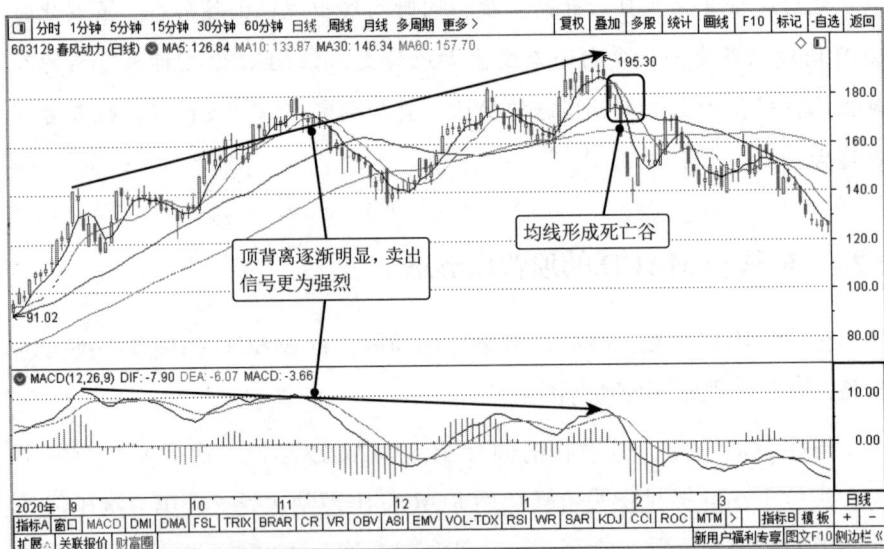

图 6-18　春风动力 2020 年 8 月到 2021 年 3 月的 K 线图

　　从 K 线图中可以看出，春风动力正处于上涨行情的末期。在 2020 年 8 月
期间，股价还在快速上涨，直至 140.00 元价位线附近受阻回落，但很快又回
到上涨轨道中。

而 MACD 指标却没有跟随股价上扬，股价在 180.00 元价位线附近创出阶段新高时，MACD 指标波峰还有所下移，初步形成了顶背离形态。

12 月初，股价回调结束再次上冲，最高达到了 195.30 元的位置，越过了前期高点，而 MACD 指标的波峰大幅下移，顶背离形态更为明显了。

同时，在股价创新高的后续几个交易日，K 线连续收阴下跌，均线形成了死亡谷，加上该股前面有过长期的大幅上涨，因此判断该股极有可能转势下跌或深幅回调，持有该股的投资者应及时卖出，回避之后的大幅下跌。

6.3　通过 KDJ 指标判断买卖点

随机指标 KDJ 是以最高价、最低价及收盘价为基本数据进行计算，得出的 K 值、D 值和 J 值分别在坐标上形成无数个点连接而成的，用于反映场内买卖情况的超买、超卖指标。

KDJ 指标主要用于分析市场内的买卖盘状态，从而指导投资者进行短线的高抛低吸操作。KDJ 随机指标反应比较敏感，能够比较迅速、快捷、直观地研判行情，指标线形成的各种形态可以传达出买卖信号。

6.3.1　KDJ 金叉为买入信号

KDJ 指标由 K 值、D 值和 J 值三条指标线构成，其中，J 值的波动最为灵敏，其次是 K 值，D 值的灵敏度最低。

当 KDJ 的 K 值由较小逐渐大于 D 值，在图形上显示为 K 线从下向上突破 D 线形成金叉，称为 KDJ 金叉。

KDJ 指标的 K 值与 D 值介于 0 ～ 100，J 值代表 K 与 D 之间的乖离程度，它既能大于 100 也能小于 0，具有提前预示顶部和底部的作用。但在实际使用时，一般主要看 K 值和 D 值的位置与走势。

KDJ 指标的 K 值和 D 值在 20 线附近形成的金叉称为低位金叉,在 50 线左右形成的金叉称为中位金叉,在 80 线左右形成的金叉称为高位金叉。

图 6-19 为 KDJ 指标的低位金叉。

图 6-19　KDJ 指标的低位金叉

KDJ 指标的金叉是一个买进信号,根据金叉出现的位置不同,其盘面意义也不同,具体操作策略如下。

- ◆ **低位金叉的操作策略**:低位金叉的短期买入信号较为准确,出现此形态说明短期行情即将逆转,投资者可考虑买入。也有投资者将 K 值和 D 值上穿 20 线作为低位金叉,也具有买入意义。

- ◆ **中位金叉的操作策略**:当股价经过一段时间的中低位盘整后,K 值和 D 值在 50 线附近徘徊形成金叉,股价放量向上突破中长期均线,说明行情可能再次转强。如果 K 值在 50 线以下,由下往上接连两次上穿 D 值,形成右底比左底高的"W底"形态时,后市股价可能会有不错的涨幅。

- ◆ **高位金叉的操作策略**:当股价经历较大幅度上涨后在中高位盘整,K

值和 D 值处于 80 线附近徘徊形成金叉并伴随放量，说明股市处于强
势之中，股价短期将再次上涨，短线投资者可介入获利。

下面来看一个具体的案例。

实例分析 ⇒

昭衍新药（603127）KDJ 指标低位金叉的买入信号

图 6-20 为昭衍新药 2021 年 2 月到 5 月的 K 线图。

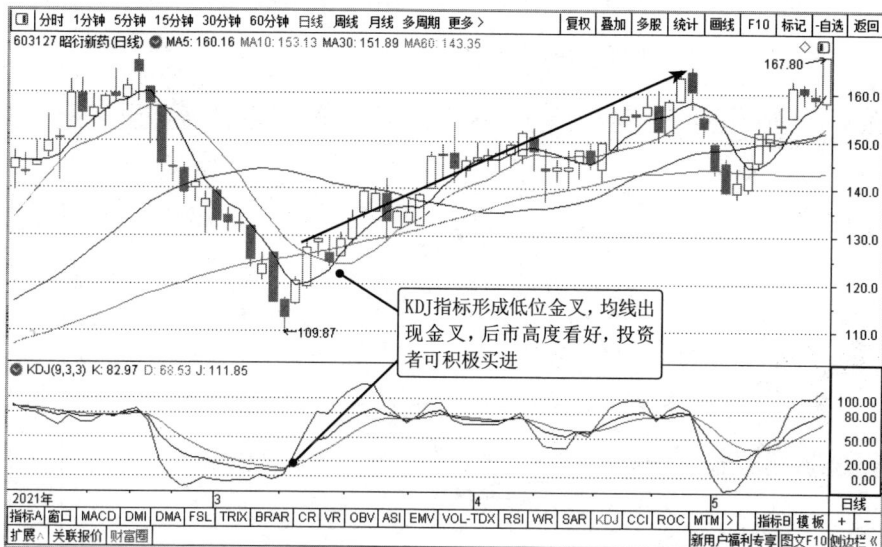

图 6-20　昭衍新药 2021 年 2 月到 5 月的 K 线图

从 K 线图中可以看出，昭衍新药正处于上涨行情中。在 2 月期间，股价
经历了一次幅度较大的回调，股价在短短半个月内就从 160.00 元以上跌至最
低 109.87 元，这也导致 KDJ 指标迅速下行，来到了超卖区。

3 月中上旬，股价阶段见底后开始回升，速度较快，灵敏的 KDJ 指标迅
速上扬，K 值上穿 D 值形成了一个 20 线以下的低位金叉。在此之后，两条短
期均线也向上形成金叉，与 KDJ 指标一同发出双重看多信号。

此时，长期均线还保持着上扬状态，KDJ 指标在金叉形成后积极上冲，

后市高度看好，投资者可在低位迅速买进，持股待涨。

6.3.2 KDJ 死叉为卖出信号

当 KDJ 的 K 值由较大逐渐小于 D 值，在图形上显示为 K 线从上向下穿过 D 线形成死叉，称之为 KDJ 死叉。

KDJ 指标的 K 值和 D 值在 80 线左右形成的死叉称为高位死叉，在 50 线左右形成的死叉称为中位死叉，在 20 线附近形成的死叉称为低位死叉。

图 6-21 为 KDJ 指标的高位死叉。

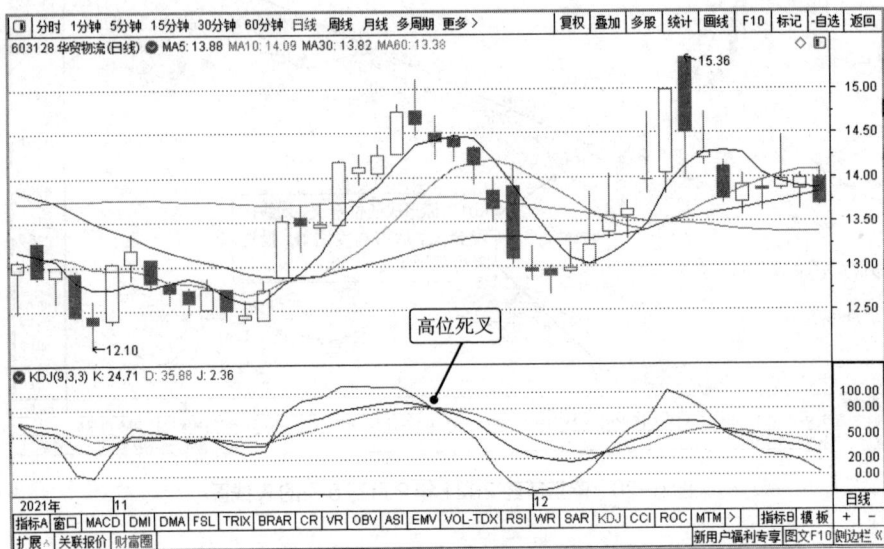

图 6-21　KDJ 指标的高位死叉

KDJ 指标死叉是一个卖出信号，根据死叉出现的位置不同，其盘面意义也不同，操作策略如下。

◆ **高位死叉的操作策略：**当股价大幅上涨运行到高位，KDJ 曲线处于 80 线附近形成死叉，说明短期上涨行情即将结束，当 KDJ 曲线在 80 线以上形成死叉，短期卖出信号较为准确，投资者应逢高卖出。

◆ **中位死叉的操作策略**：当股价较长时间下跌后，股价的反弹在中长期
均线下方受阻，KDJ 向上未能突破 80 线，最终在 50 线附近形成中位
死叉，说明行情处于极弱市，股价将继续下跌，投资者应离场观望；
如果 K 值在 50 线以上由上往下接连两次下穿 D 值，形成右头比左头
低的"M 头"形态时，后市股价可能会有较大的跌幅。

◆ **低位金叉的操作策略**：当股价经历较大幅度下跌后在低位盘整，KDJ
曲线处于 20 线附近徘徊形成死叉，说明股市处于极弱势之中，股价
短期可能会再次下跌，应以继续观望为主。

下面来看一个具体的案例。

实例分析 ⇒

丸美股份（603983）KDJ 指标高位死叉的卖出信号

图 6-22 为丸美股份 2021 年 4 月到 7 月的 K 线图。

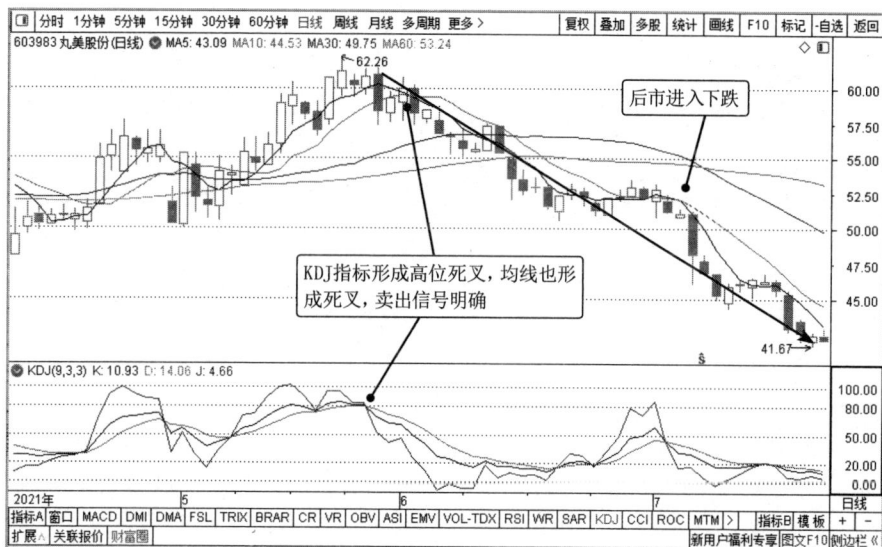

图 6-22　丸美股份 2021 年 4 月到 7 月的 K 线图

从 K 线图中可以看出，丸美股份正处于下跌阶段中。在 4 月到 5 月期间，
股价还在持续反弹，较长的时间和可观的反弹幅度，引起了场外投资者的

注意，大量买盘进入，使得KDJ指标不断朝着超买区移动。

5月下旬，股价来到了60.00元价位线以上，最高达到了62.26元，KDJ指标的K值和D值也靠近了80线。

股价在60.00元价位线附近横盘数日后并未继续上扬，而是逐渐拐头向下，一路下滑。KDJ指标也紧随其后，在80线附近出现了一个高位死叉，与此同时，均线也形成了死叉。

两个指标形成的双重看跌信号，对该股的未来走势产生了非常消极的预示，意味着在短时间内，股价都将继续下跌。此时，场内投资者需尽快在相对高位卖出，场外投资者最好不要参与。

第7章

慧眼识破K线中的陷阱

在分析K线的过程中，投资者往往会有意识地寻找对自己有利的形态，希望借助这些形态传递的信息来帮助自己逃顶抄底。在这样的迫切心态下，投资者有时就会忽略掉一些细节问题，错把陷阱当信号，从而遭受损失。本章将针对常见的K线陷阱进行讲解，帮助投资者区分。

7.1 单根 K 线的陷阱如何鉴别

在单根 K 线上设置陷阱是主力常做的事，单根 K 线的形态容易构造，花费的精力和成本也较小，不谨慎的投资者常常会一脚踏错。

那么，如何鉴别单根 K 线的陷阱，避免落入圈套导致损失呢？下面就来逐一了解。

7.1.1 K 线收阳突破平台陷阱

阳线是股价看涨的信号，特别是实体较长的大阳线，但是有时阳线也会成为市场主力制造陷阱的工具。K 线收阳突破平台就可能是市场主力制造的陷阱，投资者必须小心。

图 7-1 为 K 线收阳突破平台陷阱示意图。

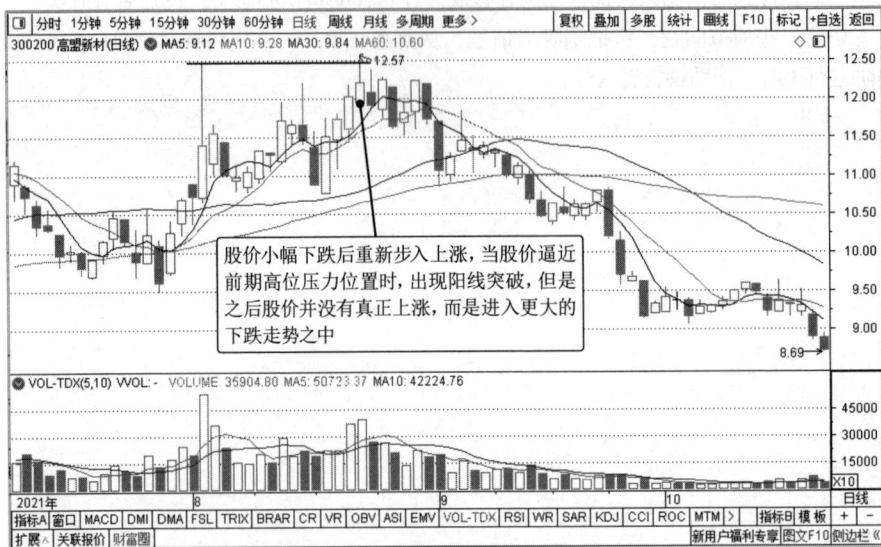

图 7-1　K 线收阳突破平台陷阱示意图

市场主力通过假突破阳线进行诱多，一般是造成股价回调整理结束，股价继续上涨的假象，使得中小投资者跟风买进，进而达到出逃的目的。

掌握收阳突破平台陷阱需要抓住以下三点。

◆　假突破的阳线陷阱一般出现在股价的顶部区域，或是股价下跌走势中的反弹顶部。

◆　假突破阳线的对象一般是股价前期高点、前期跳空缺口或者是重要技术指标线。

◆　假突破阳线是诱多的陷阱，主力往往会借助这样的陷阱进行顶部出逃。

因此，当发现假突破阳线陷阱时，投资者一定要果断卖出股票离场，不能抱有侥幸心理。

下面来看一个具体的案例。

实例分析 ⇒
国瑞科技（300600）K 线收阳突破平台陷阱

图 7-2 为国瑞科技 2020 年 11 月到 2021 年 3 月的 K 线图。

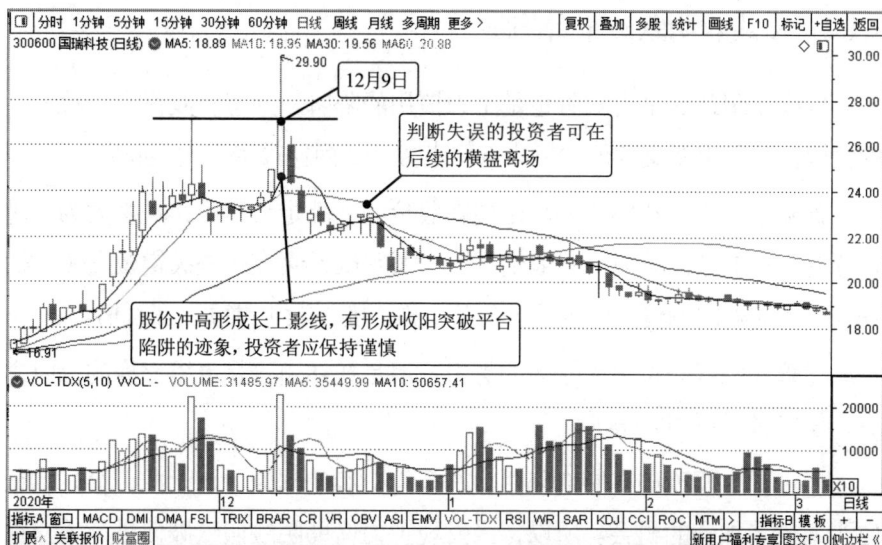

图 7-2　国瑞科技 2020 年 11 月到 2021 年 3 月的 K 线图

从 K 线图中可以看出，国瑞科技正处于行情的高位。在 11 月期间，股价还在积极上涨，直到 11 月底，股价冲高创出阶段性的高位后，很快就出现回落，但最终在 22.00 元价位线位置获得支撑，很快步入上涨。

12 月 9 日，该股放量拉高股价创出 29.90 元的新高，突破 11 月底创出的高点。一切都似乎显示股价步入继续上涨的走势中，但是刚好相反，这里就是一个 K 线收阳突破平台陷阱。

由于此时股价冲高突破压力线后，K 线收出了带长上影线的大阳线，显示上方压力巨大，尤其在上涨的高价位区出现这种形态，一般都是主力为出货布置的收阳突破平台的陷阱。

从后期的股价走势中也可以看出，在股价收阳出现突破平台陷阱后，次日股价就出现了快速的下跌，并在后续呈阶梯状一路下滑。

因此，投资者在股价高位发现 K 线有形成收阳突破平台陷阱的迹象后，最好保持谨慎，持币观望。如果判断失误追涨入场，那就要在之后几个交易日的横盘位置卖出，及时止损。

7.1.2　K 线收阴跌破平台陷阱

K 线收阴跌破平台陷阱也是主力惯用的陷阱，刻意将股价向下拉低，致使股价跌破重要支撑位，形成破位走势，从而使投资者卖出股票。

跌破平台的阴线陷阱一般出现在股价的上涨走势之中，是主力为了进行浮筹交换制造的陷阱。一般情况下，假跌破都会在一些关键位置（如短期均线、前期回调低点位置等）止跌企稳，随后股价继续上涨行情。

尽管大阴线破位带来较多的恐惧，但是在知道这是浮筹交换的陷阱之后，投资者就不用紧张了。

通过阴线假跌破在制造陷阱促进浮筹交换的同时，也形成了很好的低位买入或者加仓的机会。所以，当发现主力借助阴线假跌破促进浮筹交换时，投资者即可在股价再次企稳上涨时买入。

下面来看一个具体的案例。

实例分析 ⇒

世荣兆业（002016）K 线收阴跌破平台陷阱

图 7-3 为世荣兆业 2022 年 1 月到 5 月的 K 线图。

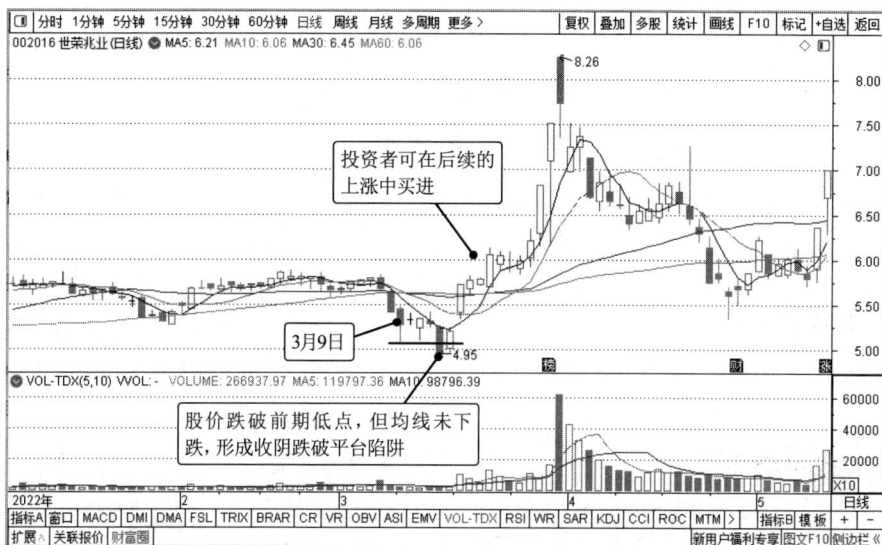

图 7-3 世荣兆业 2022 年 1 月到 5 月的 K 线图

从 K 线图中可以看出，世荣兆业正处于上涨阶段。在 1 月到 2 月期间，股价还在相对低位徘徊，直到 3 月初，股价突然连续收阴下跌，在 3 月 9 日收出一根带长下影线的阴线后暂时止跌，进入横盘。

3 月 15 日，股价再次下跌，盘中低开低走，当日以 6.25% 的跌幅收出一根大阴线，跌破横盘整理区域的底部。在横盘后出现低开低走收出大阴线，的确具有很强的变盘概率，但是仔细观察整个均线的状态可以发现，60 日均线并未向下转向。

此外，从 3 月 15 日当天的行情可以发现，虽然股价跌幅凶猛，收出大阴线，但是整个成交量的变化却不大，这是明显的主力清理浮筹的手段。激进的投资者可以在随后的走势中逢低吸纳，介入该股。

7.1.3　长上影线假见顶陷阱

长上影线假见顶也是市场主力经常运用的陷阱，通过长上影线制造股价即将转换趋势的假象，进而使投资者纷纷卖出股票。

图7-4为长上影线假见顶陷阱示意图。

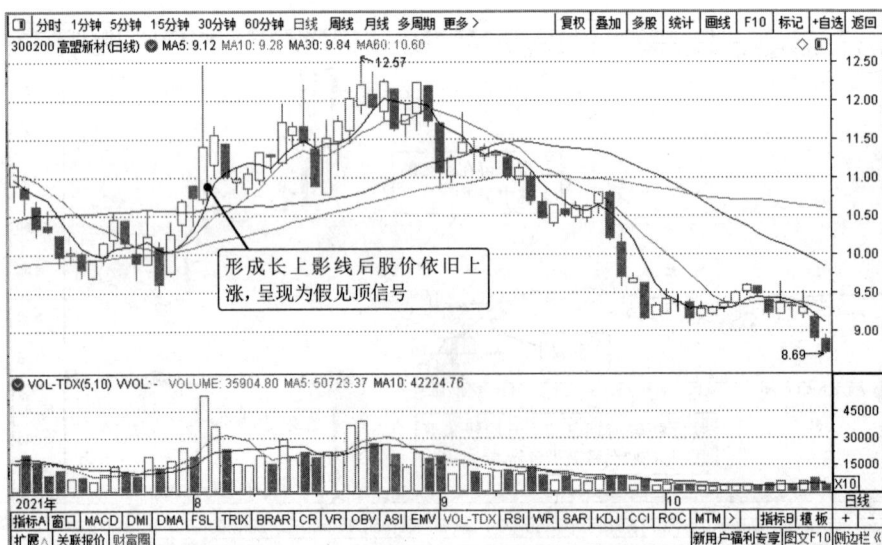

图7-4　长上影线假见顶陷阱示意图

长上影线假见顶是市场主力清理浮筹的惯用手法，其K线形态具有如下特点。

◆　带有较长上影线是最大的特点。

◆　K线不分阴阳，十字星线也可以。

◆　出现在股价的上涨走势中。

在股价的上涨走势中，股价前期走势良好时突然出现长上影线的K线，投资者就要注意辨认是否是主力清理浮筹的陷阱。若是清理浮筹的陷阱，投资者要坚决持股，同时可以在股价的低价位区域买入加仓。

下面来看一个具体的案例。

实例分析 ⇒

海源复材（002529）长上影线假见顶陷阱

图 7-5 为海源复材 2021 年 4 月到 9 月的 K 线图。

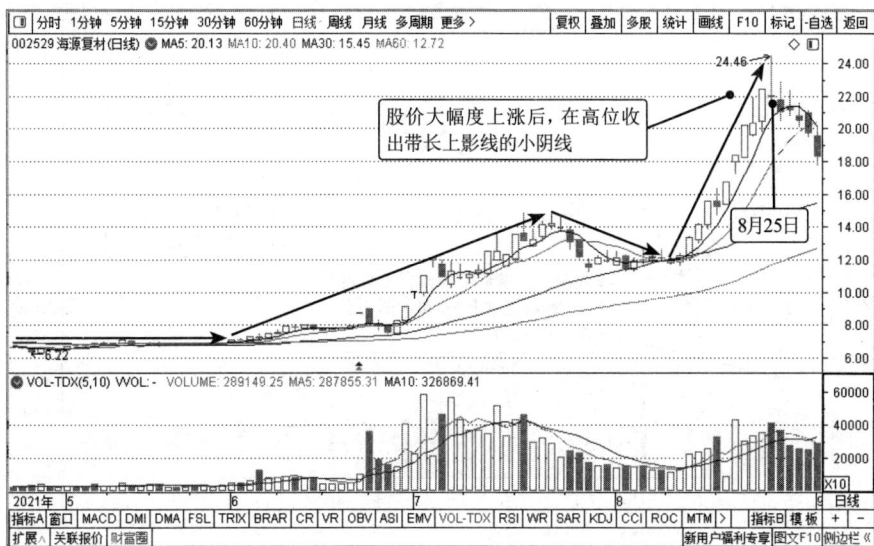

图 7-5　海源复材 2021 年 4 月到 9 月的 K 线图

从 K 线图中可以看出，海源复材正处于上涨行情中。在 4 月到 5 月期间，股价还在相对低位盘整，直到 5 月底，成交量开始逐步放量，推动股价上涨，越到后期涨速越快，甚至出现了数个涨停。

经历了一波可观的上涨行情和小幅回调后，在 8 月 25 日当天，该股低开后快速拉升股价创出新高，但是在一个小时不到的时间内，股价又出现了快速回落，并且在后续的交易时间内一路震荡下跌，最终以 2.32% 的跌幅收出带长上影线的小阴线。

观察此轮上涨行情，从 5 月的 7.00 元左右上涨到此时的 24.46 元，涨幅超过 249%。在大幅上涨后出现带长上影线的小阴线，确实具有很强的见顶概率，尤其在次日，该股继续低开并以小阴线报收，拉低股价，前期获利者见此走势，都会认为是股价见顶。

而事实上，8 月 25 日的带长上影线的小阴线大概率是主力清理浮筹的一种手段，是主力布局的假见顶，下面来进行具体分析。

图 7-6 为海源复材 2021 年 8 月到 12 月的 K 线图。

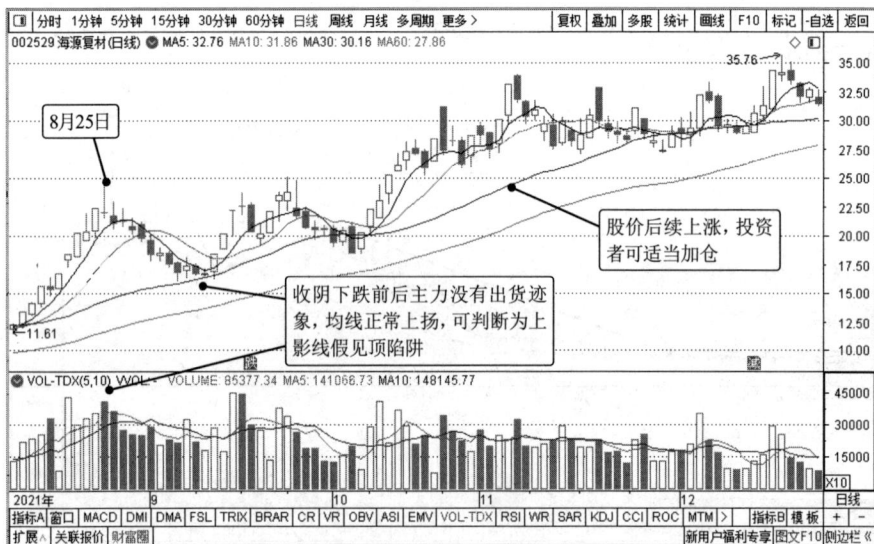

图 7-6　海源复材 2021 年 8 月到 12 月的 K 线图

首先，在出现带长上影线的小阴线当天，成交量并没有明显放大。随后股价连续回调的几个交易日中，成交量也保持正常的缩量，主力并没有出货的迹象。

其次，整个均线系统呈现良好的看多形态，30 日均线和 60 日均线的上扬走势非常稳定。因此投资者可以判断，此次收出带长上影线的小阴线，其实就是主力利用上影线假见顶陷阱进行浮筹交换的手段，目的是清理前期的获利盘，为后市继续拉升奠定基础。

从图 7-6 中可以看到，该股在 8 月底形成长上影线假见顶陷阱后，后续的上涨也持续了很长一段时间，截至 12 月，最高已经达到了 35.76 元。

因此，对于上涨到一定幅度的个股，投资者只要认真分析，同样可以识别出股价的假见顶陷阱，从而不被清理出局，而是可以在此时适当进行加仓操作，获取更多的利润。

7.1.4　金针探底假见底陷阱

与长上影线假见顶陷阱相反，金针探底假见底陷阱是一个错误的见底信号，投资者不能根据这样的错误信号买入股票。

金针探底假见底陷阱的 K 线形态有如下两个关键点。

◆　一般出现在股价的下跌走势之中。

◆　其不能反映可信的股价底部，相反是股价继续走低的信号。

当股价处于下跌走势之中时，K 线走势上形成了金针探底假见底形态，则显示了股价上涨无力，投资者应该进一步看跌股价，积极卖出股票。

实例分析　⇒

宝馨科技（002514）金针探底假见底陷阱

图 7-7 为宝馨科技 2020 年 9 月到 2021 年 1 月的 K 线图。

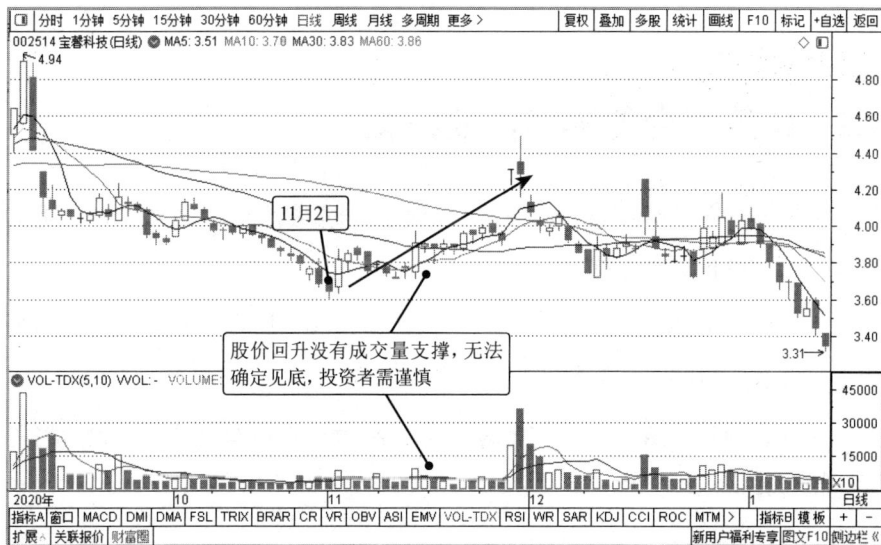

图 7-7　宝馨科技 2020 年 9 月到 2021 年 1 月的 K 线图

从K线图中可以看出，宝馨科技正处于下跌行情中。9月初，股价刚经历了一次反弹，在创出4.94元的阶段新高后快速收阴下跌，一路下滑到3.60元的价位线附近。

11月2日，股价高开后震荡低走，在临近尾盘时形成触底回升的走势，当日收出一根带长下影线的小阴线，并且股价在第二天收阳上涨，营造出见底回升的信号。

但观察成交量可以发现，在股价回升的同时，成交量仅仅持续了两个交易日的放量，后续的震荡上涨也并未得到成交量的支撑，长期均线的压制力依旧强劲。

从后续的走势可以看到，股价在上涨至4.40元价位线附近后就被压制再次下跌，横盘一段时间后直接跌破前期低点，开启新一轮的下跌。

在之前保持谨慎并未买进的投资者，此时依旧需要持币观望。而判断失误的投资者，则需要在股价反弹到高位时借机卖出。

7.2　K线组合的陷阱需要注意

在前面的章节介绍过，K线的组合形态通常要比单根K线的形态更为可靠，可信度也更高。

正是由于K线的组合形态构筑条件比较苛刻，所以一旦类似的陷阱形成，往往有大量的投资者涌入操作，导致损失。

因此，对这些K线组合形态陷阱的判断就显得更有必要了，投资者需要谨慎再谨慎。

7.2.1　失败的启明星线

失败的启明星线指的是启明星线形态出现后，股价并未止跌，由此发出的是假见底信号。

启明星线假见底一般发生在股价的快速下跌走势之中，其实是一个不可信的见底信号，股价不会见底回升，反而会继续下跌。这一点可以根据股价后续是否放量上涨，以及均线指标是否发出明确的看多信号来判断。

在遇到启明星线形态时，建议投资者耐心等待，一旦股价出现了继续下跌的走势，就不能以此作为买点，判断错误的投资者也要迅速卖出，避免后市的继续下跌走势。

下面来看一个具体的案例。

实例分析 ⇒
雷赛智能（002979）失败的启明星线

图 7-8 为雷赛智能 2021 年 10 月到 2022 年 2 月的 K 线图。

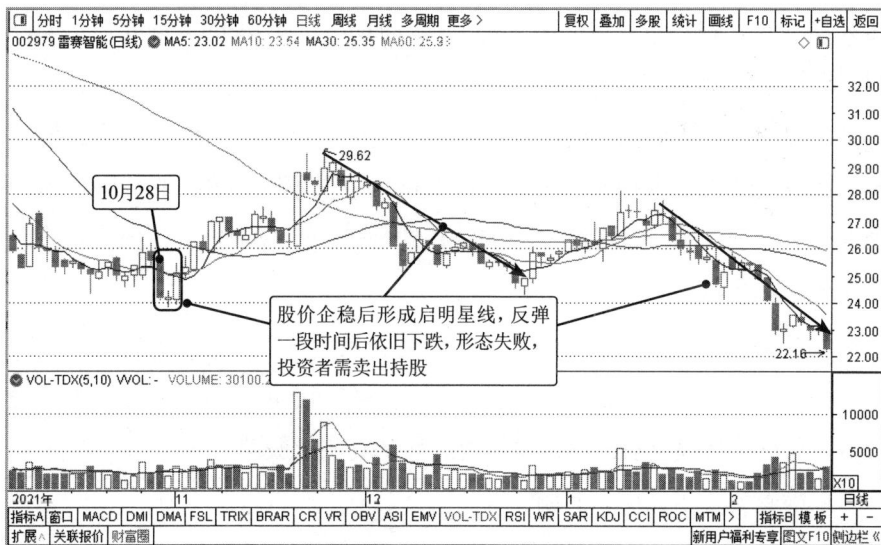

图 7-8　雷赛智能 2021 年 10 月到 2022 年 2 月的 K 线图

从 K 线图中可以看出，雷赛智能正处于下跌行情中。从均线的状态可以发现，在 10 月期间，股价还在持续下跌。直到 10 月 28 日，股价高开低走，当日收出了一根跌幅达到 5.37% 的大阴线，随后两日连续收阳上涨，三根 K 线形成了一个启明星线形态。

出现启明星 K 线形态后，股价开始步入强势反弹行情，半个多月以后，股价从 24.00 元附近上涨到最高 29.62 元的反弹高点，越过了 60 日均线。

但股价未能在长期均线上方坚持太久，很快，股价连续出现回落拉低的走势，而且成交量也明显下降。这说明市场中做空动能仍然很强，后市会继续下跌，因此可以判断出此处的启明星线为失败的看涨形态。

当误入场内的投资者发现这样的 K 线走势时，应该继续看跌后市，及时卖出股票，否则将可能在后市漫漫的下跌之路中被深度套牢。

7.2.2　失败的黄昏线

一般而言，黄昏线是一个明确的见顶信号，在股价上涨高位出现这样的 K 线形态，预示着股价的中长期见顶，但是有时出现的黄昏线则是失败的假见顶。

失败的黄昏线形态一般出现在股价的上涨走势之中，其 K 线形态与一般的黄昏线形态基本相同，只是具有的市场意义不同。真正的黄昏线是一个准确的见顶信号，在上涨途中的黄昏线则是一个回调信号，预示着后市股价还会上涨。

在股价的快速拉升走势中，有时主力会利用黄昏线进行筹码的整理，使投资者认为股价见顶而卖出股票。因此，在确定黄昏线失败后，中长线投资者可继续持股，在回调低位还可继续加仓买入股票。

下面来看一个具体的案例。

实例分析 ⇒
石英股份（603688）失败的黄昏线

图 7-9 为石英股份 2021 年 7 月到 11 月的 K 线图。

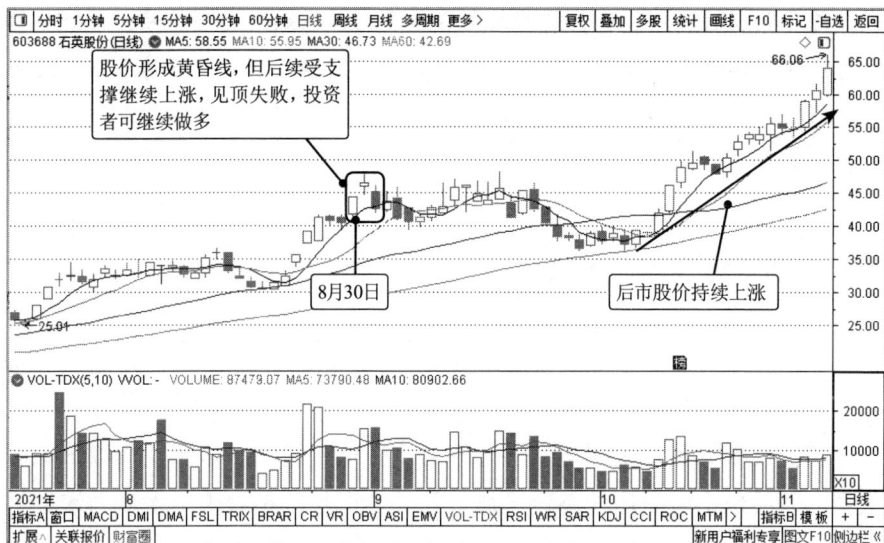

图 7-9　石英股份 2021 年 7 月到 11 月的 K 线图

从 K 线图中可以看出，石英股份正处于上涨行情中，在 8 月中旬进行了一次小幅回调后，股价稳稳踩在 30 日均线上继续向上攀升。

股价上涨到 8 月 30 日，当日股价高开后一路高走，盘中涨停后直接封板，最终以涨停收出大阳线继续将股价拉高。次日，股价高开，最终以 4.43% 的涨幅收出一根中阳线。在第三日，股价低开后就出现了持续的下跌，当日以 8.61% 的跌幅收出大阴线。

这三个交易日形成的 K 线组合形态基本符合黄昏线的特征，但此时是否是上涨行情见顶呢？下面来进行具体分析。

首先观察成交量，在出现黄昏线后，股价进入横盘状态，成交量虽然有所回缩，但是回缩幅度较小，主力并没有明显的出货迹象，市场的惜售情绪也比较高。

其次观察均线，股价在后续虽跌破了 30 日均线，但在 60 日均线上受到了支撑。此时的 60 日均线并没有出现回落或走平的迹象，30 日均线也只是在被小幅跌破后上扬角度变缓，但仍然显示向上的运行轨迹。

综合判断后可以推测，此处的黄昏线形态是失败的见顶信号，大概率为主力清理浮筹的一种手段，目的是将市场中的前期获利盘清除掉，减轻后市拉升的阻力。投资者分析出黄昏线的失败后，应对行情的后市保持积极心态，大胆做多。

7.2.3　多方炮线诱多陷阱

一般而言，多方炮线是一个看涨的积极信号，但是市场主力有时就抓住这一点做文章，使多方炮线K线组合形态变成一个诱多的陷阱。

诱多性质的多方炮线组合形态的特点有两个：第一，出现在股价上涨末端，即股价上涨之后的高位区域；第二，显示的是股价上涨动力竭尽的信号，而不是股价继续看涨的信号。

在股价上涨后的高位区域，K线出现多方炮线时，若不能带动股价继续上涨，则显示了诱多陷阱。因此，投资者要及时卖出股票，不能对股价抱有继续上涨的幻想。

下面来看一个具体的案例。

实例分析 ⇒
嘉诚国际（603535）多方炮线诱多陷阱

图7-10为嘉诚国际2020年9月到2021年1月的K线图。

从K线图中可以看出，嘉诚国际正处于上涨行情的高位。在9月中下旬时，股价经历了一波小幅回调，随后便继续向上攀升。

10月12日，股价向上跳空后持续高走，盘中直逼涨停，最终以9.79%的涨幅收出一根大阳线。次日，股价高开后持续震荡，最终以小阴线报收。第三日，股价再次高开后震荡上扬，形成一根中阳线。

三根连续的K线形成明显的多方炮线K线组合形态。那么此时的K线组合形态发出的看涨信号是否可靠呢？下面需要进行具体分析。

首先观察上涨幅度，从此轮上涨行情的持续时间可以发现，股价从 2020 年 1 月在 14.43 元止跌后一路上涨，此时股价已经上涨到 50.00 元以上的高价位区，涨幅已经超过了 246%。

其次观察成交量，虽然股价呈良好的上行状态，但成交量却从 9 月就开始不断缩减，意味着中长期上涨动力不足。

因此，谨慎的投资者不宜再加仓，可以在相对高位抛售筹码，锁定利润。尤其在多方炮线 K 线组合形态出现后，股价出现了一根带长上影线的 K 线，更说明了股价缺乏上涨的动力，行情随时可能见顶逆转。

果然，该股在形成长上影线 K 线后连续收阴将股价拉低，开启了下跌行情。股价一路下滑，截至 2021 年 1 月，股价从最高的 55.55 元，下跌到最低的 33.10 元，跌幅超过 40%。

因此，投资者在股价高价位区发现多方炮线 K 线组合形态后，一定要谨慎操作。如果确认股价缺乏上涨动力，则可以判断该 K 线组合形态就是诱多陷阱，一定要择机抛售股票，落袋为安。

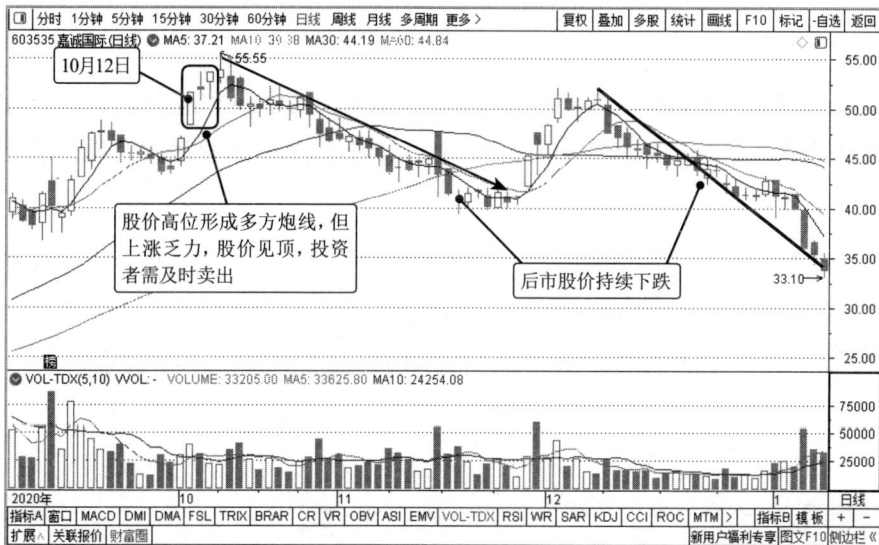

图 7-10　嘉诚国际 2020 年 9 月到 2021 年 1 月的 K 线图

7.2.4 三次触底假见底陷阱

三次触底形态指的是股价经过一段下跌后，出现了一条向下探底创出新低的 K 线，此后，股价就在这一底部价位上波动。每当股价触及这一低点时，就往回抽，再次触及，再次回抽，一连最少三次探底都没有击穿这一低点，这三条探底的 K 线组合，就称为三次触底。

图 7-11 为三次触底形态示意图。

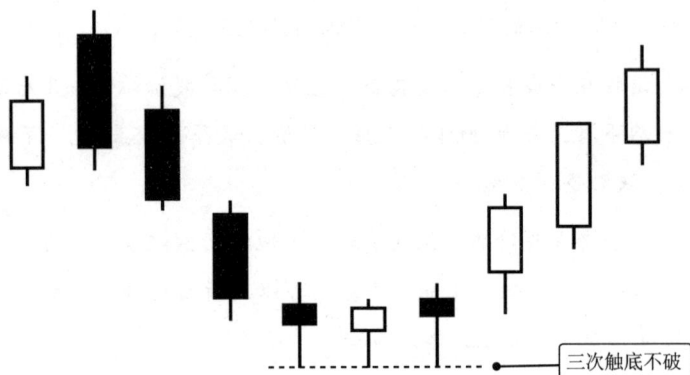

图 7-11　三次触底形态示意图

三次触底不破在正常情况下属于一个比较可信的见底信号，但是有时主力会花心思构筑这样的形态，利用三次触底制造股价见底的假象，使得投资者大量买进。

在股价下跌走势之中，特别是快速下跌走势之中，当出现三次触底 K 线组合时，其显示的不是股价有效的止跌见底信号，而是股价下跌走势中的休整走势。因此投资者要仔细分析，不能以假见底信号买入股票。

下面来看一个具体的案例。

实例分析 ⇒
中装建设（002822）三次触底假见底陷阱

图 7-12 为中装建设 2021 年 4 月到 7 月的 K 线图。

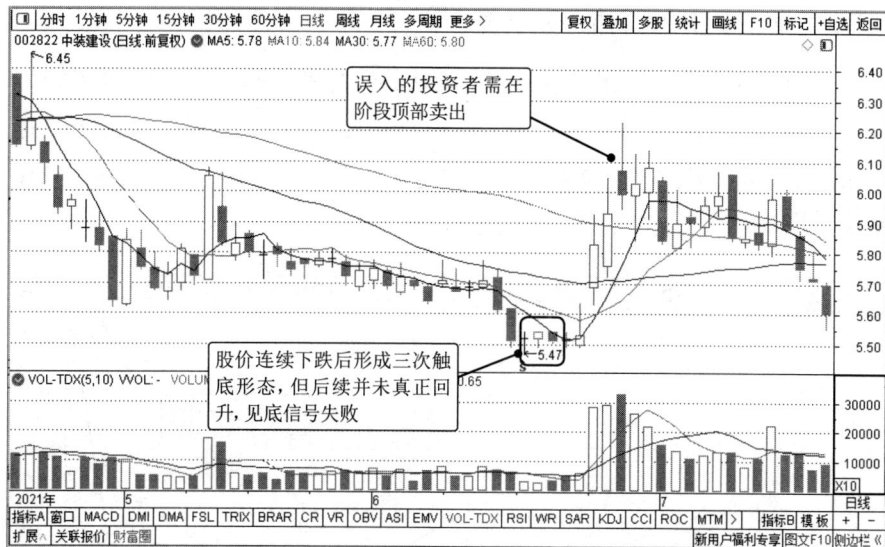

图 7-12　中装建设 2021 年 4 月到 7 月的 K 线图

从 K 线图中可以看出，中装建设正处于下跌行情中。4 月期间，股价跌速较快，但在进入 5 月后有所减缓，股价开始在 5.60 元价位线上方震荡，缓慢下跌。

6 月中旬，股价连收两根大阴线后，在 5.50 元的价位线附近企稳，在后续的数个横盘交易日中，K 线收出数根带较长下影线的 K 线，形成了三次触底 K 线组合形态。

在三次触底之后，股价开始收阳上涨，快速将价格带到了 6.20 元价位线以上，成交量也相应放量。但在数日之后，股价创出阶段性顶部，便再次进入了缓慢的下跌状态，成交量缩减严重。

再加上长期均线的强劲压制力，投资者此时基本可以判断，股价在此处是利用三次触底线进行快速下跌之后的休整，后续的上涨也只是一段反弹，而不是见底回升的走势。这里的三次触底为假见底陷阱。

图 7-13 为中装建设 2021 年 6 月到 12 月的 K 线图。

从后续的发展可以看到，中装建设在三次触底假见底陷阱出现后，反弹仅持续了半个多月便回到了下跌轨道。

8月底，股价又一次出现了反弹，此次持续时间更短。股价快速下跌后，最终在10月底创出4.96元的新低，随后才开始真正回升。股价在12月底连续涨停，将股价带到7.61元的位置，越过了前期高点，新行情在此处才正式开启。

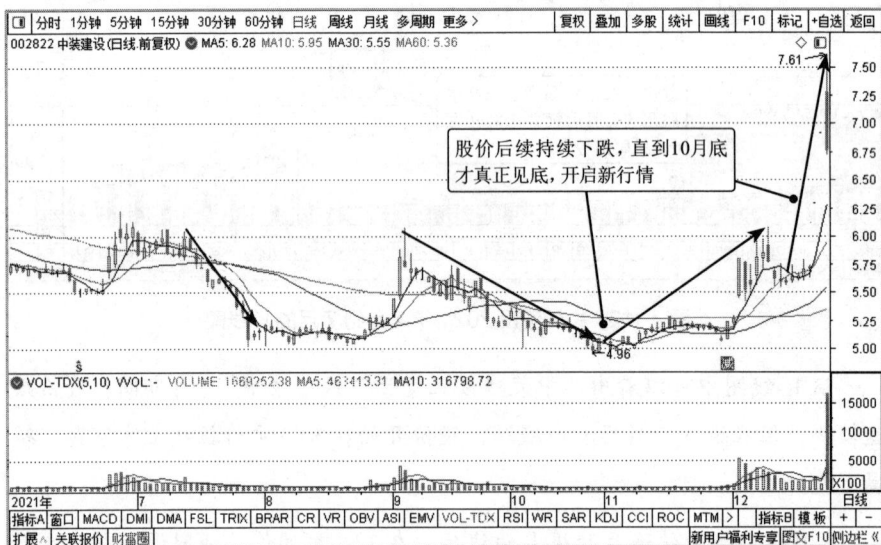

图7-13　中装建设2021年6月到12月的K线图